Romantismo e Messianismo

Coleção Debates
Dirigida por J. Guinsburg

Equipe de Realização – Tradução: Myrian Veras Baptista e Magdalena Pizante Baptista; Revisão: Mary Amazonas Leite de Barros; Produção: Ricardo W. Neves e Sergio Kon.

michael löwy
ROMANTISMO E MESSIANISMO

ENSAIOS SOBRE LUKÁCS E BENJAMIN

PERSPECTIVA

CIP-Brasil. Catalogação-na-Fonte
Sindicato Nacional dos Editores de Livros, RJ

Löwy, Michael, 1938
    Romantismo e messianismo: ensaios sobre Lukács e Walter
Benjamin / Michael Löwy ; [tradução Myrian Veras Baptista e
Magdalena Pizante Baptista]. – São Paulo : Perspectiva, 2008.
– (Debates ; 234)

    1. reimpr. da 1. ed. de 1990
    ISBN 978-85-273-0036-0

    1. Benjamin, Walter, 1892-1940 – Crítica e interpretração
2. Lukács, György, 1885-1971 – Crítica e interpretação 3. Messianismo 4. Romantismo I. Título. II Série.

90-081   CDD: 141.6
                                                   -335.401

Índices para catálogo sistemático:
1. Autores marxistas : Filosofia 335.401
2. Marxismo : Filosofia 335.401
3. Messianismo romântico : Filosofia 141.6
4. Romantismo anti-capitalista : Filosofia 141.6

1ª edição – 1ª reimpressão

Direitos reservados à

EDITORA PERSPECTIVA LTDA.

Alameda Santos,1909, cj.22
01419-100 São Paulo SP Brasil
Tel.: (11) 3885-8388
www.editoraperspectiva.com.br

2024

SUMÁRIO

1. MARXISMO E ROMANTISMO REVOLU-
   CIONÁRIO 11

2. A CRÍTICA ROMÂNTICA E A CRÍTICA
   MARXISTA DA CIVILIZAÇÃO MODERNA.... 35
   Marx e o Anticapitalismo Romântico............... 41
   Romantismo e Marxismo Depois de Marx 48
   Conclusão... 52

3. ROMANTISMO REVOLUCIONÁRIO E
   MESSIANISMO MÍSTICO NO JOVEM
   LUKÁCS (1910-1919) 53

4. A SOCIEDADE REIFICADA E A POSSIBI-
   LIDADE OBJETIVA DE SEU CONHECI-
   MENTO NA OBRA DE LUKÁCS 69

5. LUKÁCS E "LEON NAPHTA": O ENIGMA
   DO *ZAUBERBERG*...................................... 87

6. GRAMSCI E LUKÁCS: EM DIREÇÃO A
UM MARXISMO ANTIPOSITIVISTA 97

7. GOLDMANN E LUKÁCS: A VISÃO
TRÁGICA DE MUNDO 111

8. MESSIANISMO JUDEU E UTOPIAS
LIBERTÁRIAS NA EUROPA CENTRAL
(1905-1923).. 131
    I. Os Judeus Religiosos Anarquizantes.......... 147
    II. Os anarquistas Religiosos Judaizantes 160
    III. Os Judeus Assimilados, Ateus-Religiosos,
        Anarco-Bolchevistas 179
    Conclusão.. 187

9. WALTER BENJAMIN CRÍTICO DO
PROGRESSO: À PROCURA
DA EXPERIÊNCIA PERDIDA 189

10. ALARME DE INCÊNDIO: A CRÍTICA DA
TECNOLOGIA EM WALTER BENJAMIN .. 203

1. MARXISMO E ROMANTISMO REVOLUCIONÁRIO*

Será o romantismo um movimento essencialmente conservador e reacionário? Ou conterá também potencialidades revolucionárias pela sua oposição ao capitalismo e à sociedade burguesa? Essas questões e, de uma maneira mais concreta, a relação entre o marxismo e o romantismo constituem o tema que atravessa os diferentes ensaios publicados neste volume, dedicado às obras de Lukács e de Walter Benjamin – dois pensadores que mantêm relações significativas com a tradição romântica.

É inútil sublinhar que a problemática deste trabalho não tem estritamente nada em comum com um novo produto comercial recentemente lançado no mercado cultural, fantasiado com a etiqueta de "novo romantismo"[1]. A mer-

---

* Extraído de *Marxisme et Romantisme Revolutionnaire*, Paris, Sycomore, 1980.
1. Bernard Alliot definiu o fenômeno com rigor e precisão: "escritores *experts* em *marketing* e afetados por essa sensibilidade febril que,

cantilização da cultura, sua transformação em produto industrial, objeto de comunicação de massa de curta duração e de periodicidade rápida, atingem hoje picos insuspeitáveis por Adorno e Horkheimer quando eles escreviam o célebre capítulo sobre *Kulturindustrie* na *Dialética das Luzes* (1944) ou por Lukács quando analisava, em 1919, a contradição essencial entre *moda* e *cultura*[2].

Se deixarmos de lado esta batracomiomaquia, que se autoproclama "nova batalha de Hernani", para retornar ao nosso assunto, ou seja, ao romantismo e à sua relação com o pensamento marxista, a primeira dificuldade com que se defronta é a própria ambiguidade do fenômeno romântico. Inapreensível, contraditório e proteiforme, essa nebulosa parece escapar a toda definição, a toda caracterização precisa. Sem querer decidir o debate, e a título de hipótese de trabalho, parece-nos que um dos traços mais fundamentais do romantismo, enquanto corrente sociopolítica (aliás, inseparável de suas manifestações culturais e literárias), *é a nostalgia das sociedades pré-capitalistas e uma crítica ético-social ou cultural ao capitalismo.*

uma vez impressa, assegura belas tiragens, tendem a colocar na cena das comunicações um "novo romantismo". Bernard Alliot, "Le Fond de l'Air est Jaune", *Le Monde*, 15 dez. 1978. Ver também no mesmo jornal a apreciação irônica e fustigante do livro de Gonzague Saint--Bris (principal da série autoproclamada de nova moda literária), *Le Romantisme Absolu*, Stock, 1978, por Bertrand Poirot-Delpech.

2. No ensaio "L'Ancienne et la Nouvelle Culture" (1919), Lukács desenvolvia uma análise (claramente inspirada no romantismo) que mantém uma atualidade espantosa: "Em consequência da produção para o mercado – sem o qual a transmutação capitalista da produção seria inimaginável – são privilegiados, na criação de produtos, os elementos inovadores, sensacionais, vistosos, sem consideração pela elevação ou degradação do autêntico valor intrínseco do produto. O reflexo cultural dessa transformação é o fenômeno designado habitualmente como moda. A moda e a cultura designam, entretanto, conceitos que, por sua essência, excluem-se reciprocamente. A dominação da moda significa que a forma, a qualidade do produto levado ao mercado se transforma em curto prazo, independentemente do fato de manter ou não um valor do ponto de vista de sua beleza ou de sua utilidade... Daí resulta que todo desenvolvimento orgânico perece pouco a pouco e, em seu lugar, aparece uma atividade que gira à deriva, sem direção, e um diletantismo vazio e barulhento". Lukács, "Alte Kultur und neue Kultur", 1919, in *Taktik und Ethik*, Neuwied, Luchterhand, 1975, p. 138.

Etimologicamente, o termo "romântico" contém essa referência ao passado, mais precisamente, à literatura de língua *romana* da Idade Média. Por que, nessas condições, estender o conceito de nostalgia romântica, como nós o fizemos, ao *conjunto das formações pré-capitalistas?* Essa objeção é tanto mais fundamentada porque, para o romantismo alemão "clássico", o paraíso perdido é, na verdade, *a sociedade feudal da Idade Média.* Entretanto, parece-nos que o romantismo pode e deve ser definido em relação a uma referência mais ampla, pelas seguintes razões:

1) Em Rosseau, que é sem dúvida o grande precursor do romantismo, não se encontra nenhuma simpatia pelo feudalismo, bem ao contrário. Isso também é válido para o século XIX, para esses eminentes representantes do romantismo econômico, que são os populistas russos. Poder-se-ia multiplicar os exemplos.

2) A própria referência à época medieval é ambígua, na medida em que a sociedade da Idade Média continha muitas estruturas sociais diferentes: por um lado, naturalmente, as instituições hierárquicas, como a cavalaria, as ordens religiosas etc; por outro lado, o remanescente da comunidade rural gentílica (a *Marche* germânica), igualitária e coletivista.

3) As diferentes sociedades pré-capitalistas, apesar de suas diferenças inegáveis, possuem certos traços em comum que as distinguem radicalmente do modo de produção capitalista. Como sublinha Claude Lefort, "é face ao capitalismo [...] que todas as outras formações sociais revelam seu parentesco"[3].

Na visão romântica do mundo, esse passado pré-capitalista se encontra ornado de uma série de virtudes (reais, parcialmente reais ou imaginárias) como, por exemplo, a predominância de valores qualitativos (valores de uso ou valores éticos, estéticos e religiosos), a comunidade orgânica entre os indivíduos, ou ainda, o papel essencial das ligações afetivas e dos sentimentos – em contraposição à civilização capitalista moderna, fundada na quantidade, o preço, o dinheiro, a mercadoria, o cálculo racional e frio do lucro, a atomização egoísta dos indivíduos. Quando essa

---

3. Claude Lefort, "Marx, d'une Vision de l'Histoire à l'Autre", in *Les Formes de F Histoire, Essais d'Antropologie Politique*, Paris, Gallimard, 1978, p. 210.

nostalgia é o eixo central que estrutura o conjunto da *Weltanschauung*, encontramo-nos frente a um pensamento romântico *stricto sensu*, como, por exemplo, na Alemanha, no início do século XIX. Quando se trata de um elemento dentre outros, em um conjunto político-cultural mais complexo, poder-se-ia falar de uma *dimensão romântica* (como, por exemplo, em Lukács em 1922/23).

Ora, essa matriz comum define um campo de ideias, um universo espiritual que está longe de ser unívoco: temos empregado, em nossos ensaios, o termo *hermafrodismo ideológico* para designar metaforicamente essa ambivalência, essa dupla natureza do romantismo anticapitalista, que o atravessa e o divide, *desde a sua origem*. Com efeito, a maior parte dos pesquisadores e historiadores de ideias são acordes em atribuir uma dupla paternidade intelectual ao romantismo do século XIX: *Rousseau e Burke*[4]. O que significa, simultaneamente, o precursor mais eminente de 1789 e do igualitarismo jacobino, e o inimigo mais encarniçado da Grande Revolução, em todas as suas manifestações. É verdade que, no romantismo alemão "clássico" do início do século XIX, a reação contra a Revolução Francesa era a tendência dominante; mas, mesmo nesse caso, não se pode esquecer que, na juventude, autores como Kleist, Friedrich Schlegel e muitos outros simpatizaram com a Revolução, e que Hölderlin jamais negou seu ardoroso jacobinismo

Frente a essas contradições, a essa inconstância e inconsistência, certos autores, como Carl Schmitt, concluem muito rapidamente que

o tumulto multicor do romantismo se dissolve no simples princípio de um ocasionalismo subjetivado, e a misteriosa contradição das diversas orientações políticas do assim chamado romantismo político se explica pela insuficiência moral de um lirismo para o qual não importa que conteúdo pode dar ocasião a um interesse estético[5].

Para nós, essa interpretação é falsa, não apenas porque é incapaz de explicar os pensadores estritamente políticos

---

4. Ver, por exemplo, John Bowle, *Western Political Thought*, Londres, Methuen, 1961, livro 3, capítulo IX: "The Romantic Reaction: Rousseau and Burke".
5. Carl Schmitt, *Politische Romantik*, München und Leipzig, Verlag von Duncker und Humblot, 1925, Zweite Auflage, p. 227.

da corrente romântica (Adam Müller etc.) – nos quais a dimensão estética é muito limitada, se não nula – mas, sobretudo, porque ela ignora que atrás do "tumulto multicor" há um núcleo sólido, um invariante essencial, que é precisamente a referência idealizada ao passado pré-capitalista e uma crítica irascível a certos aspectos do capitalismo e/ou da sociedade burguesa.

Outros autores, notadamente Jacques Droz, em suas obras (por sinal excelentes) sobre o romantismo político, tendem a reduzir o fenômeno a seu aspecto conservador e contrarrevolucionário[6]. Ora, essa interpretação implica que as simpatias republicanas dos jovens Schlegel e Kleist sejam encaradas como episódio biográfico exterior ao romantismo, e que Hölderlin não seja incluído na análise.

Na realidade, essa ambiguidade se encontra no neorromantismo do fim do século, por exemplo, no itinerário surpreendente do amigo de Lukács, o escritor Paul Ernst, que passa da ala mais extrema do Partido Socialista a uma visão de mundo ultraconservadora, próxima ao fascismo. Ou, então, no do sociólogo Robert Michels, participante ativo (pouco antes de Lukács) do Círculo Max Weber de Heidelberg, que se transforma, de sindicalista revolucionário de antes da guerra, em partidário confesso do fascismo italiano[7]. Encontram-se, também, é certo, itinerários com sentido inverso.

Esse "tumulto", essas metamorfoses políticas surpreendentes, essa heterogeneidade profunda, não são, em realidade, senão as diferentes vias de desenvolvimento possíveis a partir da matriz comum que define o romantismo enquanto tal: a nostalgia das sociedades pré-capitalistas. Parece-nos possível ordenar um pouco esse quebra-cabeça político-cultural, esboçando uma tentativa de tipologia das principais figuras políticas do romantismo. Trata-se, evidentemente, de "tipos ideais" (no sentido weberiano), que podem se combinar e se articular de diferentes maneiras na obra de cada autor.

6. Ver Jacques Droz, *Le Romantisme Allemand et L'Etat*, Payot, 1966, p. 294 em diante.
7. Não podemos desenvolver neste prefácio uma análise do romantismo anticapitalista e de suas raízes históricas e sociais na Alemanha. Para esse assunto, remetemos à nossa obra *Por uma Sociologia dos Intelectuais Revolucionários. A Evolução Política de Lukács 1909-23*, São Paulo, Livraria Editora Ciências Humanas, 1980, capítulo I, 3.

1) O *romantismo "passadista"* ou *"retrógrado"*, que visa restabelecer o estado social precedente. Esses termos nos parecem preferíveis a "reacionário", que é muito restritivo, por sua referência direta à reação contra a Revolução Francesa. Nessa corrente, na qual Novalis é talvez o representante mais coerente, não se trata de conservar o *status quo*, mas de *voltar atrás*, para a Idade Média católica, anterior à Reforma, à Renascença e ao desenvolvimento da sociedade burguesa.

2) O *romantismo conservador* que, contrariamente ao precedente, deseja simplesmente a manutenção da sociedade e do Estado tal como existem nos países não tocados pela Revolução Francesa (a Inglaterra e a Alemanha, nos fins do século XVIII), e o restabelecimento das estruturas que existiam na França em 1789 – estruturas que comportam já uma articulação específica de formas capitalistas e pré-capitalistas. Burke, com seu célebre panfleto *Considerações sobre a Revolução Francesa*, pode ser considerado o primeiro grande representante dessa corrente.

3) O *romantismo desencantado*, para o qual o retorno ao passado é impossível, quaisquer que tenham sido as qualidades sociais e culturais das sociedades pré-capitalistas; o capitalismo industrial, apesar dos seus defeitos e do declínio cultural que implica, sob certos aspectos, é um fenômeno irreversível, ao qual é preciso se resignar. Esta posição é, notadamente, a dos sociólogos alemães da virada do século, como Tönnies e, em certa medida, o próprio Max Weber.

4) O *romantismo revolucionário* (e/ou utópico), que recusa, ao mesmo tempo, a ilusão de retorno as comunidades do passado e à reconciliação com o presente capitalista, procurando uma saída na esperança do futuro. Nessa corrente – na qual se encontram muitos pensadores socialistas, de Fourier a Gustav Landauer e Ernst Bloch –, a nostalgia do passado não desaparece, mas se transmuda em tensão voltada para o futuro pós-capitalista.

O romantismo revolucionário se distingue também das outras correntes românticas *pelo tipo de sociedade pré-capitalista* que lhe serve de referência: não se trata do sistema feudal e de suas instituições (nobreza, monarquia, Igreja etc.). A idade de ouro pré-capitalista varia segundo o autor, mas ela não é aquela que invocam os românticos passadistas

16

ou conservadores: é um "estado de natureza", mais ou menos típico em Rousseau ou em Fourier, o antigo judaísmo em Moses Hess, a Grécia Antiga em Hölderlin, no jovem Lukács e em muitos outros, o "comunismo inca" no marxista peruano José Carlos Mariátegui, as comunidades rurais tradicionais nos populistas russos e Gustav Landauer etc.

Martin Buber tinha, a propósito do pensamento de Landauer, uma fórmula que nos parece exprimir claramente o espírito dessa variante muito particular do romantismo: "O que ele tem em vista é, em última análise, uma conservação revolucionária: a seleção revolucionária dos elementos do ser social dignos de serem preservados e de servir "para a nova construção"[8]. Às vezes, trata-se de elementos que não existem mais e, face aos quais, a questão não é a *conservação*, mas uma forma de *renascença*. O essencial é isto: a revolução (ou a utopia) deve retomar certos aspectos, certas dimensões, certas qualidades humanas, sociais, culturais e espirituais das comunidades pré-capitalistas. Esta dialética sutil, entre o passado e o futuro, passa frequentemente por uma negação radical, apaixonada e irreconciliável com o presente, ou seja, com o capitalismo e a sociedade burguesa industrial.

Qual pode ser a relação entre o marxismo e o romantismo revolucionário, definido nesses termos? Eles são contraditórios, ou afinidades e convergências são possíveis entre eles?

O próprio Marx parece, à primeira abordagem, não ter sido tocado pela graça romântica. Em nossa obra sobre Lukács, proclamamos categoricamente que "o socialismo de Marx nada tem a ver, social e ideologicamente, com o romantismo anticapitalista; ele encontra suas raízes em outro setor da pequena burguesia, jacobina, iluminista, democrático-revolucionária, antifeudal e "francófila", do qual Heinrich Heine, esse inimigo encarniçado do romantismo, é o genial representante literário"[9]. Essa afirmação tem sido criticada por alguns pesquisadores americanos (Paul Breines, Jeffrey Herf), que puseram em evidência o caráter unilateral de nossa posição e a importância das

8. Martin Buber, *Pfade in Utopia*, Heidelberg, Verlag Lambert Schneider, 1950, VI.
9. Michael Löwy, *Por uma Sociologia...*, p. 28.

raízes românticas do pensamento de Marx[10]. Feita a reflexão, parece-nos que Breines e Herf têm razão: *existe* em Marx uma *dimensão* romântica inegável, mesmo que este não seja o aspecto dominante de seu pensamento. Breines escreve que Marx "conseguiu uma fusão entre as correntes de crítica social romântica e iluministas-utilitaristas".

Essa observação nos parece bastante esclarecedora, ainda que, no lugar de "fusão", seria mais preciso falar em *superação*, no sentido dialético de *Aufhebung*. Na realidade, a formulação que temos utilizado em nosso trabalho – Marx antirromântico, porquanto jacobino e próximo de Heine – é, por si mesma, contraditória: o jacobinismo, inspirado por Rousseau, não contém, ele próprio, um componente romântico essencial? E Heinrich Heine, o amigo de Marx e adversário implacável do romantismo conservador, não tinha, ele também, uma fibra romântica? Como ele mesmo confessa: "A despeito da guerra mortal que tenho feito ao romantismo, permaneci toda a minha vida um romântico, e mais do que eu mesmo supunha"[11].

Se Heine não pode ser realmente considerado um romântico, outros escritores que influenciaram de maneira significativa a visão do mundo de Marx e de Engels o são, fora de qualquer dúvida. É o caso, por exemplo, de Thomas Carlyle, cuja crítica mordaz e cáustica ao capitalismo terá um impacto profundo sobre seu pensamento. Engels escreverá em 1844 um balanço entusiasta de *Past and Present* (1843), onde cita aprovadoramente o discurso satírico contra o *mammonismo*, a religião do deus Mammon, que domina a Inglaterra. Apesar de criticar as opções conservadoras de seu autor, reconhece uma ligação decisiva entre elas e o valor da obra: "Thomas Carlyle é originariamente um tóri... É certo que um Whig não teria jamais podido

---

10. Paul Breines, "Marxism, Romanticism, and the Case of Georg Lukács: Notes on Some Recent Sources and Situations", *Studies in Romanticism* n° 16, Fall 1977, pp. 475-476; e Jeffrey Herf "Review of M. Löwy, Pour une Sociologie des Intellectuels", *Telos*, n° 3, Fall 1978, p. 228.

11. Citado por G. Lukács "Heine et la révolution de 1848", *Europe*, maio-jun. 1956, p. 54. Lukács salienta que se encontra na obra de Heine "uma interpenetração incessante e dialética, cheia de contradições, de tendências românticas e de tendências à superação definitiva do romantismo".

escrever um livro que tivesse a metade do humanismo de *Past and Present*[12]. Quanto a Marx, em 1845, ele fará a leitura do pequeno livro de Carlyle sobre o cartismo, fazendo numerosas transcrições em seu caderno de notas; dentre as passagens anotadas, encontra-se esta imagem maravilhosamente romântica do capitalismo industrial: "Se os homens perderam a crença em Deus, seu único recurso contra um cego Não-Deus, de Necessidade e Mecanismo, contra uma terrível Máquina a Vapor Mundial que os aprisiona em seu ventre de ferro como um monstruoso touro Phaloris, seria, com ou sem esperança – *a revolta*"[13]. Num artigo de 1850, Engels volta a Carlyle; rejeitando sem apelação seus escritos mais recentes, ele delineia uma análise das obras dos anos 40 que é muito esclarecedora:

Thomas Carlyle tem o mérito de se colocar (por seus escritos) contra a burguesia, numa época em que as concepções, gostos e ideias burguesas dominavam inteiramente a literatura inglesa oficial, e isso de uma maneira que às vezes era, mesmo, *revolucionária.* Assim também, na sua *História da Revolução Francesa*, na sua apologia de Cromwell, no panfleto sobre o cartismo, no *Past and Present.* Mas em todos esses escritos, a crítica do presente está *estreitamente ligada* a uma exaltação extraordinariamente pouco histórica da Idade Média, aliás também muito frequente entre os *revolucionários* ingleses, por exemplo, Cobbet e uma parte dos cartistas[14].

Essa observação contém duas proposições que nos parecem fundamentais para uma aproximação marxista do romantismo: 1) a crítica romântica do presente capitalista "é estreitamente ligada" à nostalgia do passado e 2) essa crítica pode ganhar, em certos casos, uma dimensão autenticamente revolucionária. Em outros termos, Engels apreende aqui o vínculo dialético, na *Weltanschauung* do

12. F. Engels, "Die Lage Englands", 1844, em Marx & Engels, *Werke 1*, Berlim, Dietz Verlag, 1961, p. 528.
13. Thomas Carlyle, *Chartism*, Londres, 1840, p. 34, anotado por Marx no caderno *Excerpthefte* B35AD89 a. Esse caderno inédito se encontra no *Arquivo Marx-Engels* do Instituto Internacional de História Social de Amsterdam, onde pudemos consultá-lo.
14. Marx & Engels, *Werke*, 7, Berlim, Dietz Verlag, 1961, p. 255, sublinhado por nós M.L.

romantismo revolucionário, entre a nostalgia do passado e a esperança no futuro.

Ainda mais importante que a influência de Carlyle será aquela que terá sobre Marx e Engels a obra literária do mais impiedoso crítico romântico da civilização capitalista: Honoré de Balzac – com o qual Engels confessa ter aprendido "mais que com o conjunto dos historiadores, economistas e estatísticos profissionais do período"[15].

Evidentemente, suas leituras de Carlyle e Balzac são altamente *seletivas*: tanto Engels como Marx refutam categoricamente as ilusões passadistas dos dois escritores. Mas eles se apropriam, sem hesitar, de sua crítica romântica do capitalismo, crítica profundamente carregada de valores éticos e socioculturais.

Alvin Gouldner tem, portanto, razão ao insistir nos "importantes *componentes* românticos" no pensamento de Marx e Ernst Fisher, em sublinhar que este último integrou em sua obra "a revolta romântica contra um mundo que transformou tudo em mercadoria e degradou o homem à condição de objeto"[16].

Esse componente se encontra, por exemplo, no *Manifesto Comunista*, onde, classificando as correntes românticas anticapitalistas como "reacionárias", Marx e Engels insistem no valor de sua crítica social. Mesmo o "socialismo feudal", essa mistura *sui generis* de "ecos do passado" e "rumores do futuro", apesar de sua "impotência total para compreender a marcha da história moderna", tem o mérito indiscutível de "ferir o coração da burguesia com uma crítica amarga e espiritualmente mordaz". Quanto ao "socialismo pequeno-burguês" (Sismondi e sua escola), apesar de suas limitações, é preciso constatar que ele

analisa, com grande perspicácia, as contradições inerentes às condições modernas da produção. Põe a nu as hipócritas apologias dos economistas. Demonstra, de modo irrefutável, os efeitos des-

---

15. Engels, Carta a Miss Harkness, abr. 1888, in Marx, Engels, *Briefwechsel*, Berlim, Dietz Verlag, 1953, p. 481. O termo "romântico" não designa aqui um gênero literário, mas a *visão do mundo* social e política de Balzac.

16. Alvin Gouldner, *For Sociology*, Londres, Allen Lane, 1973, p. 339, e Ernst Fischer, *The Essential Marx*, Nova York, Herder and Herder, 1970, p. 15.

truidores do maquinismo e da divisão do trabalho, a concentração do capital e da propriedade fundiária, a superprodução, as crises, o desaparecimento fatal dos pequeno-burgueses e dos pequenos camponeses, a miséria do proletariado, a anarquia da produção, as desproporções gritantes na distribuição da riqueza etc.[17].

Um reconhecimento bem impressionante de dívida intelectual! Na realidade, toda a crítica anticapitalista desse romantismo "pequeno-burguês" é integrada por Marx e Engels em sua visão da sociedade burguesa – mesmo quando eles refutam sem ambiguidades, como utópicas e/ou reacionárias, as soluções positivas que ele propõe. Além disso, Marx e Engels não poupam sua admiração pelo papel histórico "eminentemente revolucionário" da burguesia conquistadora e de suas realizações econômicas, superiores às pirâmides do Egito e aos aquedutos romanos – realizações que preparam, a seus olhos, as condições materiais para a revolução proletária. O posicionamento de Marx e Engels a propósito de Sismondi coloca um problema importante do ponto de vista da sociologia do conhecimento: a possibilidade, para os pensadores que se situam no ponto de vista do *passado*, de alcançar um conhecimento, sob *certos aspectos*, mais profundo do *presente*, que aqueles que se identificam de modo imediato e acrítico com esse presente. Marx voltará a essa questão muitas vezes, notadamente, em *As Teorias sobre a Mais-Valia*.

Parece-nos, então, que a análise de B reines sobre o *Manifesto* é muito pertinente:

> No *Manifesto* e nos escritos anteriores de Marx, a revolução industrial capitalista e o conjunto do universo de relações objetivadas que ele criou são compreendidos como, simultaneamente, libertadores e opressores... Os iluministas e sua descendência militarista sublinharam o primeiro laudo do quadro; a corrente romântica, o segundo. Marx foi o único a transformar os dois em uma só visão crítica[18].

Todavia, em nossa opinião, Breines se engana quando afirma que, nos escritos de Marx e Engels da segunda me-

17. Marx & Engels, *Le Manifeste Communiste*, Ed. Costes, 1953, pp. 99, 102-103.
18. Paul Breines, *op. cit.*, p. 476.

tade do século XIX, desabrocha apenas a raiz iluminista-
-utilitarista enquanto a romântica se estiola. Na nossa
opinião, isto está longe de ser evidente. A partir de 1860,
Marx e Engels manifestam um interesse e uma simpatia
crescentes por certas formações sociais pré-capitalistas. E,
notadamente, a descoberta das obras de G. Maurer (o historiador das antigas comunidades germânicas) e, mais
tarde, de Morgan, que vai estimular sua revalorização do
passado. Graças a esses autores, eles descobrem uma formação pré-capitalista exemplar, *diferente do sistema feudal*
exaltado pelos românticos "clássicos": a comunidade primitiva. Marx manifesta claramente essa *escolha política* por
outro passado numa carta a Engels de 25 de março de 1866,
onde escreve, a propósito do livro de Maurer:

> A primeira reação contra a Revolução Francesa e a Filoso-
> fia» as Luzes que a ela estava ligada foi naturalmente situada sob
> o ângulo medieval, romântico, e mesmo pessoas como Grimm
> não estão isentas disso. A segunda reação – que corresponde à
> orientação socialista, se bem que seus seguidores não suspeitem
> de modo algum que estejam ligados a ela – consiste em mergulhar,
> para além da Idade Média, na época primitiva de cada povo. E
> as pessoas se surpreendem em encontrar, no mais antigo, o mais
> moderno e, mesmo, igualitários, em um grau que iria arrepiar
> Proudhon[19].

Engels será também tocado pelas pesquisas de Maurer,
que vão lhe inspirar, entre outros, o pequeno ensaio sobre
a Velha Marcha (comunidade rural) germânica – ensaio
que propõe, como programa socialista para os camponeses,
"uma renascença da Marcha"[20]. Ele chega a superar Maurer, que lhe parece ainda muito marcado pelo evolucionismo da *Aufklärung*. Numa carta a Marx, de 15 de dezembro
de 1882, queixa-se da persistência em Maurer do "precon-
ceito da Filosofia das Luzes segundo o qual, a partir da
obscura Idade Média, teria acontecido necessariamente
um progresso constante para o melhor: isso o impede não

19. Anexo a Engels, *L'Origine de la famille, de la propriété privée et
de l'Etat*. Paris, Editions Sociales, 1975, pp. 328-29.
20. Engels acrescenta, evidentemente: "não em seu aspecto antigo,
que teve seu tempo, mas sob uma forma rejuvenescida", Engels, "La
Marche", 1882, *in L'Origine de la famille...* p. 323.

22

somente de ver o caráter antagônico do progresso real, mas também alguns de seus reveses"[21]. Essa passagem nos parece uma síntese notavelmente precisa da posição fundamental de Engels (e de Marx) sobre esta problemática: 1) recusa do "progressismo" linear e ingênuo (se não apologético) que considera a sociedade burguesa universalmente superior às formas sociais anteriores; 2) compreensão do caráter contraditório de progresso, indiscutivelmente trazido pelo capitalismo ; 3) reconhecimento de que a civilização industrial/capitalista representa, *em certos aspectos*, um recuo (do ponto de vista humano) em relação às comunidades do passado.

Esta última proposição é aliás um dos *leitmotiv* de *A Origem da Família, da Propriedade Privada e do Estado*, partindo dos estudos de Morgan sobre a *gens*, Engels insiste na *regressão* que constitui, numa certa medida, a "civilização" em relação à comunidade primitiva:

que admirável constituição essa organização gentílica! Sem soldados, guardas ou policiais, sem nobreza, sem reis nem governantes, sem prefeito nem juízes, sem prisão, sem processos, tudo segue seu caminho regular... Todos são iguais e livres, incluindo as mulheres... E se compararmos sua situação àquela da imensa maioria dos civilizados de nossos dias, a distância é enorme entre o proletariado ou o pequeno camponês de hoje e o antigo membro livre da gens[22]

Os critérios que permitem a Engels falar de recuo são, em primeiro lugar, sociais: a liberdade, a igualdade; mas não também *éticos*: a dissolução da *gens* (pela propriedade privada) é inevitável, mas não deixa de se constituir numa "degradação", numa "queda original do alto da ingenuidade e da moralidade da antiga sociedade gentílica"[23].

É na luta contra o populismo russo que vai nascer, com G. V. Plekhanov, um marxismo radicalmente *antirromântico*, iluminista, evolucionista e beatamente admirador do "progresso" capitalista-industrial. Essa tendência se

21. Marx & Engels, *Briefwechsel*, Berlim, Dietz Verlag, 1953, p. 425.
22. Engels, *L'Origine de la famille...*, p. 105, Engels se apressa a acrescentar: "É um dos lados da coisa. Mas não nos esqueçamos de que esta organização esteve destinada à ruína".
23. *Idem*, p. 106.

apoia, naturalmente, em certos trechos de Marx e Engels, mas nada revela melhor a diferença entre esse marxismo desromantizado e o pensamento do próprio Marx que o estudo dos escritos do autor do *O Capital* sobre a comuna rural russa. Sem partilhar de todas as pressuposições dos *narodniki*, Marx acreditava como eles no papel socialista futuro da comuna rural tradicional (*obschtchina*); para ele, como escreverá explicitamente na carta de 8 de março de 1881 a Vera Zassulitsch:

esta comuna é o ponto de apoio para a regeneração social da Rússia, mas para que ela pudesse funcionar como tal seria preciso, em primeiro lugar, eliminar as influências deletérias que a assediam de todos os lados e, em seguida, assegurar-lhe as condições normais de um desenvolvimento espontâneo[24].

A problemática romântico-revolucionária da união entre o passado (pré-capitalista) e o futuro (socialista), mediatizada pela negação do presente (capitalista), manifesta-se aqui de modo particularmente claro – mesmo que Marx insista, naturalmente, na necessidade da comuna rural russa de se apropriar das conquistas técnicas da civilização industrial europeia. O futuro irá mostrar o caráter ilusório dessa esperança, mas o posicionamento de Marx contém um "núcleo racional" eminentemente fértil.

O rascunho da carta a Vera Zassulitsch contém também as considerações sobre as comunidades rurais pré-capitalistas na índia, reveladoras da concepção de Marx e da sua evolução depois dos anos 50. Em 1853, Marx definia o papel da colonização inglesa na índia como, ao mesmo tempo, monstruosamente destrutivo e, apesar de tudo, progressista (pela introdução das estradas de ferro etc.) – o progresso assumindo a forma "deste hediondo ídolo pagão que bebe o néctar apenas no crânio dos mortos"[25]. Ora, nas cartas de 1881, Marx escreve: "Quanto às índias Orientais, por exemplo, todos, salvo Sir H. Maine e outras pessoas da mesma farinha, reconhecem que lá a supressão da propriedade comum do solo foi tão-só um ato de vandalismo inglês, *empurrando o povo indiano*,

24. Marx& Engels, *Briefwechsel*, p. 408.
25. Marx, "The Future Results of the British Rule in India" 1853, in *On Colonialism*, Londres, Lawrence and Wishart, p. 90.

não para a frente, mas para trás"[26]. Este julgamento não é contraditório com aquele de 1853, mas a ênfase é colocada no aspecto (humanamente) *regressivo do* capitalismo.

Sem dúvida, apresentamos aqui apenas um aspecto do pensamento de Marx e Engels; não se deve perder de vista o senso das proporções e esquecer que para eles o capitalismo industrial (como sistema mundial) tinha desempenhado um papel progressista, não só pelo desenvolvimento, numa escala sem precedente, das forças produtivas, mas pela sua socialização parcial (graças à cooperação, ao mercado mundial etc.) – duas condições que criam a possibilidade objetiva de uma transformação socialista da economia e de uma sociedade sem classes, onde "cada um terá segundo suas necessidades". A dimensão romântica anticapitalista se articula e se combina com esse outro momento, resolutamente modernista e apaixonadamente antifeudal, conduzindo à *Aufhebung* (negação--conservação-superação), tanto do passado pré-capitalista, quanto do presente burguês.

A dimensão romântico-revolucionária do marxismo tende a desaparecer no fim do século XIX e começo do século XX, não somente do marxismo russo (sob a influência de Plekhanov), mas também daquele da II Internacional em geral[27]. Uma das raras exceções é Rosa Luxemburgo, que se vincula diretamente às preocupações de Marx e Engels em relação à comunidade primitiva.

O tema central de sua *Introdução à Economia Política* (manuscrito inacabado publicado por Paul Levi em 1925) é a análise dessa comunidade – que ela designa como sociedade *comunista primitiva* – e sua oposição à sociedade mercantil capitalista. Como bem o sublinha Ernst Mandel no seu prefácio da edição francesa: "a explicação das diferenças fundamentais entre uma economia fundada na produção de valores de uso, destinada a satisfazer a necessidade dos produtores, e uma economia fundada na pro-

---

26. Anexo a *L'Origine de la famille*, p. 333, sublinhado por nós. M.L.
27. Todo o marxismo russo será marcado pela polêmica antipopulista e orientado em uma direção antirromântica; isso é principalmente sensível no fim do século XIX, quando a luta ideológica contra os *narodniki* estava no seu apogeu. Ver, por exemplo, a célebre brochura de Lenin: *Pour caractériser le romantisme économique – Sismondi et nos sismondiens nationaux*, 1897.

dução de mercadorias, ocupa a maior parte do trabalho"[28]. Como Engels e Marx, ela estuda com paixão os escritos de Maurer e se maravilha com o funcionamento democrático e igualitário da Marcha e sua *transparência social.*

Não se pode imaginar nada mais simples e mais harmonioso que esse sistema econômico das antigas *Marches* germânicas. Todo o mecanismo da vida social é como a céu aberto. Um plano rigoroso, uma organização robusta encerram a atividade de cada um e a integram como um elemento do todo. As necessidades imediatas da vida cotidiana e sua satisfação igual para todos, tal é o ponto de partida e o resultado dessa organização. Todos trabalham juntos para todos e decidem juntos sobre tudo[29].

Ela insiste na *universalidade* do comunismo agrário como forma geral da sociedade humana em certa etapa de seu desenvolvimento, a qual se encontra tanto entre os povos germânicos e eslavos como entre os indígenas, os incas, os mexicanos, os cabilas e os hindus.

Rosa Luxemburgo se inspira também – como Engels, na *Origem da Família* – no trabalho clássico de Morgan, mas desenvolve a partir daí toda uma visão grandiosa da história, uma concepção inovadora e ousada da evolução milenar da humanidade, na qual a civilização atual "com sua propriedade privada, sua dominação de classe, sua dominação masculina, seu Estado e seu casamento constrangedores" aparece como um simples parêntese, uma transição entre a sociedade comunista primitiva e a sociedade comunista do futuro. A ideia romântico-revolucionária da ligação entre passado e futuro aparece aqui de modo surpreendente, ainda mais explicitamente que em Marx e Engels:

a nova tradição do longínquo passado estendia assim a mão às aspirações revolucionárias do futuro, o círculo do conhecimento se fechava harmoniosamente e, nessa perspectiva, o mundo atual da dominação de classe e da exploração, que pretendia ser o *nec plus ultra* da civilização, o alvo supremo da história universal, não era mais que uma minúscula etapa passageira na grande marcha para a frente da humanidade[30].

28. Prefácio a Rosa Luxemburgo. *Introduction à l'économie politique*, Paris, Ed. Anthropos, 1970, p. XVIII.
29. *Idem*, p. 138.
30. Rosa Luxemburgo, *op. cit.*, p. 91.

Nesta perspectiva, a colonização europeia dos povos do Terceiro Mundo lhe aparece essencialmente como uma empresa socialmente destrutiva, bárbara e inumana; é o caso, notadamente, da ocupação inglesa das índias, que saqueou e desagregou as estruturas agrárias comunistas tradicionais, com consequências trágicas para o campesinato:

os antigos laços foram rompidos, o isolamento pacífico do comunismo à parte do mundo foi rompido e substituído pelos conflitos, pela discórdia, pela desigualdade e pela exploração. Disso resultou, de uma parte, enormes latifúndios e, de outra, milhões de camponeses sem meios. A propriedade privada fez sua entrada nas índias, e com ela o tifo, a fome, o escorbuto, que se tornaram hóspedes permanentes das planícies do Ganges[31].

Em *A Acumulação do Capital*, ela examina de novo o papel histórico do colonialismo inglês, indignando-se com o menosprezo criminoso que os conquistadores europeus manifestaram pelo sistema antigo de irrigação: o capital, na sua voracidade cega, "é incapaz de ver suficientemente longe para reconhecer o valor dos monumentos econômicos de uma civilização mais antiga"; a política colonial produziu o declínio desse sistema tradicional e, em consequência, a fome começa, a partir de 1867, a fazer milhares de vítimas na índia[32]. Quanto à colonização francesa na Argélia, ela se caracteriza, a seus olhos, por uma tentativa sistemática e deliberada de destruição e deslocação da propriedade comunal[33].

Dessa análise decorre sua solidariedade com o combate dos povos colonizados às metrópoles imperialistas, combate no qual ela vê a resistência tenaz e digna de admiração das velhas tradições comunistas contra a procura do lucro e contra a "europeização" capitalista. A ideia

31. *Idem*, p. 80. Esta passagem corre o risco de produzir uma visão muito idílica da estrutura social tradicional na índia: todavia, num outro capítulo do livro, Rosa Luxemburgo reconhece que a existência, acima das comunas rurais, de um poder despótico e de uma casta de sacerdotes privilegiados, instituem relações de exploração e de desigualdade social. Cf. *idem*, pp. 157-58.

32. Rosa Luxemburgo, *The Accumulation of Capital*, Londres, Routledge and Kegan Paul Ltd., 1951, p. 376.

33. *Idem*, p. 380.

27

aparece aqui em filigrana de uma aliança entre o combate anticolonial dos povos indígenas e o combate anticapitalista do proletariado moderno, como convergência revolucionária entre o velho e o novo comunismo...[34].

Em compensação, a propósito da comuna rural russa, Rosa Luxemburgo tem uma visão muito mais crítica que Marx. Partindo das análises de Engels, que constatou, no fim do século XIX, o declínio da *obschtchina* e sua degenerescência, ela mostra, por esse exemplo, os *limites históricos* da comunidade tradicional e a necessidade de sua superação[35]. Seu olhar volta-se resolutamente para o futuro, e se separa então do romantismo econômico em geral e dos populistas russos em particular, para insistir na "diferença fundamental entre a economia socialista mundial do futuro e os grupos comunistas primitivos da pré-história"[36].

Contrariamente a Rosa Luxemburgo (ou a Marx e Engels), a referência pré-capitalista para o jovem Lukács não é o comunismo primitivo nem uma formação *econômica* determinada, mas são, antes, certas configurações *culturais*: o universo greco-homérico, a espiritualidade (literária e religiosa) russa, o misticismo cristão, hindu ou judeu. Aqui e ali, pode-se encontrar também uma menção ao catolicismo medieval, principalmente em relação à arte de um Giotto ou de um Cimabue, mas não se trata de uma referência central. Por outro lado, Lukács está muito mais próximo do que Rosa Luxemburgo do romantismo alemão "clássico" e sobretudo do neorromantismo do início do século XX (Paul Ernst, Georg Simmel etc.)[37].

34. Rosa Luxemburgo, *Introduction à téconomie politique*, p. 92.
35. "Com a comunidade camponesa russa, o destino movimentado do comunismo agrário primitivo se acaba, o ciclo se fecha. Em seus inícios, produto natural da evolução social, a melhor garantia do progresso econômico e da prosperidade material e intelectual da sociedade, a comunidade agrária se torna um instrumento de atraso político e econômico. O camponês russo, fustigado à vara pelos membros de sua própria comunidade a serviço do absolutismo czarista, é a mais cruel crítica histórica dos limites estreitos do comunismo primitivo e a expressão mais surpreendente do fato de que a forma social é também submetida à regra da dialética: a razão toma-se insensatez, o benefício torna-se flagelo." *Introduction à t économie...*, p. 170.
36. *Introduction à l'économie...*, p. 133.
37. Outros aspectos da relação de Lukács durante esse período com o romantismo são abordados no nosso livro *Por uma Sociologia...*, caps. I e II.

28

Com sua adesão ao Partido Comunista Húngaro (dezembro de 1918) esta dimensão romântica não vai desaparecer; durante todo um período, vai se combinar com a visão do mundo marxista, em uma fusão ideológica profundamente original e sutil, cuja expressão mais acabada é o ensaio "A Velha e a Nova Cultura", publicado no momento do triunfo da revolução húngara dos conselhos (1919). Esta problemática aparece também, sob uma outra forma, na conferência que Lukács fará em 1919 sobre a mudança de função do materialismo histórico. Partindo da distinção hegeliana entre o *espírito objetivo* (as relações sociais, o direito, o Estado etc.) e o *espírito absoluto* (a filosofia, a arte, a religião), Lukács sublinha que as sociedades pré-capitalistas se caracterizam pelo papel decisivo do espírito absoluto: por exemplo, a religião na época do cristianismo primitivo (notemos, de passagem, a tendência de Lukács a evitar novamente a referência à Idade Média). No capitalismo, ao contrário, todas as forças sociais ativas não existem senão como manifestações do espírito objetivo (determinado pela base econômica): a própria religião torna-se uma instituição social como as outras (a Igreja) comparável ao Estado, ao Exército ou à Escola. Com o comunismo, começará um período onde de novo o espírito absoluto – isto é, a filosofia, a cultura, a ciência – dominará a vida econômica e social[38].

Em *História e Consciência de Classe* (1923), a dimensão romântica é mais atenuada, mas permanece como uma das articulações fundamentais do universo teórico de Lukács, como tentamos mostrar no nosso artigo sobre o conceito de reificação.

É aproximadamente no final dos anos 20 que o pensamento de Lukács toma um sentido hostil ao romantismo,

---

38. Lukács, "Der Funktionswechsel des Historischen Materialismus", 1919, in *Taktik und Ethik*, pp. 116-122. A versão desse ensaio que será publicada em 1923 em *História e Consciência de Classe* está muito modificada. Por outro lado, é interessante comparar essa ideia de Lukács com a tese desenvolvida por Rudolf Bahro sobre o papel de uma prática artística e político-filosófica como dimensão decisiva de uma sociedade comunista autêntica e como condição indispensável para pôr fim ao estado de subordinação (*subalternitat*) dos homens. Cf. Rudolf Bahro, *L'Alternative. Pour une critique du socialisme existant réellement*, Stock, 1979, pp. 268-69.

o que não acontece sem contradições e reviravoltas súbitas. Tem-se a impressão de que, durante uma quarentena de anos, sua alma é dilacerada entre uma tendência *aufklärer* e democrático-liberal, e um "demônio romântico anticapitalista", do qual ele não consegue se libertar. A primeira é dorninante, mas em certos períodos, é a segunda que emerge. No quadro desta introdução, não podemos examinar todas as balizas desse itinerário torturado, tortuoso e ligeiramente *opaco*: nós nos limitaremos a assinalar alguns exemplos entre os mais destacados.

Em 1928, Lukács escreve um artigo muito elogioso sobre o livro de Carl Schmitt, onde ele aceita sem reserva a tese – a nosso ver eminentemente superficial – do "ocasionalismo" e da ausência de conteúdo político no pensamento romântico[39]. Seguindo os traços de Schmitt, insiste na "incoerência" dos românticos, na "insignificância" de sua atividade política, em seu subjetivismo anticientífico, seu estetismo exagerado etc. Essa orientação antirromântica vai se precisar em 1931, em um artigo sobre Dostoiévski, no qual condena o escritor russo – que foi o principal inspirador do seu período romântico-messiânico até 1918 – como "reacionário" e como representante "de um setor da oposição pequeno-burguesa intelectual romântica anticapitalista", para a qual se "abre uma larga avenida para a direita, para a reação (hoje, para o fascismo) e, em oposição, um atalho estreito e difícil para a esquerda, para a revolução[40]. Com esse artigo aparece pela primeira vez um tipo de análise que se reencontrará na maior parte dos artigos posteriores de Lukács sobre o romantismo anticapitalista: de um lado, o reconhecimento do caráter contraditório do fenômeno, de outro lado, uma tendência (às vezes excessiva) de considerar a predisposição reacionária e mesmo fascista como o polo dominante. Não é por acaso que esse ensaio motivou a indignação de seu amigo,

39. Lukács, "Rezension: Carl Schmitt, Politische Romantik", 1928, in *Geschichte und Klassenbewusstsein*, Neuwied, Luchterhand, 1968, pp. 695-96.
40. Lukács, "Über den Dostojewski Nachlass", *Moskauer Rundschau*, mar 1931, Lukács compara o itinerário de Dostoiévski, desde a conspiração revolucionária até a religião ortodoxa e até o tzarismo, com o de Friedrich Schlegel, o romântico republicano que aderiu a Metternich e à Igreja Católica.

o romântico revolucionário por excelência Ernst Bloch, provocando um resfriamento em suas relações – seguido alguns anos mais tarde por sua polêmica em torno do expressionismo (1934-35), que é, na realidade, uma polêmica *sobre o romantismo*.

Ora, alguns anos mais tarde (1943), num artigo sobre Dostoiévski, Lukács vai não só "reabilitar" o grande escritor russo mas também desenvolver uma análise particularmente brilhante e penetrante sobre a dimensão *revolucionária* do romantismo anticapitalista. Todo o trabalho de Dostoiévski, escreve ele, "manifesta uma revolta contra a deformação moral e espiritual dos homens, resultante do desenvolvimento do capitalismo". Face a tal degradação, ele opõe o sonho, a nostalgia de uma idade de ouro (simbolicamente representada pela Grécia arcaica, tal como imaginou Claude Lorrain no seu quadro *Ácis e Galateia*) caracterizado pela harmonia entre os homens:

> Esse sonho é o verdadeiro núcleo autêntico, o verdadeiro teor dourado da utopia de Dostoiévski, um mundo no qual ... a cultura e a civilização não serão um obstáculo ao desenvolvimento da alma humana. A revolta espontânea, selvagem e cega das personagens de Dostoiévski se faz em nome dessa idade de ouro, e ela tem sempre, qualquer que seja o conteúdo da experiência espiritual, uma intenção inconsciente no sentido dessa idade de ouro. Essa revolta é a grandeza poética e historicamente progressista de Dostoiévski: aqui surgiu verdadeiramente uma luz na obscuridade da miséria de São Petersburgo, uma luz que clareava os caminhos para o futuro da humanidade[41].

A idade de ouro do passado que ilumina o caminho para o futuro: dificilmente se poderia imaginar uma fórmula mais feliz, mais precisa e mais surpreendente para resumir a *Weltanschauung* romântica revolucionária, pela qual Lukács manifesta aqui uma inegável simpatia e afinidade.

Essa simpatia se manifestará de novo em uma série de artigos que Lukács escreverá em Moscou em 1939-41 e que permanecerão inéditos por muito tempo. Seu ponto de partida são alguns dos textos de Marx e Engels sobre o romantismo anticapitalista: a passagem sobre o socialismo

---

41. Lukács, "Dostoievsky", *Russische Revolution. Russische Litteratur*, Rohwolt, 1969, pp. 148-49. Nessa edição o artigo é datado de 1943.

feudal no *Manifesto*, os artigos sobre Carlyle etc.; ele insiste nos *méritos* que os dois autores reconhecem nessa corrente e em sua crítica ao capitalismo, e analisa, sob essa perspectiva, a obra de alguns escritores como Balzac, Tolstói, Walter Scott etc. Em polêmica com certos críticos literários soviéticos (Kirpotin, Knipovitch), que opõem o pensamento burguês "progressista" às concepções "reacionárias" de Balzac, Lukács refuta o que ele chama de tradição ideológica liberal-burguesa: "a mitologia de uma luta entre 'Razão' e 'Reação' "ou, em uma outra variante, o mito do combate do "anjo luminoso do progresso burguês... contra o negro demônio do feudalismo"[42]. Para ele, a crítica impiedosa de Balzac (ou de Carlyle) ao capitalismo, é *profundamente perspicaz*, particularmente em relação ao seu papel *destruidor* de cultura[43]. Ora, esse aspecto crítico não pode ser mecanicamente separado do conjunto da visão de mundo de Balzac ou de Carlyle (e, notadamente, de sua ideologia conservadora, segundo o bom velho método proudhoniano de dissociação entre o lado "bom" e "mau" dos fatos econômicos e sociais[44]. Nesses escritores, a crítica lúcida do capitalismo está *estreitamente ligada* à sua idealização da Idade Média: Balzac é tão penetrante *graças* a seu anticapitalismo romântico e não *apesar* dele[45].

É-se tentado a atribuir essa calorosa revalorização do romantismo anticapitalista por Lukács, em 1939-41, à conjuntura política precisa do período: pacto germano-soviético; hostilidade aberta da URSS às "democracias capitalistas". Certas referências à atualidade no texto parecem confirmar tal hipótese: por exemplo, Lukács acusa seus adversários de não terem ultrapassado a ideologia da Frente Popular, ou seja, "a superestimação da democracia burguesa, a atitude não crítica em relação a ela". Ora, segundo ele, "esses erros tomam hoje uma significação acrescida.

42. Lukács, *Ecrits de Moscou*, Paris, Editions sociales, 1974, pp. 243,257.
43. *Idem*, pp. 149, 159.
44. Segundo o método de Kirpotin, é preciso dividir cuidadosamente Carlyle em uma parte "boa" e uma parte "ruim"; ao rejeitar em cem por cento a parte "ruim", estaríamos condenados a ficar diante deste enigma insolúvel: de onde vem a parte "boa"? Lukács, *op. cit.*, pp. 234-35.
45. *Idem*, pp. 150, 235.

Como Engels viu profeticamente desde os anos 80, apareceu de novo uma situação onde a democracia burguesa é o escudo e o ponto de encontro de tudo o que é reacionário"[46]. Todavia, tal explicação não permite dar conta do ensaio sobre Dostoievski em plena época da guerra antifascista.

Seja como for, desde o fim da guerra, Lukács se afasta novamente do romantismo, desenvolvendo uma série de análises que às vezes parecem idênticas a uma versão sofisticada do combate mítico entre "o anjo burguês das Luzes" e o "negro demônio feudal" de que falava tão ironicamente em 1941... Por exemplo, em 1945, em um ensaio sobre Thomas Mann, descreve a trama da *Montanha Mágica* como "o duelo intelectual entre os representantes da luz e das trevas, entre o democrata humanista italiano Settembrini e o aluno judeu dos jesuítas Naphta, propagador de um sistema com tendência católica prefigurando o fascismo...", reduzindo assim, de maneira grosseira e simplista, a ideologia romântica religiosa-comunista, paradoxal e contraditória do sedutor personagem Naphta a uma "demagogia reacionária e anticapitalista"[47]. Na mesma época (1946), na sua *Breve História da Literatura Alemã*, salienta o caráter obscurantista e "doentio" do romantismo, notadamente em Novalis, e insiste no fato de que "a crítica do romantismo é uma das tarefas mais atuais da história da literatura alemã. Essa crítica não poderá jamais ser suficientemente rigorosa"[48]. Essa concepção estreita atravessa o conjunto dos escritos de Lukács no após-guerra; atingirá seu apogeu com a *Destruição da Razão* (1953), que apresenta toda a história do pensamento alemão, de Schelling a Tönnies e de Dilthey a Sim-mel como um imenso confronto entre a "Reação" e a "Razão", e todas as correntes românticas "desde a escola histórica do direito até Carlyle" como conduzindo, necessariamente, a uma "irracionalização geral da história" e, mais tarde, à ideologia fascista[49].

Não é senão bem mais tarde, nos últimos anos de sua vida, que Lukács voltará a uma abordagem mais matizada

---

46. *Idem*, p. 161.
47. Lukács, "A la recherche du bourgeois", 1945, *Thomas Mann*, Maspero, 1967, p. 37.
48. Lukács, *Brève Histoire de la Littérature Allemande*, Paris, 1946, Nagel, 1949, p. 94.
49. Lukács, *Die Zerstörung der Vernunft*, Berlim, Aufbau Verlag, 1955, p. 105.

e mais aberta ao romantismo. É o caso, notadamente, de seu prefácio de 1967, na reedição de *História e Consciência de Classe*, onde reconhece que o "idealismo ético com todos os seus elementos românticos anticapitalistas" lhe trouxe "qualquer coisa de positivo" e que esses elementos "com múltiplas e profundas modificações" foram integrados na sua nova visão do mundo (marxista)[50].

Esse itinerário atormentado e contraditório, do qual não possuímos ainda todas as chaves – e que mostra o pensamento de Lukács, assim como o de Hans Castorp, o herói da *Montanha Mágica*, oscilando constantemente entre dois polos: o de um "Settembrini marxista" ou o de um "Naphta revolucionário" – testemunha a dificuldade de Lukács em ultrapassar as antinomias de seu próprio pensamento e enfrentar o desafio romântico.

Lukács e Rosa Luxemburgo são dois exemplos particularmente significativos – bem distintos em sua modalidade concreta – de integração de certos temas românticos revolucionários em uma problemática de caráter marxista. Em nossa opinião, o interesse dessas tentativas está longe de ser puramente histórico.

Herbert Spencer, o sicofanta prolixo e polígrafo da indústria capitalista, escrevia, já há um século, que o advento da sociedade industrial produziria necessária e inevitavelmente o desaparecimento do militarismo e das guerras. Hoje, após duas conflagrações mundiais, Auschwitz e Hiroxima, a ligação tradicional entre desenvolvimento técnico e industrial e "progresso" aparece como bem problemática, e torna-se difícil negar que havia em certas formações pré-capitalistas aspectos (notadamente do ponto de vista cultural e social) superiores à civilização industrial capitalista.

Nesse momento, não apenas a humanidade se encontra, graças ao "progresso técnico", sob a ameaça permanente de um holocausto atômico, mas também nos aproximamos, a passos de gigante, de uma ruptura catastrófica do equilíbrio ecológico do planeta. Quanto aos Estados ditos "socialistas" (URSS, China), eles se apresentam cada vez menos como uma real alternativa a esta civi-

---

50. Lukács, "Vorwort", 1967, *Geschichte und Klassenbewustsein*, Luchterhand, 1968, pp. 12-13.

34

lização e procuram, ao contrário, imitar o mais fielmente possível, as técnicas, métodos de produção e formas de consumo das sociedades capitalistas industrializadas. Daí a importância, a nosso ver, de reencontrar a dimensão romântico-revolucionária do marxismo e enriquecer a perspectiva socialista do futuro com a herança perdida do passado pré-capitalista, com o tesouro precioso dos valores qualitativos comunitários, culturais, éticos e sociais afogados pelo capital, nas "águas geladas do cálculo egoísta".

Em um ensaio dos anos 20 ("Cultura e Socialismo"), Thomas Mann havia proposto um pacto entre a concepção romântica da cultura e as ideias sociais revolucionárias, a Grécia e Moscou, Hölderlin e Marx[51]. Moscou não é mais o fórum da revolução, mas essa proposição, em seu espírito amplo, nos parece abrir um campo fértil, ainda pouco explorado, para uma renovação do pensamento marxista e da imaginação revolucionária.

---

51. Thomas Mann, "Kultur und Sozialisme", in *Die Forderung des Tages*, Berlim, 1930, p. 196.

2. A CRÍTICA ROMÂNTICA E A CRÍTICA MARXISTA DA CIVILIZAÇÃO MODERNA*

Os primeiros críticos da moderna sociedade burguesa, da civilização capitalista criada pela Revolução Industrial, foram -mais de meio século antes de Marx – os poetas e escritores românticos. O anticapitalismo romântico nasceu na segunda metade do século XVIII, mas não deixou, até hoje, de ser um componente essencial da cultura moderna. O que é usualmente designado como o movimento român-tico na arte e na literatura, situado principalmente no início do século XIX, é apenas uma de suas múltiplas e extremamente variadas manifestações. Como uma *Wel-tanschauung*, isto é, uma abrangente visão de mundo, um *estilo de pensamento*, uma *estrutura básica de sentimento*, pode ser encontrado não apenas no trabalho de poetas e escritores de imaginação e de fantasia como Novalis, E.T.A. Hoffmann e os surrealistas, mas também nos ro-

---

* Extraído de *Theory and Society*, nº 16, Martinus Nijkoff Publishers, Dordrecht, Netherlands.

35

mances dos realistas, como Balzac, Dickens e Thomas Mann; não apenas entre artistas como Delacroix ou os pintores pré-rafaelitas, mas também entre economistas políticos como Sismondi, ou sociólogos como Tönnies. A característica essencial do anticapitalismo romântico é uma *crítica radical à moderna civilização industrial (burguesa)* – incluindo os processos de produção e de trabalho – *em nome de certos valores sociais e culturais pré-capitalistas*. A referência a um passado (real ou imaginário) não significa necessariamente que tenha uma orientação reacionária ou regressiva: pode ser revolucionária tanto quanto conservadora. Ambas as tendências têm estado presentes no romantismo desde as suas origens até agora: é suficiente mencionar Burke e Rousseau, Coleridge e Blake, Balzac e Fourier, Carlyle e William Morris, Heidegger e Marcuse. As vezes o conservador e o revolucionário até coincidem no mesmo pensador, como no caso de Georges S orei.

A primeira onda de anticapitalismo romântico reagiu à Revolução Industrial e às suas consequências econômicas, sociais e culturais, durante o século XIX. Mas o interesse e a relevância de sua crítica à sociedade industrial e ao trabalho industrial está longe de ser apenas histórico. Não se refere somente a ressentimentos específicos, abusos e injustiças peculiares àquele primeiro período – tais como o empobrecimento absoluto dos trabalhadores, o trabalho infantil, o *laissez faire* selvagem, a draconiana Lei dos Pobres – mas também a características mais *gerais, profundas, essenciais* e *permanentes* da civilização moderna (industrial/capitalista), desde o fim do século XVIII até a atualidade, nos anos 80.

A crítica romântica raramente é sistemática ou explícita e poucas vezes se refere diretamente ao capitalismo como tal. Na sociologia e na filosofia social germânica do fim do século XIX podemos encontrar algumas tentativas de sistematizações: elas opõem *Kultur*, um conjunto de valores tradicionais – sociais, morais ou culturais – do passado, à *Zivilisation*, o desenvolvimento moderno, "despersonalizado", material, técnico e econômico; ou *Gemeinschaft*, a velha comunidade orgânica de relações sociais diretas, à *Gesellschaft*, a agregação mecânica e artificial de pessoas em torno de objetivos utilitários.

36

A característica central da civilização industrial (burguesa) que o romantismo critica não é a exploração dos trabalhadores ou a desigualdade social – se bem que eles podem também ser denunciados, particularmente pelos românticos esquerdistas –, mas é a *quantificação da vida*, isto é, a total dominação do valor de troca (quantitativo), do cálculo frio do preço e do lucro, e das leis do mercado, acima do conjunto do tecido social. Todas as outras características negativas da sociedade moderna são intuitivamente sentidas pela maior parte dos anticapitalistas românticos como fluindo dessa crucial e decisiva nascente de corrupção: por exemplo, a religião ao deus dinheiro ("mammonismo" de Carlyle), o declínio de todos os valores *qualitativos* -de ordem social, religiosa, ética, cultural ou estética –, a dissolução de todos os vínculos humanos *qualitativos*, a morte da imaginação e do *romance*, a uniformização monótona da vida, a relação puramente "utilitária" – isto é, quantitativamente calculável – dos seres humanos entre si e com a natureza. O envenenamento da vida social pelo dinheiro, e do ar pela fumaça industrial, são captados por muitos românticos como fenômenos paralelos, resultantes da mesma raiz infernal.

Tomemos um exemplo para ilustrar a acusação romântica à modernidade capitalista: Charles Dickens, um dos autores favoritos de Karl Marx, embora não tivesse nada a ver com as ideias socialistas. De acordo com Marx, Dickens pertence à "esplêndida irmandade atual de escritores de ficção na Inglaterra, cujas páginas pitorescas e eloquentes divulgaram para o mundo mais verdades políticas e sociais do que haviam sido expressas por todos os políticos, publicistas e moralistas profissionais, postos juntos..."[1]. Essa opinião aparece em um artigo publicado por Marx no *New York Daily Tribune* em agosto de 1854. No mesmo ano apareceu o livro de Dickens *Tempos Difíceis*, que contém uma expressão inusualmente articulada da crítica romântica da sociedade industrial. Este livro não presta homenagem explícita às formas de vida pré-capitalistas (geralmente medievais), como muitos outros românticos ingleses -tais como Burke, Coleridge, Cobbet, Walter Scott,

---

1. Marx & Engels, *Über Kunst und Litteratur*, Berlim, Verlag Bruno Henschel, 1948, p. 231.

Carlyle (a quem *Tempos Difíceis* foi dedicado), Ruskin e William Morris –, mas a referência a valores morais e religiosos do passado é um componente essencial de sua concepção.

Em *Tempos Difíceis*, o frio espírito *quantificador* da idade industrial é magnificamente retratado em um proprietário de fábrica e membro militarista do Parlamento, Thomas Gradgrind, um homem que está sempre "com uma régua, uma balança, uma tabuada e tabela no bolso", e sempre "pronto a pesar e medir qualquer parcela da natureza humana, e dizer-lhe exatamente quanto vale". Para Gradgrind tudo é "uma mera questão de números, um caso de simples aritmética", e ele organiza rigidamente a educação das crianças em torno do sólido princípio de que "o que você não puder formular numericamente, ou mostrar ser comprável pelo preço mais baixo e vendável pelo mais caro, nunca foi nada, e nunca poderia ser". A filosofia de Gradgrind – a áspera visão de mundo da economia política, do utilitarismo estrito e do *laissez faire* clássico – era de que "tudo tinha que ser pago. Ninguém daria... ajuda a alguém, sem retorno. A gratidão deveria ser abolida, e as virtudes, dela decorrentes, desconsideradas. Cada polegada da existência do gênero humano, do nascimento à morte, deveria ser um negócio sobre o balcão"[2].

Contra esse retrato impressionante – quase um "tipo ideal" weberiano – do *ethos* capitalista, cujo deplorável triunfo ocorrerá quando o "*romance* for totalmente extirpado" da alma humana, Dickens opõe sua fé *romântica* em "sensibilidades, afeições, fraquezas... desafiando todos os cálculos jamais feitos pelo homem, e não mais conhecidos à sua aritmética do que o é o seu Criador". Ele acredita, e o projeto total de *Tempos Difíceis é* uma justificativa apaixonada dessa crença, que existe no coração das pessoas "essências sutis de humanidade" que podem eludir a extrema astúcia da álgebra até que o eco da última trombeta

2. Charles Dickens, *Hard Times*, Penguin Books, 1982 (1854), pp. 48, 86, 89, 238, 304. Ver também p. 129: eleito para o Parlamento, Thomas Gradgrind se torna um desses "respeitáveis membros para pesos e medidas, um dos representantes da tabuada, um dos honoráveis senhores surdos, honoráveis senhores mudos, honoráveis senhores cegos, honoráveis senhores mancos, honoráveis senhores mortos a qualquer outra consideração".

leve até mesmo a álgebra à ruína". Recusando capitular diante da máquina de moer (Gradgrinding!) da quantificação mercantil, ele se apega aos valores *qualitativos irredutíveis a números*[3].

Mas *Tempos Difíceis* não é apenas sobre a moagem da alma: conta também como a civilização industrial (capitalista) elimina qualidades como romance, cor e imaginação da vida material das pessoas, reduzindo-a a uma rotina monótona, cansativa, uniforme, entediante e cinzenta. A moderna cidade industrial, Coketown, é descrita por Dickens como "uma cidade de maquinarias e de altas chaminés, das quais saíam intermináveis serpentes de fumaças que seguiam a si mesmas para todo o sempre"; ela possuía

algumas ruas grandes, parecidas umas com as outras, muitas ruas pequenas, ainda mais parecidas umas com as outras, habitadas por pessoas igualmente parecidas com as demais, todas indo e voltando nas mesmas horas... para fazer o mesmo trabalho; e para as quais todos os dias são iguais a ontem e amanhã, e cada ano é a contrapartida do último e do próximo[4].

Espaço e tempo parecem ter perdido qualquer variedade qualitativa e diversidade cultural, para se tornarem uma estrutura única, contínua, conformada pela atividade ininterrupta das máquinas.

Para a civilização industrial, as *qualidades da natureza* (beleza, saúde) não existem: ela leva em consideração apenas as *quantidades* de material bruto que podem ser extraídos daí, Coketown é portanto um lugar "onde a Natureza foi fortemente alijada, enquanto os gases mortais nela se alojaram". Suas altas chaminés estão sempre "expelindo seus volumes venenosos", cobrindo o céu e o sol, que estão "eternamente em eclipse". Aqueles que "estavam sedentos por uma inalação de ar puro", que desejavam ver alguma relva fresca, uma paisagem verde, um luminoso céu azul, algumas árvores com pássaros cantando, tinham que ir

3. *Idem*, pp. 192, 240. Ver também p. 108: "nem todos os calculadores da Dívida Nacional podem me explicar a capacidade para o bem ou o mal, para o amor ou o ódio, para o patriotismo ou o descontentamento, para a decomposição da virtude em vício ou o inverso" que está viva nas almas dos trabalhadores.
4. C. Dickens, *Hard Times*, pp. 65, 275.

algumas milhas adiante pela estrada de ferro e, então, começar a andar pelos campos. Mas nem lá, estarão em paz: minas desertas, abandonadas depois que todo ferro ou carvão foi extraído da terra, estão escondidas na relva, tal como armadilhas mortais[5].

É nesse contexto geral que o problema do *trabalho* na moderna sociedade capitalista é examinado. Dickens não focaliza sua atenção no processo do trabalho dentro da fábrica, mas observa que os trabalhadores estão condenados a seguir o movimento da máquina, o ritmo uniforme do motor a vapor, o qual se movia "monotonamente para cima e para baixo, como a cabeça de um elefante em estado de loucura melancólica"[6].

Outros autores românticos ou neorromânticos têm se aprofundado mais extensivamente nesse assunto. Deplorando o declínio e o desaparecimento do velho artesanato pré-capitalista – um tipo de trabalho no qual a *criatividade* e a *imaginação* são componentes essenciais do trabalho –, descrevem e analisam a absoluta predominância da produção meramente *quantitativa*, o domínio da máquina inanimada sobre pessoas vivas, os efeitos embrutecedores da divisão do trabalho, o caráter "repulsivo" (expressão de Fourier) da labuta mecânica e sem vida, a degradação e desumanização do trabalhador.

Ilustremos esse tipo de crítica com os escritos de um autor que estava bem longe de ser um socialista (embora tenha influenciado fortemente a utopia socialista de William Morris): John Ruskin. Historiador da arquitetura, filósofo das artes, amigo dos pintores pré-rafaelistas, Ruskin estava também interessado em economia política e, na introdução de seu trabalho A *Joy for Ever* (Uma Felicidade para Sempre) 1857, pode-se encontrar um sumário de suas principais ideias nessa área. Para ele, o modo industrial de produção cria "em nossa Inglaterra, uma escravidão mil vezes mais amarga e mais degradante que aquela dos flagelados africanos ou dos escravos gregos", porque é um sistema de trabalho que transforma os seres humanos em "engrenagens" e os "desumaniza" completamente. Essa "degradação do operário em máquina", essa

---

5. *Idem*, pp. 102, 194, 283. O herói do romance, o trabalhador Stephen Blackpool, cai em um desses poços – o "Old Hell Shaft" – e morre.
6. *Idem*, pp. 65, 67.

40

destruição de sua alma, de sua inteligência, de sua liberdade, é, de acordo com Ruskin, a pior calamidade dos tempos modernos. Uma das suas principais causas é o que chama ironicamente "a grande invenção do mundo civilizado: a divisão do trabalho"; ele lamenta que tenha sido dado um falso nome a essa invenção: "Na verdade, não é o trabalho que é dividido, mas o homem: dividido em mero segmento de homem – quebrado em pequenos fragmentos e migalhas de vida…"[7]. No trabalho manufatureiro industrial moderno perdeu-se qualquer *qualidade humana*: os trabalhadores não têm "a menor ocasião para o uso da mais simples faculdade humana"; têm sido reduzidos a uma *quantidade* uniforme: "ser ordenados dentro do conjunto do mecanismo, numerados com suas engrenagens, e ajustados pelas suas batidas de martelo (*hammer strokes*)", uma multidão anônima que "é enviada como combustível para alimentar a fumaça da fábrica".

Como muitos outros antimodernistas românticos, o ideal nostálgico de Ruskin é o passado gótico. Na construção de catedrais, ou na produção de objetos de vidro na Veneza medieval, o trabalho era livre, nobre e criativo; no artesanato antigo, pensamento e trabalho não eram separados, e não havia produção sem invenção. Seu sonho é restabelecer no futuro essa Idade de Ouro onde arte e trabalho eram uma coisa só; observando as esculturas na fachada de uma velha catedral, ele as vê como

sinais da vida e da liberdade de todos os operários que trabalharam a pedra; uma liberdade de pensamento e posição na escala do ser, tal como nenhuma lei, nenhum contrato, nenhuma instituição beneficente pode assegurar; mas cuja recuperação, para seus filhos, deve ser hoje a principal meta de toda a Europa[8].

Marx e o Anticapitalismo Romântico

Aparentemente, Marx nada tem a ver com o romantismo. Ele rejeita como "reacionários" quaisquer sonhos de retorno ao artesanato ou qualquer outro modo pré-

7. John Ruskin, Introdução a *A Joy for Ever*, 1857, in *Readings from Ruskin*, Leipzig, Velhagen und Klosing, 1925, pp. 91, 93, 96, 102.
8. *Idem*, pp. 93, 100, 102.

-capitalista de produção. Exalta o papel historicamente progressista do capitalismo industrial, não apenas por desenvolver uma força produtiva gigantesca e sem precedente, mas também por criar a universalidade, a unidade da economia mundial – uma precondição essencial para a futura humanidade socialista. Ele saúda também o capitalismo por esfacelar os véus que ocultam a exploração nas sociedades pré-capitalistas, mas esse tipo de aplauso tem um conteúdo irônico: pela introdução de uma forma mais brutal, aberta e cínica de exploração, o modo capitalista de produção favorece o desenvolvimento da consciência de classe e da luta das classes oprimidas. O anticapitalismo de Marx não é a negação abstrata da moderna civilização industrial (burguesa), mas é *Aufhebung*, isto é, ao mesmo tempo, a sua abolição e a conservação de suas maiores conquistas, em um movimento na direção de um modo de produção mais elevado (socialismo).

Sua aproximação é dialética: vê o capitalismo como um sistema que "transforma todo progresso econômico em uma calamidade social"[9]. É na análise das calamidades sociais provocadas pelo capitalismo industrial (assim como no seu interesse pelas comunidades pré-capitalistas) que ele retoma, pelo menos até um certo ponto, a tradição romântica.

Tanto Marx quanto Engels apreciaram e estiveram intelectualmente em dívida com os críticos românticos do capitalismo industrial. Seu trabalho foi influenciado significativamente não apenas pelos economistas românticos, como Sismondi – amiúde confrontado e comparado com Ricardo nos escritos de Marx – ou o populista russo Nicolai-on, com o qual eles se corresponderam por vinte anos, mas também por escritores como Dickens e Balzac, filósofos sociais como Carlyle e historiadores de comunidades antigas como Maurer, Niebuhr e Morgan – para não falar dos socialistas românticos, como Fourier e Moses Hess. O interesse de Marx e Engels pelas comunidades rurais primitivas – desde as *gens* gregas, até a *Mark* da velha Alemanha e a *obshtchina* russa -está ligado à sua

9. Karl Marx, *Capital*, Londres, Lawrence and Wishart, 1974, vol. 1, pp. 457-458.

convicção de que essas formações antigas incorporavam qualidades sociais perdidas nas civilizações modernas, qualidades que prefiguram certos aspectos da futura sociedade comunista.

Numa carta a Engels, de 25 de março de 1868, Marx explica tanto a semelhança quanto a diferença entre sua concepção da história e o romantismo tradicional: enquanto a reação romântica ao Iluminismo era formada por uma perspectiva medieval, a nova reação – comum a socialistas e a eruditos como Maurer – consiste em alcançar, para além da Idade Média, a era primitiva de cada nação, isto é, as antigas comunidades igualitárias[10]. Na realidade, a nostalgia das formas de vida medievais está longe de ser a única forma de romantismo: as sociedades primitivas e as comunidades rurais tradicionais também serviram de referência à crítica romântica da civilização, de Rousseau até os populistas russos, Marx e Engels ligam-se a essa corrente específica na tradição anticapitalista romântica.

A crítica marxiana da civilização industrial-capitalista não se limita à propriedade privada dos meios de produção; é muito mais cabal, radical e abrangente. É a totalidade das formas industriais de produção existentes e a totalidade da sociedade burguesa moderna que são questionadas. E é aqui que encontramos muitos argumentos e atitudes similares às dos românticos. Na verdade, *o anticapitalismo romântico é a fonte esquecida de Marx*, fonte tão importante para o seu trabalho quanto o neo-hegelianismo alemão ou o materialismo francês.

Um dos primeiros autores a enfatizar o paralelo ou afinidade entre a oposição marxista e a romântica face à visão de mundo burguesa racionalizada foi Karl Mannheim, em seu brilhante ensaio "Pensamento Conservador" (1927). Mannheim demonstrou muito acuradamente que a oposição do concreto ao abstrato, da dinâmica (dialética) à estática, da totalidade à fragmentação e da percepção coletiva da história à individualista são traços

---

10. Marx & Engels, *Ausgewählte Briefe*, Berlim, Dietz Verlag, 1953, p. 233. Sobre as relações de Marx corn Morgan e Maurer, ver L. Krader, *Ethnologie und Anthropologie hei Marx*, Frankfurt, Verlag Ullstein, 1976; entre Marx e Niebuhr, ver trabalho não publicado de Norman Levine, "The Eighteenth Century Origins of Historical Materialism".

comuns da crítica "direitista" e "esquerdista" da *bürgerlich-* *-naturrechtliche Denken*. No entanto, a maior parte dos exemplos que dá da posição marxista são extraídos da *História e Consciência de Classe*, de Lukács, trabalho que é na verdade uma combinação do marxismo e da sociologia neorromântica alemã. Ademais, Mannheim está mais interessado nas semelhanças *metodológicas* entre os estilos de pensamento dos revolucionários/marxistas e conservadores/românticos do que na possível convergência de sua crítica concreta da *sociedade* industrial/burguesa[11].

Depois de Mannheim, diversos pensadores se referiram à conexão entre romantismo e marxismo. Alvin Gouldner enfatizou os "importantes *componentes* românticos" do pensamento de Marx; Ernst Fischer argumentou que Marx integrou em sua visão socialista "a revolta romântica contra um mundo que transformava tudo em mercadoria e degradava o homem à condição de objeto". Fischer e Gouldner – tanto quanto M. H. Abrams – veem no sonho do *homem total*, para além da fragmentação, divisão e alienação, o elo principal entre Marx e a herança romântica[12]. Entretanto, esses autores não se ocuparam muito com os paralelos específicos entre a crítica marxista e romântica da *civilização capitalista*[13]. Na minha opinião, este paralelo é particularmente sensível em relação à questão crucial da *quantificação*.

11. Ver Karl Mannheim, "Das Konservative Denken", *Wissenssozio-logie*, Berlim, Luchterhand, 1964, pp. 425, 438, 440, 486, 497, 504, 507 etc.
12. Ver E. Fischer, *Marx in his own words*, Londres, Penguin Press, 1970, p. 15; Alvin Gouldner, *For Sociology: Renewal and Critique in Sociology Today*, Londres, Penguin Press, 1973, p. 339; M. H. Abrams, *Natural Supernaturatism: Tradition and Révolution in Romantic Literature*, Nova York, Norton Library, 1973, p. 314.
13. Em meu artigo "Marxism and Revolutionary Romanticism"*, (*Telos*, p. 49, Fall 1981) focalizo principalmente a atitude comum de Marx e dos românticos face às sociedades pré-capitalistas. Encaminho o conceito geral de "anticapitalismo romântico" (primeiramente formulado por Lukács) em meu trabalho (com R. Sayre), "Figures of Romantic Anti-Capitalism", *New German Critique*, p. 32, Spring--Summer 1984, mas esse ensaio não discute Marx.
* Publicado nesta coletânea sob o nome "Marxismo e Romantismo Revolucionário" (Nota da Tradutora).

A crítica à quantificação da vida na sociedade industrial (burguesa) é central nos escritos de juventude de Marx, particularmente nos *Manuscritos Econômico-Filosóficos* (1844). Ele argumenta que o dinheiro, no capitalismo, tende a destruir e dissolver todas as "qualidades humanas e naturais", submetendo-as à sua própria medida estritamente quantitativa: "a quantidade de dinheiro torna-se cada vez mais sua única característica *poderosa*, enquanto reduz toda entidade à sua própria abstração, reduz a si mesmo a seu próprio movimento como uma entidade *quantitativa*". O intercâmbio entre qualidades humanas – amor por amor, verdade por verdade – é substituído pelo intercâmbio abstrato de dinheiro por mercadoria. O próprio trabalhador é reduzido à condição de mercadoria, a mercadoria-humana (*Menschenware*), um ser" desventurado "física e espiritualmente desumanizado (*entmenschtes*)", e forçado a viver em cavernas modernas que são piores que as primitivas, porque são "envenenadas pelo bafio pestilento da civilização". Assim como um negociante que vende minerais "vê apenas seu valor mercantil, e não a beleza e a natureza particular das pedras", as pessoas, na sociedade capitalista, perdem seu sentido material e espiritual e os substituem pelo exclusivo sentido da *posse*. Em uma palavra, o *ser*, expressando livremente a riqueza da vida pelas atividades sociais e culturais, é mais e mais sacrificado pelo *ter*, a acumulação de dinheiro, mercadorias ou capital[14].

Essas motivações dos escritos de juventude são menos óbvias em *O Capital*, mas, no entanto, elas estão presentes: em diversas passagens, Marx compara o *ethos* da moderna civilização capitalista, que está apenas interessada em produzir mais mercadorias, barateando-as e acumulando capital – isto é, com "quantidade e valor-de-troca" – com o

---

14. Karl Marx, *National Ökonomie und Philosophie*, 1844, in *Die Frühschriften*, éd. S. Landshut, (Stuttgart: Krone Verlag, 1953), pp. 240, 243, 255, 299, 301, 303. Ver também no *Manifesto Comunista* a referência ao afogamento, pelo capitalismo, de todos os antigos valores nas "águas geladas do cálculo egoísta" (Marx, *The Revolution of 1848*, Penguin Books, 1973, p. 70).

45

espírito da Antiguidade clássica que se apega "exclusivamente à qualidade e valor-de-uso"[15].

É claro que a temática central de *O Capital* é a *exploração* do trabalho, a extração da mais-valia pelos capitalistas proprietários dos meios de produção. Mas ele contém também uma crítica radical da *natureza em si do trabalho industrial moderno*. Em sua acusação do caráter *desumanizante* do trabalho capitalista/industrial, *O Capital* é ainda mais explícito que os *Manuscritos* de 1844, e, sem dúvida, existe um elo entre essa crítica e o anticapitalismo romântico. Ainda que Marx não sonhe, como Ruskin, com o restabelecimento do artesanato medieval, percebe o trabalho industrial como uma forma social e culturalmente degradada em comparação com as qualidades humanas do trabalho pré-capitalista: "o conhecimento, o julgamento, e a vontade, os quais, ainda que em um mínimo grau, eram praticados pelos camponeses independentes ou artesãos... [são] perdidos pelo trabalho fragmentado" da indústria moderna. De maneira similar, escreve nos *Grundrisse* que no capitalismo industrial "o trabalho perde todas as características de arte... [e] se torna mais e mais uma *atividade puramente abstrata*, uma atividade puramente mecânica". Analisando essa degradação, Marx chama a atenção (em *O Capital*), antes de tudo, para a divisão do trabalho, a qual "converte o trabalhador em uma monstruosidade aleijada, por forçar uma destreza específica, desprezando um mundo de capacidades e instintos produtivos", cita nesse contexto o economista romântico tóri, David Urquhart: "Subdividir um homem é executá-lo, se ele merece a sentença, assassiná-lo se não a merece... A subdivisão do trabalho é o assassinato de um povo". Em seguida, vem a máquina – que é em si um elemento de progresso – mas que, no presente modo de produção, é uma maldição para o trabalhador: ela "despoja o trabalho de todo interesse" e "confisca qualquer átomo de liberdade, tanto nas atividades corporais quanto nas intelectuais". Graças à máquina capitalista, o trabalho "se torna uma espécie de tortura" e

---

15. Marx, *Capital*, vol. 1, p. 344. Ver também p. 385 sobre o significado da maquinaria para o poeta grego Antipatros: dar liberdade aos escravos e trazer de volta a Idade de Ouro –, em oposição ao moderno emprego da máquina para escravizar os trabalhadores e expandir o valor do capital.

(aqui, Marx cita Engels, *A Condição da Classe Trabalhadora na Inglaterra*) uma "miserável rotina de intermináveis tarefas e obrigações na qual o mesmo processo mecânico se repete infinitas vezes, como o trabalho de Sísifo". O trabalhador é transformado em um mero apêndice vivo do mecanismo morto, compelido a trabalhar "com a regularidade das partes de uma máquina". No moderno sistema capitalista-industrial, toda a organização do processo de trabalho "se transforma em uma maneira organizada de esmagar a vitalidade, liberdade e independência individual do trabalhador". A esse terrível quadro ele adiciona a descrição das condições materiais sob as quais ocorre o trabalho de fábrica: sem espaço, luz ou ar, uma atmosfera poluída, barulho ensurdecedor, inúmeras pessoas mortas, mutiladas ou feridas pelas máquinas, e muitas outras afligidas pelas doenças modernas da "patologia industrial"[16].

Em resumo, as *qualidades naturais e culturais* do trabalhador como ser humano são sacrificadas pelo capital aos objetivos puramente *quantitativos* de produzir mais e mais mercadorias e obter mais e mais lucros.

A concepção de socialismo de Marx está intimamente ligada à sua crítica radical da moderna civilização industrial-capitalista: é muito mais do que propriedade coletiva e economia planejada. Implica uma mudança qualitativa, uma nova cultura social, um novo modo de vida, um diferente tipo de civilização que restabeleceria o papel das "qualidades sociais e naturais" na vida humana e o papel do valor-de-uso no processo de produção. Requer a *emancipação do trabalho*, não apenas pela "expropriação dos expropriadores" e controle sobre o processo de produção pelos produtores associados, mas também uma completa transformação da própria natureza do trabalho.

Como isso poderia ser conseguido? Um dos principais documentos das ideias de Marx nessa área é o *Grundrisse* (1857/1858). Ele sugere neste trabalho que em uma comunidade socialista o progresso técnico e a maquinaria reduzirão drasticamente o tempo do "trabalho necessário" – o trabalho requerido para satisfazer as necessidades básicas da comunidade. A maior parte do tempo diário poderá

---

16. Marx, *Capital*, vol. 1, pp. 330, 340-341, 398, 401, 474; e *Grundrisse*, Londres, Penguin Books, 1973, p. 247.

47

então ficar livre para o que ele chama, seguindo Fourier, *travail attractif*, isto é, trabalho verdadeiramente livre, trabalho que é a auto realização do indivíduo. Tal trabalho, tal produção – que tanto pode ser material quanto espiritual – não é puro divertimento (aqui Marx discorda de Fourier), mas pode requerer extremo esforço e seriedade – Marx menciona a composição musical como um exemplo. Além disso, implica a educação geral artística e científica do povo[17].

Seria totalmente equivocado deduzir das indicações acima que Marx era um anticapitalista romântico: ele se inspirou *tanto ou mais* no Iluminismo e na economia política clássica, do que nos críticos românticos da civilização industrial. Em uma passagem bastante reveladora dos *Manuscritos* de 1844, comenta a contradição entre o velho proprietário de terra e o novo capitalista, expressos na polêmica entre autores românticos (Justus Möser, Sismondi) e economistas políticos (Ricardo, Mill): "essa oposição é extremamente amarga, e cada lado fala a verdade sobre o outro"[18]. Do mesmo modo, um tema recorrente em seus últimos escritos econômicos é que Sismondi é capaz de perceber os limites de Ricardo e vice-versa.

A visão do próprio Marx não é nem romântica nem utilitária, mas a *Aufhebung* dialética de ambas em uma nova *Weltanschauung*, crítica e revolucionária. Nem apologético da civilização burguesa, nem cego às suas realizações, ele visa uma forma mais alta de organização social, que possa integrar tanto os avanços técnicos da sociedade moderna, *quanto* algumas das qualidades humanas das comunidades pré-capitalistas – assim como abrir um campo novo e ilimitado para o desenvolvimento e enriquecimento da vida humana. Uma nova concepção do trabalho como uma atividade livre, não alienada e criativa – em comparação com a labuta tediosa e estreita do trabalho mecânico industrial – é um aspecto central de sua utopia socialista.

Romantismo e Marxismo depois de Marx

17. Marx, *Grundrisse*, pp. 173,611,706,708-712.
18. Marx, *Die Frühschriften*, p. 248.

Depois da morte de Marx, a tendência dominante no marxismo tem sido a "modernista"; ela tomou apenas um lado da herança marxiana e desenvolveu um culto acrítico ao progresso técnico, ao industrialismo, ao maquinismo, ao fordismo, e ao taylorisme O stalinismo, com seu produtivismo alienado e sua obsessão pela indústria pesada, é a caricatura deplorável desse tipo de "corrente fria" no marxismo (parafraseando Ernst Bloch).

Mas existe também uma "corrente quente", cuja crítica radical e abrangente da civilização moderna se inspira tanto em Marx quanto na tradição anticapitalista romântica. Esse tipo de "marxismo romântico" insiste na descontinuidade e na ruptura essencial entre a utopia socialista – como uma forma qualitativamente diferente de vida e de trabalho – e a presente sociedade industrial, e olha com nostalgia para certas formas sociais ou culturais pré-capitalistas.

Naturalmente, esse marxismo "antimodernista" não está imune à unilateralidade. Suas forças e fraquezas são mais bem ilustradas pela obra de seu primeiro representante, William Morris. De início um poeta e artista romântico, um membro da Irmandade Pré-Rafaelita, Morris aderiu ao movimento socialista durante o último quartel do século XIX. Sua clara acusação à sociedade capitalista-industrial é devida tanto a Ruskin quanto a Marx. Referindo-se a John Ruskin em um artigo intitulado "Como me tornei Socialista" (1894), Morris escreve:

> Foi através dele que aprendi a dar forma a meu descontentamento, o qual, devo dizer, não era de nenhuma forma meio vago. A parte o desejo de produzir belas coisas, a principal paixão de minha vida tem sido, e é, odiar a civilização moderna[19].

A principal característica da civilização moderna (capitalista) é, para William Morris, "labuta inútil", isto é, produção para o Mercado Mundial, tão barata quanto possível, de "quantidades imensuráveis de objetos inúteis". As mercadorias são feitas "para vender e não para usar": aos proprietários das máquinas é indiferente a sua qualidade, desde que possam encontrar compradores para

19. *Political Writings of William Morris*, organizado por A. L. Morton, Londres, Lawrence and Wishart, 1979, p. 243.

elas[20]. O comercialismo matou a arte popular que existia e florescia em todas as formas de produção anteriores à ascensão do sistema de manufaturas; destruiu todo prazer, variedade e imaginação no trabalho. E Morris está convencido de que "não existe outra necessidade para tudo isso senão a de extrair lucro das vidas humanas"[21].

Entretanto, Morris não era hostil ao maquinismo em si. Em sua utopia socialista *News from Nowhere* (1890), descreve um sistema de produção no qual "todo trabalho que pudesse ser cansativo para fazer com as mãos é feito por máquinas extremamente aperfeiçoadas; e em todo trabalho aprazível de fazer à mão, a maquinaria é excluída".

Como Marx, Morris conta com o progresso técnico para emancipar o trabalhador do trabalho árduo e liberar tempo livre para o trabalho agradável e criativo. Reportando-se a Fourier, afirma sua crença de que o trabalho possa tornar-se, numa comunidade socialista, um "prazer sensível e consciente", similar à atividade do artista[22].

Como seu amigo John Ruskin, Morris considerou a arte não como um luxo mas como uma dimensão essencial da vida humana. A arte era tudo o que fosse feito pelas pessoas que eram livres e encontravam prazer em seu trabalho. Em sua utopia romântico-socialista, a maior parte dos bens úteis são produzidos manualmente e possuem uma qualidade artística, como no artesanato qualificado; sua única recompensa é a própria criação, e não são vendidos ou comprados (o dinheiro já não mais existe), mas dados livremente àqueles que os desejam ou que deles necessitam.

Marx frequentemente se refere aos românticos – mesmo àqueles que ele apreciava, como Sismondi – como "reacionários". Existem, de fato, momentos regressivos ou conservadores na visão romântica de mundo. Por exemplo, os autores que temos examinado, tais como Dickens e Ruskin, carecem de qualquer compreensão do moderno movimento operário, do sindicalismo ou do socialismo

---

20. W. Morris, *News from Nowhere*, Londres, Lawrence and Wishart, 1977 (1890), pp. 276-279.
21. W. Morris, "Useful Work Versus Useless Toil", 1884, in *Political Writings*, pp. 102-103.
22. W. Morris, *News from Nowhere*, pp. 274-275, 280.

proletário; sua simpatia pelos trabalhadores é paternalista ou filantrópica, e eles desejam restaurar as formas patriarcais ou pré-capitalistas de autoridade. Este não é o caso do socialista romântico William Morris, que ingressa sem hesitação no movimento operário militante através de sua Liga Socialista. Mas sua utopia também contém uma dimensão patriarcal e regressiva, que se revela em sua atitude negativa face ao que ele chama desdenhosamente de "a questão da 'emancipação feminina' do século XIX, bem como em sua visão inteiramente conservadora da divisão sexual do trabalho: o cuidado de crianças e os cuidados da casa são apresentados, em sua utopia socialista, como atividades exclusivamente femininas[23].

Escolhemos William Morris como um exemplo, mas seria um grande erro concluir que o marxismo romântico – ou o marxismo influenciado pela crítica romântica da civilização moderna – é um fenômeno do século XIX. Na própria Inglaterra, Morris parece ter sido esquecido por muitas décadas, mas durante os últimos vinte e cinco anos autores marxistas, influenciados pela tradição romântica, tais como Raymond Williams e E.P. Thompson (autor de importante livro sobre William Morris), têm obtido grande audiência, bem além dos limites do *campus* acadêmico: E.P. Thompson é um dos líderes e ideólogos principais do vasto movimento pacifista e antinuclear da Grã-Bretanha.

O principal centro para a elaboração desse tipo de marxismo no século XX tem sido a Alemanha. Cada um à sua maneira, Rosa Luxemburgo, G. Lukács, E. Bloch e a Escola de Frankfurt (particularmente Walter Benjamin e Marcuse), têm integrado em sua teoria marxista elementos da tradição romântica[24]. Através de Herbert Marcuse, essa crítica marxista semirromântica da civilização industrial teve um profundo impacto na Alemanha e nos Estados Unidos contemporâneos, influenciando não apenas a

---

23. O patriarcado não está necessariamente vinculado à visão de mundo romântica, pode ser também encontrado entre os racionalistas e os positivistas (tal como o próprio A. Comte). Por outro lado, existem muitos pensadores feministas entre os socialistas românticos, de Fourier a Marcuse.

24. Ver meu artigo "Marcuse and Benjamin: the Romantic Dimension", *Telos*, p. 44, Summer 1980, e "Marxism and Revolutionary Romanticism", *Telos*, p. 49, Fall 1981.

51

Nova Esquerda e os movimentos estudantis dos anos 60, mas também (de forma mais difusa e indireta) movimentos sociais mais recentes como a ecologia, o feminismo e o pacifismo. Portanto, longe de ser uma ideologia anacrônica do último século, a "corrente quente" do marxismo tem alcançado seu apogeu precisamente em nossos tempos, particularmente na Inglaterra, Alemanha e Estados Unidos, isto é, nos países onde a civilização capitalista moderna atingiu seu desenvolvimento mais puro, sistemático e impiedoso. Uma das razões para esse interesse renovado é, provavelmente, a natureza insípida do sistema burocrático (pós-capitalista) industrial, o assim chamado "socialismo real" da Europa Oriental, cuja ânsia em imitar a tecnocracia e a produtividade do Ocidente dificilmente faz com que apareça como uma alternativa válida para os males da moderna sociedade burguesa.

Conclusão

O marxismo deve muito ao racionalismo do Iluminismo e da filosofia clássica alemã para ser considerado uma visão de mundo verdadeiramente romântica. Isso se aplica não apenas a Marx, mas também a autores como Rosa Luxemburgo, Georg Lukács e Herbert Marcuse. Mas o anticapitalismo romântico é uma dimensão essencial – e até agora largamente negligenciada – de suas críticas abrangentes e de longo alcance da civilização moderna e do processo industrial de trabalho.

A dimensão romântica tem também, em grande medida, conformado sua visão do futuro socialista, apresentado pelos pensadores marxistas mais radicais e imaginativos não apenas como um sistema econômico onde a propriedade e os meios de produção serão coletivos, mas também como uma *nova maneira de viver*, na qual o trabalho voltaria a ser (como no passado) semelhante à arte – isto é, *a livre expressão da criatividade humana.*

3. ROMANTISMO REVOLUCIONÁRIO E MESSIANISMO MÍSTICO NO JOVEM LUKÁCS (1910-1919)*

No quadro de uma discussão sobre a articulação entre as formas de simbolismo religioso, literário e político, o pensamento de Lukács (antes de sua adesão ao marxismo) constitui um exemplo particularmente surpreendente. Mas só pode ser entendido em um quadro mais vasto do renascimento religioso e místico nos meios intelectuais da Europa Central na virada do século.

O sociólogo alemão Paul Honigsheim, amigo e discípulo de Max Weber, testemunha notavelmente lúcida desse período, escrevia a este respeito com uma irritação evidente:

> Era uma época onde a religião começava a virar moda – nos salões e cafés –, onde se liam naturalmente os místicos e se simpatizava espontaneamente com o catolicismo, uma época onde

---

* *Archive de Sciences Sociales des Religions* (nº 45/1, 1978).

era bem visto lançar um olhar de desprezo sobre o século XVIII, para poder em seguida agredir com coração leve o liberalismo[1].

Na realidade, essa volta à religião do passado, e em particular ao catolicismo e/ou à mística da Idade Média, é um aspecto de um movimento cultural global de contestação ao racionalismo moderno, à sociedade industrial urbana, à quantificação e à mercantilização dos relacionamentos sociais, movimento que não deixa de ter ligações com o *romantismo anticapitalista* do início do último século na Alemanha (Adam Müller, Novalis etc.). Mas, no fim do século XIX, início do século XX, é sobretudo nos meios intelectuais (especialmente literários e universitários) que se desenvolve essa corrente neorromântica, que ganha uma dimensão trágica, às vezes resignada, às vezes desesperada.

Para entender as raízes sociais desse fenômeno cultural, é preciso lembrar que a Alemanha conheceu durante esse período um processo de industrialização acelerado e intensivo sem precedente na história moderna. Basta notar que, há produção de aço, depois de ter estado atrás da França e bem mais atrás da Inglaterra em 1860, ela produzia em 1910 mais do que a França e a Inglaterra juntas. Esse desenvolvimento vertiginoso da indústria capitalista vai perturbar brutalmente o conjunto da vida social e cultural do país, abalando e dissolvendo o modo de vida e as tradições das camadas pré-capitalistas. O anticapitalismo romântico é a reação de setores significativos dessas camadas, particularmente da intelectualidade literária, contra a nova ordem social e sua escala de valores. O mandarinato universitário, que desfrutava de uma posição particularmente privilegiada na Alemanha tradicional (devida, entre outros, ao papel das universidades como via de acesso à burocracia estatal prussiana) será condenado ao declínio pelo advento da era industrial: traumatizados pela dominação esmagadora do capital e da mercadoria, os universitários reagirão "com uma intensidade tão desesperada que o espectro de uma era moderna sem alma assombra tudo o que eles disseram ou escreveram, sobre qualquer que fosse o tema"[2].

1. Paul Honigsheim, "Der Max-Weber-Kreis in Heidelberg", *Kölner Vierteljahrschrift für Soziologie*, 1926, p. 5, n° 3, p. 284.
2. Fritz K. Ringer, *The Decline of German Mandarins. The German Academic Community, 1890-1933*, Cambridge, Massachusetts, Har-

Max Weber assinalou em várias ocasiões que o capitalismo e a sociedade industrial se caracterizam por um *desencantamento do mundo* (*Entzauberung der Welt*), através do qual os sentimentos e valores supremos são substituídos pelo cálculo frio e racional das perdas e ganhos. A volta à religião e à paixão pelo misticismo são formas de revolta contra esse *Entzaubergung*, e tentativas desesperadas de restabelecer no universo cultural esse "encantamento" expulso pelas máquinas e pelos livros de contabilidade.

O Círculo Max Weber em Heidelberg, que reunia regularmente um grupo de amigos na casa do sociólogo, foi um dos centros de difusão mais significativos das ideias neorromânticas e da nova religiosidade dos meios universitários e literários.

Dentre os participantes encontram-se sociólogos como Tönnies, Sombart, Simmel, Alfred Weber, Robert Michels, Paul Honigsheim, filósofos neokantianos como Wildelband, Emil Lask etc. Do ponto de vista da problemática religiosa, é interessante notar a presença de Ernest Troeltsch, sociólogo das religiões, de tendência social-cristã, de Nikolai von Bubnov, professor de história do misticismo em Heidelberg, autor de trabalhos sobre a filosofia religiosa e sobre Dostoiévski em particular, do escritor Feodor Stepan, que tinha apresentado ao público alemão a obra do pensador místico russo Vladimir Soloviev. O próprio Max Weber havia sempre manifestado um interesse profundo pela sociologia das religiões, como mostram seus trabalhos sobre o judaísmo antigo, a ética protestante, as religiões orientais etc. Era, inclusive, apaixonado por Dostoiévski, e segundo o testemunho de Paul Honigsheim, não houve uma única reunião do círculo na casa de Weber na qual o nome de Dostoiévski não tenha sido mencionado[3]. A atração de todo o grupo pela literatura religiosa russa era uma das formas de manifestação de sua antipatia pelo universo racional e sem alma (*seelenlos*) do capitalismo ocidental e da sociedade industrial moderna.

Os dois pensadores do Círculo Max Weber de Heidelberg que encarnam a forma mais exaltada, tingida de mes-

vard University Press, 1964, p. 3.
3. Paul Honigsheim, *On Max Weber*, Nova York, Free Press, 1968, p. 85.

sianismo e de escatologia, deste estado de espírito geral, são dois jovens filósofos ainda desconhecidos na época; Ernst Bloch e Georg Lukács. Emil Lask tinha lançado a propósito deles um epigrama irônico que resumia com perfeição a visão do mundo comum a eles: "Como se chamam os quatro evangelistas? Mateus, Marcos, Lukács e Bloch"[4]. Todos os testemunhos convergem para sublinhar este aspecto. Paul Honigsheim os espicaça nos seguintes termos: "Ernst Bloch, o apocalíptico judeu catolicizante, com seu adepto de então, Lukács"[5]. Marianne Weber, esposa do sociólogo, em suas memórias, descreve Lukács como um rapaz "a quem agitam esperanças escatológicas da chegada de um novo Messias" e que considera "uma ordem social fundada na fraternidade como precondição da Salvação"[6].

O problema do relacionamento entre socialismo e religião se encontra logo no centro das preocupações do jovem Lukács; a religião, ou melhor, um certo "espírito religioso", parece mesmo tornar-se para ele um critério decisivo que permite medir, a seu talente, o socialismo. Em um artigo de 1910, redigido em Budapeste pouco antes de sua partida para Heidelberg, escrevia: "A única esperança poderia estar no proletariado, no socialismo [...] [mas] parece que o socialismo não tem o poder religioso de preencher toda a alma; poder que caracteriza o cristianismo primitivo"[7]. Todavia, três anos mais tarde, em uma carta a Félix Berteaux, assinala: "A última força cultural atuante na Alemanha, o socialismo natural-materialista, deve sua influência aos elementos religiosos que constituem sua visão do mundo..."[8]. As duas afirmações são contraditórias, mas sua problemática é estritamente a mesma: o valor ou a ausência de valor ético do socialismo depende de sua ligação ou não com uma certa forma de religiosidade.

4. Karl Jaspers, "Heidelberger Erinnerungen", *Heidelberger Jahrbücher*, 5, 1961, p. 5.
5. Paul Honigsheim, "Der Max-Weber-Kreis...", p. 284.
6. Marianne Weber, *Max Weber, ein Lebensbild*, Tubingen, J. C. B.Mohr, 1926, p. 474.
7. Georg Lukács, "Esztetikai Kultura" (1910), in *Müveszet es trasadalom*, (Art et société), Budapeste, Gondolât, 1969, p. 71.
8. Lukács, Carta a Félix Bertaux (mar. de 1913), *L'Homme et la Société*, n° 43-44, 1977, p. 55.

Numa comparação notável e penetrante entre as visões do mundo religiosa e socialista, Lucien Goldmann colocava em evidência seu fundamento comum: a relação com valores transindividuais (que as opõe ao racionalismo individualista do tipo cartesiano):

Esta transcendência em relação ao indivíduo pode ser tanto a de um Deus sobre-humano, quanto a da comunidade humana, uma e outra, ao mesmo tempo, exterior e interior ao indivíduo. Mas o racionalismo tinha suprimido um e outro, *Deus e a comunidade*[9].

A aspiração de Lukács parece ser a de fundir Deus e comunidade num coletivismo religioso que seja a negação total da sociedade burguesa moderna, individualista e fundada no egoísmo racionalista, calculador. Por outro lado, a seus olhos, só uma comunidade deste tipo é capaz de produzir uma cultura e uma arte que sejam autênticas, orgânicas, profundas. Segundo Max Weber, que debatia frequentemente essas questões com ele, "uma coisa tornou-se evidente para Lukács quando ele olhou as pinturas de Cimabue [...] saber que a cultura só pode existir pela relação com valores coletivistas"[10]. Um trecho da primeira grande obra de Lukács (*A Evolução do Drama Moderno*, 1911) desenvolve precisamente essa tese e esboça a esse propósito um surpreendente paralelismo entre o socialismo e o catolicismo, como movimentos coletivistas criadores de *Kultur*.

O sistema do socialismo e sua visão do mundo, o marxismo, constituem uma síntese. A síntese mais impiedosa e mais rigorosa – talvez desde o catolicismo da Idade Média. Só poderá ser expressa, quando chegar o tempo de dar-lhe uma expressão artística, por uma forma tão severa e tão rigorosa quanto a arte autêntica deste último (penso em Giotto, em Dante), e não a arte puramente individual, impelindo-o individualismo até as nuanças mais extremas, produzidas pelos tempos atuais[11].

9. Lucien Goldmann, *Le Dieu Caché, étude sur la vision tragique dans les "Pensées" de Pascal et dans le théâtre de Racine*, Paris, Gallimard, 1955, p. 40.
10. Citado por Honigsheim, *On Max Weber*, *op. cit.*, p. 27.
11. Lukács, *A Modem Drama Törtenéte*, Budapeste, Franklin, vol. II, pp. 156-157, citado por F. Feher, "Die Geschichtsphilosophie des Dramas, die Metaphysik der Tragödie und die Utopie des untragis-

A *Kultur*, a *Gemeinschaft*, a religião e o socialismo aparecem assim na visão do mundo do jovem Lukács como vasos comunicantes, como substâncias espirituais associadas por uma afinidade eletiva, que se opõem radicalmente ao mundo plano, banal, *entzaubert*, da sociedade burguesa. A ligação entre a crítica ético-cultural do capitalismo e a nostalgia da Igreja medieval já aparece muito explicitamente no romantismo alemão do início do século, sobretudo na obra de Novalis. Não há dúvidas de que Lukács se sentia próximo dessa problemática: em 1907-1908 havia redigido o plano para uma obra intitulada *Die Romantik des 19. Jahrhunderts* e tinha feito abundantes anotações sobre Schelling, Schlegel, Schleiermacher, Novalis etc.[12].

Seria falso concluir que Lukács se considerava espiritualmente ligado à Igreja católica ou a uma religião determinada. Ele é atraído tanto pelos cristãos místicos da Idade Média quanto pela filosofia religiosa russa moderna, pela religião hindu ou pelo misticismo judeu. O objeto de sua pesquisa é mais uma determinada forma de espiritualidade que uma Igreja ou um dogma religioso, no sentido estrito do termo: trata-se de uma estrutura significativa, complexa e contraditória que não deixa de se parecer com o que ele mesmo chama de "religião ateia".

Aproximadamente na mesma época (1911), começa a se corresponder com Martin Buber e a anotar suas obras sobre o hassidismo (*A Lenda do Baal Schem Tov* e *Histórias do Rabi Nachmann*); numa de suas cartas a Buber, Lukács confessa que a leitura de seu livro sobre Baal Schem Tov foi "inesquecível" (consultamos essas cartas nos Arquivos Lukács de Budapeste). Não é por acaso que Lukács vai se interessar por Buber – sua correspondência será mantida até 1921 – pois, no pensamento deste último, encontramos precisamente uma tentativa de combinar um socialismo comunitário, inspirado nos utopistas do século XIX, com um renascimento místico-religioso. O poeta húngaro Bela Balazs, que na época era o melhor amigo de Lukács, escreve a esse propósito em seu diário íntimo (em 1914): "A grande nova filosofia de Gyuri. O Messianismo [...] Gyuri descobriu nele o judeu. A seita hassídica. Baal Schem

chen Dramas. Scheidewege der Dramentheorie des jungen Lukács", in *Die Seele und das Leben*, Frankfurt a. M., Suhrkamp, 1977, p. 27.
12. Cf. György Markus, 4'Lukács 'erste' Asthetik: Zur Entwicklungsgeschichte der Philosophie des jungen Lukács", in *Die Seek des Leben*, p. 195.

58

Tov"[13]. Seria, entretanto, superficial considerar esse interesse de Lukács como sinal de uma real "conversão" ao judaísmo. Em 1911, escreverá um artigo sobre o misticismo judeu em uma revista húngara *Szellem* ("Espírito") no qual insiste na profunda afinidade entre o Baal Schem Tov, os Vedas, Mestre Eckhart e Böhme[14]. O que lhe interessa no hassidismo não é seu aspecto especificamente judeu, mas sua dimensão universal.

Aliás, no mesmo momento em que escreve esse artigo, preenche cadernos de anotações sobre as obras dos místicos cristãos Sébastien Frank, Mestre Eckhart, Dênis o Areopagita etc. (Cadernos "F" e "C" do Arquivo Lukács de Budapeste): é provável também que estudasse na época a religião hindu, notadamente o misticismo bramânico, do qual encontramos traços em seus escritos.

Um dos elementos comuns que Lukács procura nessas diferentes correntes místicas é, sem dúvida, sua rejeição radical do mundo e a tentativa de transcendê-lo através de um milagre. Seu diálogo literário *Von der Armut am Geiste* ("Da Pobreza do Espírito"), de 1912, traduz essa aspiração intensa e desesperada; a personagem central do diálogo (que acaba por se suicidar) proclama com veemência seu desgosto pela existência medíocre: "Não posso mais suportar a falta de clareza e de honestidade [...] da vida comum". A clareza e a honestidade de uma vida autêntica só podem existir através da bondade (*Güte*), que é um dom da graça: "A bondade é milagre, graça, redenção". Essa graça, no entanto, é reservada aos pobres de espírito – tema que Lukács retoma, tanto de Mestre Eckhart (ver seu sermão *Beati pauperes spiritu*), quanto da doutrina da graça (*bhakti*) no misticismo hindu, dos quais o príncipe Mychkin (*O Idiota*, de Dostoiévski) é, a seus olhos, o exemplo mais evidente e o mais puro[15].

Na realidade, a referência decisiva para o pensamento religioso de Lukács não é o misticismo católico, judeu ou hindu, mas muito mais (como para todo o Círculo Max Weber) a espiritualidade russa e, principalmente, Dostoiévski.

---

13. Bela Balasz, "Notes from a Diary (1911-1921)", *New Hungarian Quarterly*, 1972, nº 47, p. 173.
14. Lukács, "Zsido Miszticizmus", *Szellem*, 1911, nº 2, pp. 256-57.
15. Lukács, "Von der Armut am Geiste. Ein Gespräch und ein Brief", *Neue Blätter*, Berlin, 1912, nº 5-6, p. 83.

Bloch e ele, nessa época, estavam literalmente fascinados pela literatura e filosofia religiosa russas, e seu reino coletivista religioso sobre a terra era concebido como "uma vida no espírito de Dostoiévski"[16]. Não se pode entender essa atração pela Rússia, deles bem como dos outros membros do círculo, senão relacionando-a à sua repulsa pelo mundo individualista e *seelenlos* da sociedade industrial da Europa Ocidental.

Numa apreciação do livro do místico russo Soloviev, escrito em 1916, Lukács destaca, numa referência transparente a Tolstói e a Dostoiévski, que "os escritores de importância histórico -mundial da Rússia querem ultrapassar o individualismo 'europeu' (com a anarquia, o desespero, a ausência de Deus que a isso se segue), dominá-lo no mais profundo de si mesmos e colocar, no lugar conquistado, um homem novo e, com ele, um mundo novo"[17]. Mas é sobretudo Dostoiévski que vai apaixonar Lukács, na medida em que em sua obra o misticismo, a "religiosidade ateia" e a rejeição marcante da civilização capitalista são levadas ao paroxismo.

Durante os anos da Primeira Guerra Mundial, Lukács inicia a redação de uma grande obra ético-filosófica sobre Dostoiévski, da qual só poderá terminar a introdução, publicada em 1916, sob o título de *A Teoria do Romance*. Nesta obra, só se trata de Dostoiévski nos últimos parágrafos, que o apresentam como o profeta de um mundo novo, o anunciador de uma nova época da história mundial. O plano original do livro sobre Dostoiévski e o caderno de anotações que Lukács havia redigido em 1915-17 (recentemente descoberto em Heidelberg) contêm uma série de notas sobre a relação entre "a luz que virá (a aurora que começa)", a mística russa e Dostoiévski. O caráter messiânico de sua leitura do escritor russo aparece ainda mais claramente num artigo de Lukács de 1916, a propósito de um drama de seu amigo Paul Ernst:

E se existisse um Deus, apesar de tudo? E se somente um Deus estiver morto, mas outro, de um tipo novo, com uma essência diferente e com outra relação conosco, estivesse prestes a

16. Depoimento de Paul Honigsheim, *On Max Weber*, p. 91.
17. Lukács, "W. Solovjeff, Augeswählte Werke, Band 11, lena, 1916", *Archiv für Sozialwissenschaft und Sozialpoütik*, 1916-17, *42*, p. 978.

60

chegar? E se a escuridão, que é nossa falta de objetivos, não fosse senão a escuridão de uma noite entre o crepúsculo de um Deus e a aurora de outro?... Não há no nosso abandono um grito de dor e de nostalgia dirigido a um Deus que está para chegar? E, neste caso, a luz ainda fraca que nos aparece ao longe não seria mais essencial que o brilho enganador do herói?... Desta dualidade saíram os heróis de Dostoiévski: ao lado de Nikolai Stavrogin, o príncipe Mychkin, ao lado de Ivan Karamazov, seu irmão Alioscha[18].

Em *A Teoria do Romance*, Lukács define a época contemporânea com a célebre expressão de Fichte: "a época do pecado total" (*das Zeitalter der vollendeten Sündhaftigkeit*, que podemos traduzir também "a era da perfeita culpabilidade"). Ele retoma esta questão no caderno de anotações sobre Dostoiévski para se perguntar se um tal período não seria uma etapa necessária de decadência suprema antes da redenção; cita a esse propósito uma nota do historiador Max Beer, na sua *História do Socialismo*, sobre o messianismo judeu nos anos que precederam a chegada de Jesus (ou seja: depois da queda do Templo e da ocupação da Judeia pelos romanos): para os judeus é o sofrimento e a opressão total que tornam iminente a chegada do Messias[19].

É evidente que essa religiosidade místico-messiânica de Lukács tinha pouca coisa em comum com a religião no sentido habitual da palavra; ela podia, no limite, se apresentar sob a figura do *ateísmo*. Uma das passagens mais reveladoras desse caderno de anotações sobre ou a propósito de Dostoiévski é aquela onde ele compara o ateísmo russo, humanamente autêntico e profundamente religioso, com o ateísmo europeu ocidental, "pervertido (egoísta) e mecânico (*Niels Lyhne*)". No entanto, para ele, o exemplo mais marcante e mais fascinante desse "ateísmo religioso" é o terrorista russo Ivan Kaliayev, o poeta e militante populista que, em fevereiro de 1905, executou (superando seus escrúpulos morais e seus dilemas éticos) o grão-duque Serge, governador-geral de Moscou. Numa das anotações do caderno, Lukács sublinha: "seria preciso descrever [...]

18. Lukács, "Ariadne auf Naxos" (1916), in *Paul Ernst und Ceorg Lukács; Dokumente einer Freundschaft*, Emsdetten, Veriag Lechte, 1974, p. 56.
19. *Dostojewski-Notizen*, inédito, p. 12.

61

o novo Deus, silencioso e necessitado de nossa ajuda, e seus crentes (Kaliayev) que se consideram ateus. Será que não existem três camadas do ateísmo: 1) Niels Lyhne; 2) Ivan Karamazov, 3) Kaliayev?[20]". O escritor russo Boris Savinkov, um dos ideólogos do terrorismo populista, descreve Kaliayev nos seguintes termos:

> Para aqueles que o conhecem intimamente, seu amor pela revolução, como seu amor pela arte, se iluminam pela única e mesma chama: por um sentimento religioso, sentimento inconsciente, tímido mas robusto e profundo [...] E o que ele via nessa ação (terrorista) não era somente a melhor forma de luta política, mas também um sacrifício moral, talvez mesmo um sacrifício religioso[21]

É provável que Lukács tenha descoberto a figura de Ivan Kaliayev em meados de 1915, pela leitura do romance de Savinkov (publicado sob o pseudônimo de Ropschin), *O Cavalo Pálido* (1909), título que faz referência ao cavalo branco do Apocalipse, sobre o qual cavalga a Morte (arrastando atrás de si o Inferno). A personagem principal é o terrorista religioso Vânia (Ivan), que acabará matando o governador-geral de Moscou e será ele mesmo executado em seguida. Num trecho do livro, Vânia, que espera na prisão sua sentença de morte, escreve a um amigo: "Cometi o maior pecado contra os homens e contra Deus. Mas eu não podia fazer outra coisa senão matar [...]. Não tenho forças para viver pelo amor, mas posso e devo morrer pelo amor"[22]. É interessante notar que essa obra foi redigida sob influência direta de Zinaida N. Gippius, escritora simbolista, religiosa, simpatizante do terrorismo populista e esposa do filósofo religioso-revolucionário Merechkovski.

20. *Dostojewski-Notizen*, p. 10. *Niels Lyhne* é o título de um romance naturalista do escritor nórdico Jens Peter Jacobsen, publicado em 1880. O ateísmo de seu herói se caracteriza por uma resignação frente à realidade, um individualismo passivo e a convicção da solidão absoluta dos homens e da impossibilidade da fusão das almas – em outros termos: uma visão do mundo situada no polo oposto dos heróis de Dostoiévski.
21. Boris Savinkov, *Souvenirs d'un terroriste*, Paris, Payot, 1931, p. 60. Savinkov evidencia, ao mesmo tempo, que Kaliayev não tinha nada em comum com a religião estabelecida e que ele recusara a assistência de um padre no momento de sua execução.
22. Ropschin, *Kon Bledny*, Nice, 1913, p. 106.

Este último verá na obra de Savinkov "o livro mais russo depois de Tolstói e Dostoiévski" e destacará sua importância para a compreensão do "significado religioso, místico do problema da violência para o movimento de liberação russa". A referência a Dostoiévski não é casual: para Merechkovski, a personagem do *staretz* Zossima dos *Irmãos Karamazov é* uma prefiguração do social-revolucionário *narodnik*[23].

A fascinação de Lukács por Ropschin-Savinkov transparece em sua correspondência com o escritor Paul Ernst. Numa carta de 28 de março de 1915, *O Cavalo Pálido é* mencionado como um livro "que me seria muito importante ler (para a psicologia do terror russo sobre o qual quero escrever bastante, em relação a Dostoiévski)". Algumas semanas mais tarde (14 de abril de 1915), conta a Paul Ernst que sua mulher (Ielena Andreievna Grabenko, de origem russa, que havia participado ativamente no combate dos populistas) traduzia para ele os trechos principais da obra, que lhe parece um documento significativo do "problema ético do terrorista", ele recomenda a seu amigo a leitura de outro livro do mesmo autor; *O que não foi* (1913). Paul Ernst lera efetivamente essa obra e escreverá uma apreciação, na qual manifesta sua desconfiança em relação à cultura russa, mas conclui com a seguinte afirmação, típica da atitude de certos intelectuais alemães (atitude carregada de espírito messiânico em Lukács): "No turbilhão caótico que é hoje o povo russo, já vemos que virá um dia uma nova religião". Todavia, é muito mais reticente que Lukács e considera que a problemática do terrorismo, mesmo tendo uma certa justificação dentro das condições russas, tem algo de "mórbido" (carta a Lukács de 28 de abril de 1915). Na sua resposta, Lukács toma a defesa dos terroristas e dos revolucionários em geral, e justifica eticamente o comportamento deles·

Vejo então em Ropschin [...] não um fenômeno mórbido, mas uma nova forma do velho conflito entre a primeira etica (os deveres com as instituições) e a segunda ética (o imperativo da

---

23. Ver, a respeito, J. Scherrer, *Die Petersburger Religiös-Phüosophischen Vereinigungen. Die Entwicklung des religiösen Selbstverständnisses ihrer Intelligencija-Mitgueder* (*1901-1917*), Berlim-Wiesbaden, Otto Harrassowitz, 1973.

alma). A ordem das prioridades contém sempre complexidades dialéticas específicas no caso dos homens políticos e dos revolucionários, cuja alma não é voltada para si mesmo mas para a humanidade. Neste caso, a alma deve ser sacrificada para salvar a alma: na base de uma moralidade mística, o indivíduo deve se tornar um *Realpolitiker* implacável e violar o mandamento absoluto: Não matarás. Na sua essência última, trata-se de um problema muito antigo, que *a Judith* de Hebbel expressa talvez da maneira mais rigorosa: ME se Deus colocou um pecado entre mim e, meu ato, quem sou eu para me subtrair a ele?"[24].

Trata-se mais uma vez da oposição entre o individualismo moral (burguês) e uma ética coletivista religiosa, da qual a Rússia, desde a espiritualidade mística de Dostoiévski até o "ateísmo" de Kaliayev, é, a seus olhos, a expressão mais coerente. Numa das notas do caderno sobre Dostoiévski, Lukács esboça uma comparação entre três culturas espirituais: "1) *A índia*: individualidade em vias de desaparecimento; 2) *A Alemanha*: sua própria alma -em relação com Deus; 3) *A Rússia*: sua própria alma – na comunidade das outras almas, querida e criada por Deus"[25].

Em conclusão, a abordagem messiânica de Lukács, no decorrer dos anos 1910-17, parte da consideração de que a época contemporânea – e principalmente a Guerra Mundial com seu cortejo de horrores – é *das Zeitalter der vollendeten Sündhaftigkeit*: tal degradação suprema anuncia para ele o advento próximo de um Deus novo, a aurora de um outro mundo, de uma comunidade mística entre os homens, uma volta ao paraíso perdido ou à idade de ouro cantada pelos poetas épicos gregos (na conclusão de *A Teoria do Romance*, Lukács se indaga se Dostoiévski não é o Homero que anuncia esse novo mundo épico) a partir da Rússia e, principalmente de seus mártires sacrificados, os terroristas ateus-religiosos. Nessas condições, não é nada surpreendente que a Revolução Russa de outubro de 1917 apareça para ele como o cumprimento dessa ardente esperança messiânica e o começo do fim do "período do pecado cometido".

Há um testemunho sobre a primeira reação de Lukács à Revolução de Outubro. Em um texto redigido no final de 1917, Paul Ernst lhe atribui a seguinte posição:

24. Cf. *Paul Ernst und Georg Lukács*, pp. 64-74.
25. *Dostojewski-Notizen*, p. 143.

64

Herr von Lukács chamou a atenção sobre a Revolução Russa e sobre as grandes ideias que, graças a ela, tornam-se realidades. A Revolução Russa [...] dá os primeiros passos para levar a humanidade além da ordem social burguesa da mecanização e da burocratização, do militarismo e do imperialismo, em direção a um mundo livre, no qual o Espírito reina do novo e onde a Alma pode ao menos viver[26].

Esta afirmação expressa com uma precisão cristalina o messianismo de Lukács, composto de uma combinação *sui generis* da crítica cultural neorromântica do capitalismo, de uma espiritualidade semirreligiosa e de uma aspiração revolucionária pela mudança social. Acrescentemos que, mesmo um conservador e nacionalista como o alemão Paul Ernst, vai ser, em um primeiro instante, atraído pelo ímpeto de Outubro de 1917, que considera, assim como Lukács, a continuação da filosofia ético-social de Dostoiévski. Ele escreverá em 1918: "Os bolchevistas querem hoje cumprir o que Dostoiévski quis escrever através de Alioscha"[27]. Mas é sobretudo na obra de Ernst Bloch que se encontrará uma interpretação tão intensamente messiânica da Revolução Russa quanto a de Lukács: em *Geist der Utopie*, escrito em 1917, Bloch saúda "o Conselho dos operários e dos soldados" que tem por missão destruir "a economia monetária e a moral mercantil, a coroação de tudo o que é perverso no homem"; vê neles, "pretorianos que, agora, na Revolução Russa, instauram pela primeira vez o Cristo como imperador"[28].

Dostoiévski escrevia em *Os Irmãos Karamazov* que o socialismo é "a Torre de Babel que se constrói [...] para fazer o céu descer sobre a terra". Em uma conferência proferida no decorrer do ano de 1918, Lukács reivindica a herança ética dos anabatistas, cujo imperativo categórico era: "fazer descer neste instante mesmo o reino de Deus sobre a terra", e se proclama partidário de uma "revolução permanente contra o existente, enquanto existente, enquanto algo que não

---

26. Paul Ernst, "Weiteres Gespräch mr Georg (von) Lukács" (1917), *in Paul Ernst und Georg Lukács*, p. 128.
27. Paul Ernst, *Gedanken zur Weltuteratur*, p. 340.
28. Emst Bloch, *Geist der Utopie* (1918), Frankfurt, Suhrkamp, 1971, pp. 298-99. Esta passagem se encontra em um capítulo intitulado significativamente: "Karl Marx, der Tod und die Apokalypse".

atinge seu ideal ético"[29]. O conceito de "revolução" está ainda longe de ser puramente social ou político; ele conserva a carga ético-religiosa, milenarista, dostoievskiana.

Durante o ano de 1918, o messianismo de Lukács vai se "politizar" e se deslocar de uma cultura ou nação predestinada (a Rússia) para uma *classe social*, o proletariado. Em um artigo redigido em 1918, "O Bolchevismo como Problema Moral", considera o proletariado "o portador da redenção social da humanidade" e, mesmo, "*a classe messias da história do mundo*"[30].

A identificação de Lukács com a luta do proletariado não é ainda uma aceitação do bolchevismo. O artigo de 1918 manifesta reservas importantes em relação aos revolucionários russos: como pode a redenção da humanidade se realizar pela violência e pelo terror? O bem pode sair do mal, como pretende Razumitikin em *Crime e Castigo!* "Seria possível expulsar Satanás graças a Belzebu?"[31]. Lukács resolverá esse dilema moral algumas semanas mais tarde, aderindo (em dezembro de 1918) ao Partido Comunista Húngaro, ato repentino que pareceu a seus amigos um tipo de conversão religiosa[32]. Ele explica esta decisão no seu primeiro artigo comunista, "Tática e Ética", de janeiro de 1919, fazendo apelo precisamente à ética da violência de Kaliayev e seu ideólogo, o escritor Savinkov, que o obcecava desde 1915:

> Ropschin (Boris Savinkov), o chefe dos grupos terroristas – durante a revolução de 1904/1906 [...] vê, não a justificação do ato terrorista isto 6 impossível –, mas a sua profunda raiz moral no fato de que este sacrifica por seus irmãos não só sua vida, mas também sua pureza, sua moral, sua alma [...]. Para expressar esse pensamento da mais alta tragédia humana, as palavras incomparavelmente

29. Lukács, "A konservativ es progressziv ldealizmus vitaja", *Huszadik-Szazad* (1918), em anexo a nossa obra *Por uma Sociologia dos Intelectuais Revolucionários*, pp. 295-310.
30. Lukács, "A bolsevizmus mint erkölesi problema", *Szabad Gondolât*, 1918, em anexo a nossa obra *Por uma Sociologia dos Intelectuais...*, p. 303, sublinhada por nós.
31. Lukács, "A bolsevizmus...", p. 311. Cf. Dostoiévski, *Crime et Châtiment*, Flammarion, 1965, vol. 1, p. 237.
32. Segundo a poetisa húngara Anna Lesznai, "sua conversão aconteceu entre dois domingos: Saulo tornou-se Paulo". Citado por David Kettler, "Culture and Revolution: Lukács in the Hungarian Revolution of 1918-19", *Telos*, 1971, n° 10, pp. 68-69.

belas da *Judith* de Hebbel: "E se Deus colocou um pecado entre mim e o ato que me foi imposto – quem sou eu para me subtrair a ele?"[33].

Encontramos em Ernst Bloch uma consideração de similaridade marcante, particularmente em seu *Thomas Münzer* (1921):

Em certas épocas, o mal ganha tais proporções que, toleran-do-o [...] nós o aumentamos, o reforçamos, mais que isso, nós: o provocamos [...]. Nos conflitos dessa natureza, aquele que tolera o mal é menos culpado que aquele que reage efetivamente contra ele; se este último corre o risco de perder a sua alma, pode ainda se perguntar, de maneira autenticamente cristã: "Que importa a salvação de minha alma?"[34].

Nesse momento, entretanto, os carrinhos dos dois amigos apocalípticos dostoievskianos de Heidelberg co-meçam a se separar: enquanto Bloch continua ainda a se referir às fontes religiosas místicas, messiânicas e heréticas – em seu *Thomas Münzer* se diz seguidor da "imensa tra-dição" da qual participam os cátaros, os valdenses e os albigenses, Eckhart, os hussitas, Münzer, os anabatistas, Sébastien Frank etc. –, Lukács, exilado em Viena, torna-se um dos principais dirigentes do Partido Comunista Hún-garo, e a problemática religiosa desaparece pouco a pouco de sua obra. E quando, dez anos mais tarde, publica em Moscou uma violenta diatribe contra o "reacionário" Dos-toiévski[35] (que Bloch não perdoará jamais), o rompimento ideológico entre os dois homens se consuma.

33. Lukács, "Taktik und Ethik" (1919), in *Werke*, Berlim, Luchterhand, 1969, t. II, pp. 52-53.
34. Ernst Bloch, *Thomas Münzer* (1921), Paris, Julliard, 1964, p. 169.
35. Trata-se do artigo "Uber den Dostojewski Nachlass", *Moskauer Run-dschau*, mar. 1931. Ver a este respeito nossa entrevista com Ernst Bloch (1974) em anexo a nossa obra *Por uma Sociologia dos Intelectuais...*, p. 282. A versão de Lukács sobre sua divergência é um tanto diferente e, significa-tivamente, coloca no centro do conflito a questão do *misticismo de Bloch*; nas conversações com seus discípulos em Budapeste (particularmente com György Markus), durante os últimos anos de sua vida, Lukács deixou entender que o relacionamento entre eles se esfriou nos anos 20, após um texto de Bloch sobre a filosofia da religião de Hegel, impregnada de um "misticismo intolerável" (depoimento de G. Markus ao autor). É possível que Lukács fizesse referência à edição ampliada de *Geist der Utopie*, de 1923, onde Bloch critica Hegel referindo-se ao místico alemão Franz von Baader (*Geist der Utopie* [1923], Frankfurt a. M., Suhrkamp, 1973, p. 231).

4. A SOCIEDADE REIFICADA E A POSSIBILIDADE OBJETIVA DE SEU CONHECIMENTO NA OBRA DE LUKÁCS*

A análise de Lukács da sociedade moderna, no conjunto de suas manifestações, através da categoria da *reificação*, foi uma das fontes mais estimulantes e mais férteis da teoria social crítica no século XX. Condenada pelos representantes de um pretenso marxismo "ortodoxo" (Deborin, Rudas, Zinoviev etc), renegada por seu próprio autor, rejeitada pela sociedade universitária conformista, a problemática da reificação, formulada por Lukács em *História e Consciência de Classe* (1923), exerceu entretanto uma influência subterrânea poderosa, antes de conhecer uma espécie de "renascimento" a partir dos anos 60.

A ambição de Lukács era talvez desmedida: ele queria, através do conceito de reificação, construir uma grade teórica capaz de decifrar a multiplicidade dos hieróglifos sociais de nossa época, desvelando a estrutura oculta co-

---

* Extraído de *Recherche Sociale*, Paris, 1969.

mum aos principais fenômenos econômicos, políticos e ideológicos da sociedade industrial capitalista. Quer ele tenha conseguido ou não, não podemos negar a ousadia e a originalidade da empresa, sua envergadura e sua coerência.

A visão da sociedade desenvolvida por Lukács nada tem de neutra ou de *Wertfrei*: ela é, e se quer, decididamente *partidária e crítica*. Seu objetivo não é somente descrever ou explicar, mas criticar *radicalmente* (no sentido etimológico: pela raiz) a ordem social estabelecida e seu fundamento econômico: a mercadoria, abrindo, assim, caminho para sua abolição prática. Sua análise sociológica, a dimensão científico-social de sua obra, esta indissoluvelmente ligada a uma *Weltanschauung* política e ética, que dá a toda sua teoria da reificação uma tendência, uma significação, uma perspectiva determinada. Todavia, o objetivo da teoria não é de opor à sociedade existente um ideal, um *Sollen* abstrato, uma utopia qualquer, e sim descobrir e iluminar criticamente as contradições objetivas do ser social, as antinomias reais do universo social capitalista e as possibilidades objetivas de sua superação pela práxis revolucionária.

A problemática da reificação como categoria central para a compreensão da sociedade moderna resulta em Lukács de uma fonte dupla: de um lado, é claro, *O Capital* de Marx, principalmente o célebre capítulo sobre o fetichismo da mercadoria no Livro I, assim como as passagens sobre a coisificação (*Versachlichung*) do Livro III (a análise do capital a juros etc.); do outro lado, as análises da sociologia alemã sobre a sociedade capitalista industrial, particularmente de Tönnies (*Comunidade e Sociedade*), Max Weber (*Economia e Sociedade*) e Simmel (*A Filosofia do Dinheiro*). A crítica da *Gesellschaft* moderna, de seu racionalismo impessoal e calculista, de sua mercantilização e mecanização brutal, de sua submissão ao poder totalitário do dinheiro, é um dos *leitmotive* da sociologia alemã na passagem do século. Esta tendência anticapitalista tinha uma coloração mais ou menos romântica, na medida em que continha, implícita ou explicitamente, uma atitude nostálgica com relação à *Gemeinschaft* pré-capitalista, às formas mais "orgânicas" da vida comunitária do passado. Para os mais lúcidos entre os grandes sociólogos alemães,

70

a dominação do capitalismo industrial era considerada um processo irreversível, ao qual era preciso se resignar, mas a dimensão crítica, de origem romântica, permanece ativa em suas obras e dá-lhes essa qualidade particular que as distingue das apologias superficiais da ordem industrial que caracterizam a sociologia positivista francesa ou anglo-saxônica dessa época.

O próprio Lukács foi discípulo de Simmel e de Max Weber; participante ativo, com seu amigo Ernst Bloch, do Círculo Max Weber de Heidelberg, ele se encontra num dos principais centros de cristalização da sociologia e da filosofia social anticapitalista romântica. O itinerário intelectual de Lukács de 1909 a 1922 (o momento no qual ele escreve *História e Consciência de Classe*) é o de uma lenta caminhada do romantismo anticapitalista em direção à visão do mundo marxista[1]. A teoria da reificação elaborada em 1922 é a expressão desse movimento: claramente situada no terreno do marxismo, ela constitui ao mesmo tempo uma *Aufhebung* dialética da etapa anterior, a crítica romântica do capitalismo não é pura e simplesmente eliminada, mas negada – conservada –, superada: Lukács integra alguns de seus elementos em sua perspectiva marxista de conjunto, atribuindo-lhes, porém, um sentido e uma significação radicalmente novos. Como o destaca Andrew Arato, no seu notável ensaio sobre a teoria lukacsiana da reificação, os conceitos e categorias de Max Weber (por exemplo) são utilizados por Lukács apenas "na medida em que eles são requeridos pelo desdobramento de um quadro marxista dinâmico"[2]. Logo, não se trata de uma combinação eclética entre marxismo e romantismo, mas de uma rearticulação de certos temas de origem romântica no interior de uma estrutura marxista, de maneira análoga ao procedimento de Marx em relação (por exemplo) aos socialistas utópicos. Evidentemente, para admitir a legiti-

---

1. Não podemos desenvolver, nos limites deste artigo, as etapas e a significação desse itinerário. Para esse propósito, remetemos, à nossa obra *Pour une sociologie des intellectuels révolutionnaires*: *révolution politique de Lukács 1909-1929*, Paris, Presses Universitaires de France, 1976. Editado no Brasil pela Editora Ciências Humanas (*Por uma Sociologia dos Intelectuais Revolucionários*).
2. Andrew Arato, "Lukács Theory of Reification", *Telos*, n° 11, Sprint 1972, p. 33.

midade de tal procedimento é preciso, antes de tudo, reconhecer que a sociologia anticapitalista romântica alemã (como, inclusive, o socialismo utópico) não é simplesmente uma "ideologia" a ser relegada às trevas exteriores por um implacável "corte epistemológico", nem uma doutrina puramente reacionária e obscurantista oposta a todo progresso técnico e científico, e ainda menos uma *Weltanschauung* estritamente irracionalista que conduz, em última análise, ao fascismo (versão apresentada -infelizmente – pelo velho Lukács em *A Destruição da Razão*, 1953).

A crítica da sociedade capitalista industrial pelos sociólogos neorromânticos contém um "núcleo racional", apesar de suas ilusões passadistas e suas inclinações metafísicas, um núcleo composto de intuições férteis que se revelaram, no decurso do século XX, muito mais pertinentes que o "progressismo" beato de um Auguste Comte ou de um Herbert Spencer.

Uma das razões da riqueza excepcional da teoria lukacsiana da reificação é precisamente sua *Aufhebung* da herança romântica anticapitalista, sua capacidade de incorporar e reelaborar criticamente certas intuições da sociologia alemã no começo do século, no contexto de uma análise rigorosamente fundada no materialismo histórico[3].

É claro que Lukács parte de *O Capital* de Marx, de sua análise do fetichismo e da coisificação, ao nível do processo de produção; mas ele vai além da esfera propriamente econômica, para abordar *o conjunto da vida social*, nas suas manifestações políticas, culturais etc., à luz do fenômeno da reificação. Ele tenta inserir a contribuição da sociologia alemã nestes dois níveis (econômico e social), nos seus aspectos convergentes ou *complementar es* com a problemática marxista.

O termo *reificação* (neologismo utilizado para exprimir o conceito alemão *Verdinglichung*, que poderíamos também traduzir por coisificação) designa para Lukács o processo através do qual os produtos da atividade, do trabalho humano (e o próprio trabalho) se tornam um universo de coisas e relações entre coisas, um sistema "coisificado" independente e estranho aos homens, que os

---

3. Ver, a esse respeito. Paul Breines, "Marxism, Romanticism and the Case of Georg Lukács: Notes on Some Recent Sources and Situations", *Studies in Romanticism*, vol. 16, Fall 1977.

domina por suas próprias leis[4]. Para ele, trata-se de um fenômeno "fundamental, *geral* e estrutural de *toda* sociedade burguesa", cuja base material é o reino onipresente da mercadoria. No capitalismo, a mercadoria torna-se a fôrma *universal* que conforma a sociedade nos seus diferentes níveis e instâncias. Pela primeira vez na história, todas as dimensões da vida social são submetidas (ou pelo menos tendem a sê-lo) a um processo econômico unitário, ou seja, às "leis naturais" da produção de mercadorias. O problema da relação mercantil reificada não é, portanto, uma questão particular da ciência econômica, porém, "o problema central, estrutural, da sociedade capitalista em todas as suas manifestações vitais", "o protótipo de todas as formas de objetividade e de todas as formas correspondentes de subjetividade na sociedade burguesa"[5].

Na esfera do processo de produção e reprodução material, a expressão mais acabada da reificação é a transformação do próprio homem, do trabalhador, em coisa, em mercadoria que se vende e em apêndice da máquina: "Ele é incorporado como parte mecanizada num sistema mecânico que encontra em sua frente, acabado e funcionando numa total independência em relação a ele, às leis do qual ele deve se submeter". As propriedades qualitativas, humanas e individuais dos trabalhadores são eliminadas em benefício do aspecto puramente quantitativo do tempo de trabalho, abstrato e racionalmente calculável, minuciosamente parcelado, objetivado e destacado do conjunto da personalidade do trabalhador (sistema Taylor). Na produção capitalista industrial, fundada no cálculo racional do lucro a partir das "leis naturais" do movimento das mercadorias, as qualidades humanas particulares do trabalhador só podem aparecer como uma "fonte de erros". Na sociedade burguesa moderna, "o princípio da mecanização e da possibilidade racional de calcular tudo deve englobar o conjunto das formas de manifestação da vida. Os objetos que respondem à satisfação das necessidades não aparecem

---

4. Lukács, *Histoire et Conscience de Classe*, 1923, Editions de Minuit, 1960, pp. 113-114. Cf. o original alemão *Geschichte und Klassen-bewusstsein*, in Lukács, *Werke*, Band 2, Newied, Luchterhand, 1968, p. 261.
5. Lukács, *Histoire et Conscience de Classe* (*HCQ*, pp. 109, 112, 120,127.

mais como os produtos do processo orgânico da vida de uma comunidade (como, por exemplo, numa comunidade camponesa)..."[6].

Esta análise, e em particular a comparação com a *Gemeinschaft* tradicional, é evidentemente influenciada pela sociologia alemã, principalmente de Tönnies, Simmel e Max Weber. Entretanto, não há na obra de Lukács, contrariamente aos neorromânticos alemães, nenhuma nostalgia das sociedades pré-capitalistas do passado, nas quais, a seu ver, "os meios para extorquir o sobretrabalho são ainda mais abertamente brutais que nas etapas posteriores e mais evoluídas"[7]. Trata-se de uma crítica à mecanização, quantificação, desumanização (*entmenschlichung*) e reificação do processo de trabalho na grande indústria capitalista, em nome de uma perspectiva de futuro socialista, crítica fundada diretamente nas observações do próprio Marx no Livro I de O *Capital.* Além disso, Lukács rejeita explicitamente as concepções "passadistas" desenvolvidas pelo "romantismo alemão, a escola histórica de Direito, Carlyle, Ruskin etc", para os quais "o conceito de 'crescimento orgânico' tem um tom cada vez mais nitidamente reacionário como palavra de ordem de luta contra a reificação"[8].

Certos críticos marxistas de Lukács, como Coletti, embora reconhecendo que sua análise da reificação não poderia ser assimilada à dos românticos, pensam que "centelhas de crítica romântica nela se acendem frequentemente", conduzindo a posições retrógradas. Por exemplo, segundo Coletti, Lukács comete o erro de situar no mesmo plano "a reificação, a privação da alma, a mecanização crescente", e de pensar que o mal não está no uso capitalista das máquinas mas, antes de tudo, no próprio uso das máquinas[9].

Ora, o que faz a atualidade da problemática lukacsiana (e de certas "centelhas de crítica romântica") é precisamente a recusa em considerar o processo técnico de produção como neutro; a compreensão (ou intuição) de que o capitalismo produz não somente um certo *uso* das

6. *HCC*, pp. 115-119.
7. *HCC*, p. 119.
8. *HCC*, pp. 172-173, nota.
9. Coletti, *Le marxisme et Hegel*, 1969, Paris, Editions Champ Libre, 1971, p. 189.

máquinas, mas também uma *estrutura determinada* das próprias máquinas e do sistema mecânico de produção, estrutura essa desumanizante, reificada e opressiva. A crítica à submissão total do trabalhador a máquina, à parcelização mecânica e embrutecedora das tarefas, do taylorismo, é hoje um dos temas mais importantes do pensamento marxista, desenvolvido com perspectivas diferentes por autores como Marcuse, André Gorz, Ernest Mandei, Robert Linhardt etc. – tema cujas premissas se encontram inclusive em *O Capital* do próprio Marx[10]. Na sua recente obra sobre o capitalismo tardio (*Spätkapitalismus*), Ernest Mandei critica o caráter reificado da ideologia do "Nacionalismo tecnológico" (inspirando-se inclusive nos trabalhos de Leo Kofler, um discípulo de Lukács) e rejeita sua apologia fatalista do sistema técnico existente:

> Por que, em um contexto social radicalmente transformado, os homens, em grande medida liberados da obrigação do trabalho mecânico, mas desenvolvendo plenamente suas capacidades criadoras, seriam incapazes de desenvolver uma técnica "qualitativamente diferente,', adaptada às necessidades da "rica individualidade?"[11].

É claro que a alternativa à reificação capitalista não é, para Lukács, a volta à aldeia "orgânica", à *Gemeinschaft* rural, ou à técnica artesanal de produção, mas uma mudança radical do modo de produção, cuja condição primordial é que "para o proletariado – considerado como classe – seu próprio trabalho deixe objetivamente de ser encarado de maneira autônoma e objetivada"[12]. A alternativa à quantificação universal instituída pelo capitalismo, à dominação reificada do valor de troca, não é o restabelecimento da *Kultur* aristocrata pré-capitalista, mas a submissão da produção ao valor (qualitativo) de uso, às novas necessidades do homem, aos objetivos sociais, éticos e culturais coletivamente definidos pelos produtores associados. Isso não impede que a crítica romântica contra a

10. Ver, por exemplo, *Das Kapital*, I, in Marx & Engels, *Werke*, Band 23, Berlim, Dietz Verlag, 1968, pp. 365-370.
11. Ernest Mandei, *Le troisième âge du capitalisme*, 10-18, Paris, 1976, vol. III, pp. 238-39.
12. *HCC*, p. 286.

reificação, a mecanização e a quantificação contenha "centelhas" de lucidez, momentos de clarividência, intuições preciosas que se encontram, negadas-conservadas-superadas, na problemática lukacsiana de 1922.

Ultrapassando o terreno estritamente econômico, Lukács examina o processo de reificação nas outras esferas da vida social. Sua análise do direito e da "máquina jurídica" formal e reificada é diretamente inspirada por Max Weber, de quem cita longamente a célebre passagem de *Wirtschaft und Gesellschaft* onde o juiz, na sociedade capitalista, é apresentado como "mais ou menos um distribuidor automático de parágrafos, no qual introduzimos, por um lado, os dossiês com as despesas e os honorários para que ele cuspa, por baixo, o julgamento com argumentos mais ou menos sólidos, e cujo funcionamento é, em todo caso, *calculável* no geral"[13]. Suas observações sobre o Estado e a burocracia como máquina reificada, impessoal e formalmente racional, que se caracteriza pela "submissão necessária e total do burocrata individual a um sistema de relações entre coisas"[14], seguem também de perto os escritos políticos de Max Weber. A diferença entre os dois é que, contrariamente a seu mestre de Heidelberg, Lukács não acredita que a burocracia seja um sistema racional necessário e inevitável (ao qual só pode escapar uma elite cultivada), mas ao contrário, supõe a possibilidade objetiva de destruir-se a máquina burocrática e acabar com a reificação política.

Lukács insiste no fato de que, na sociedade capitalista, nenhuma forma de relação entre os homens escapa à submissão, à forma reificada da objetividade, que transforma cada característica ou qualidade humana em "coisa", ou então em mercadoria. Por exemplo, o casamento, do qual Kant deu a definição seguinte (com a franqueza ingenuamente cínica dos grandes pensadores): "União de duas pessoas de sexo diferente, com vistas à da posse recíproca, e pela duração da suas vidas, de suas propriedades sexuais"[15].

Quanto ao intelectual, ele se torna o vendedor de suas faculdades espirituais objetivadas, "coisificadas", que se

13. Citado em HCC, p. 125.
14. *HCC*, p. 128.
15. *HCC* p. 129..

autonomizam em relação à personalidade e seguem leis próprias. O exemplo mais típico – Lukács se refere aqui a um ensaio de seu amigo e camarada húngaro A. Fogarasi, publicado na revista *Kommunismus* – é o jornalista que vende (isto é, prostitui) suas convicções pessoais, transformadas numa mercadoria como as outras[16].

Por outro lado, a reificação se traduz, no nível do pensamento burguês, pelo dilema eternamente insolúvel entre o empirismo e o utopismo, o voluntarismo e o fatalismo: frente às "leis naturais" da sociedade, objetivas/coisificadas, autônomas e inalteráveis, a subjetividade se fecha numa pura interioridade impotente e abstrata. Segundo Lukács, a junção calvinista entre uma ética da prova (ascese intramundana) e a transcendência completa das potências objetivas que movem o mundo e modelam no seu conteúdo o destino humano (*Deus absconditus* e predestinação) "representa, de maneira mitologizante, mas em estado puro, a estrutura burguesa da consciência reificada[17]. A influência de *A Ética Protestante e o Espírito do Capitalismo*, de Max Weber, sobre esta ideia é evidente – aliás o próprio Lukács o menciona em nota de rodapé – mas vê-se também como Lukács "desvia" o procedimento weberiano e o rearticula no contexto de uma crítica marxista da reificação capitalista.

Quais são as condições de possibilidade de um conhecimento da reificação? Que perspectiva pode rasgar o véu mistificador da "coisidade"? A partir de que ponto de vista podemos descobrir o núcleo social e humano atrás das formas reificadas do universo mercador?

Em torno dessa problemática, Lukács avança alguns elementos para uma sociologia marxista do conhecimento que, apesar de seu caráter fragmentário e não sistematizado, apresentam o maior interesse metodológico. Sua hipótese fundamental é "a íntima interação entre o método científico que nasce do ser social de uma classe, de suas necessidades e do fato de precisar dominar conceitualmente este ser, e o próprio ser da classe"[18]. Em relação à reificação, isso significa que as diferentes classes sociais têm um método cognitivo distinto, e uma capacidade de com-

16. *HCC* p. 129.
17. HCC, p. 237.
18. HCC, p. 135.

preensão diferente do fenômeno, de sua gênese e de sua estrutura. A capacidade ou incapacidade de um economista de ultrapassar a imediaticidade, a forma reificada das relações socioeconômicas, não resulta de suas qualidades individuais, mas do ponto de vista de classe ("o ser social") ao qual se vincula sua interpretação da realidade.

Para Lukács uma ciência que se situa do ponto de vista da burguesia não pode trazer à luz as formas reificadas; os limites do pensamento burguês se situam já no nível de sua *problemática*, das *questões* que ela coloca ou recusa colocar. As questões sobre o nascimento e o desaparecimento das formas capitalistas e da relação de mercado tendem a se eclipsar do horizonte intelectual que corresponde ao ser social da burguesia, na medida em que para esta "o mundo reificado aparece ... como o único mundo possível"[19]. O pensamento burguês choca-se, assim, contra a barreira intransponível, pela sua recusa de encarar a historicidade da ordem existente, considerada imutável e regida por "leis naturais". A consciência de classe da burguesia, que está ligada à situação objetiva da classe, tende a ocultar a realidade "a partir do momento em que surgem problemas cuja solução remete para além do capitalismo"[20].

Isso não significa, em hipótese nenhuma, que seria preciso fazer *tabula rasa* do pensamento burguês, ignorá-lo como um "erro", desprovido de valor cognitivo, ou repeli-lo como uma "ideologia pré-científica". Apesar de seu caráter unilateral, a ciência produzida pelos grandes pensadores originais da burguesia (que é preciso distinguir dos epígonos, ecléticos e apologéticos) é, segundo Lukács, "um momento necessário no edifício metodológico do conhecimento social"[21]. De outro lado, o pensamento burguês pode atingir uma visão clara de problemas particulares, de certas conexões de fatos econômicos, sem no entanto poder superar certos limites precisos na compreensão da totalidade do movimento social e histórico[22].

Paradoxalmente, Lukács não tenta descobrir as raízes sociais da corrente neorromântica e não coloca a questão do ponto de vista de classe dos sociólogos alemães nos

19. *HCC*, p. 140.
20. *HCC*, p. 77.
21. *HCC*, p. 205.
22. *HCC*, p. 261.

78

quais se inspira: Tönnies, Simmel, Weber etc. Há em *História e Consciência de Classe* uma referência interessante ao romantismo anticapitalista (o termo não aparece ainda), a propósito de Sismondi e de Carlyle: os dois são descritos como autores de uma análise do capitalismo e da burguesia de um ponto de vista "feudal e reacionário" mas, ao mesmo tempo, esclarecedor e crítico. A obra de Sismondi constitui, aos olhos de Lukács, o primeiro reconhecimento da verdadeira problemática do capitalismo – apesar de seus objetivos reacionários. Quanto a Carlyle, ele é para Lukács um dos autores que descreveram, de maneira mais rigorosa, "a desumanidade, a essência tirânica e destruidora de toda humanidade inerentes ao capitalismo", mesmo que sua oposição à reificação moderna, em nome da "organicidade" do passado, tenha – como nos românticos em geral – um caráter "nitidamente reacionário"[23].

Lukács não tenta vincular os sociólogos alemães do início do século a essa corrente (ele o fará mais tarde, mas de maneira muito esquemática e negativa, em A *Destruição da Razão*, 1953); ao contrário, contenta-se em classificar Simmel sumariamente sob a insígnia "pensamento burguês"; reconhece contudo que ele pertence a uma categoria à parte: a dos pensadores que não querem negar ou camuflar o fenômeno da reificação, "que mesmo percebendo mais ou menos claramente suas consequências humanas desastrosas", não vão além da simples descrição, que ficam no nível das formas exteriores de aparição (por exemplo, o dinheiro), e sobretudo, que encaram a reificação como um fato bi temporal, como o faz, por exemplo, Sirnmel em *A Filosofia do Dinheiro* (1900), livro que Lukács julga "muito penetrante e interessante nos detalhes"[24]. Depois de sua demonstração vigorosa da impossibilidade de captar, do ponto de vista da burguesia, o fenômeno da reificação (e, ainda menos, de o criticar como desumano), como Lukács explica a aparição de um pensamento "burguês" como o de Simmel? Na realidade, a problemática de Simmel é estreitamente ligada à corrente anticapitalista romântica, que exprime as aspirações, críticas e concepções

23. *HCC*, pp. 57, 173, 235, 260.
24. *HCC*, p. 123.

das camadas pré-capitalistas (não burguesas), como, por exemplo, o mandarinato universitário alemão tradicional, ameaçado pelo desenvolvimento vertiginoso do capitalismo industrial na Alemanha. A incapacidade ou a recusa de analisar as bases sócio : históricas da ciência social alemã na virada do século – quer dizer, de uma das principais fontes de seu próprio pensamento – é uma das limitações mais evidentes da sociologia do conhecimento esboçada por Lukács em *História e Consciência de Classe*, Neste sentido, o silêncio sobre Max Weber é característico: a justeza, a pertinência e o interesse de algumas das análises weberianas do capitalismo, da reificação ou do Estado moderno são sublinhados reiteradamente por Lukács, sem que ele tente colocar a questão do ponto de vista de classe do mestre de Heidelberg. Este silêncio resulta, a nosso ver, do modelo dicotômico utilizado por Lukács, que tende a considerar a burguesia e o proletariado como as únicas classes capazes de desenvolver um ponto de vista globalizante (totalizador) sobre a realidade social, modelo no interior do qual a ciência de Max Weber, com suas estranhas convergências com o marxismo, é rigorosamente "inclassificável"[25].

Sabemos que em *A Destruição da Razão* – uma obra marcada pelo cunho stalinista – Lukács vai condenar Max Weber, Simmel, Tönnies, Dilthey etc. ao purgatório dos pensadores "irracionalistas", involuntariamente precursores do fascismo. Entretanto, em 1966, em uma conversa com Abendroth, Kofler e Holz, o velho Lukács "pós-stalinista" afirmará:

> Hoje não me desagrada ter aprendido os primeiros elementos da ciência social com Simmel e Max Weber, e não com Kautsky. E não sei se não poderíamos dizer que, para minha evolução essa foi uma circunstância favorável[26].

Com efeito, como ele próprio reconhece implicitamente, a contribuição da sociologia crítica alemã do começo do século foi aproveitada por Lukács para combater a corrente neopositivista, evolucionista e matizada de eco-

25. Cf. *HCC*, p. 83.
26. *Conversazioni con Lukács*, di Wolfgang Abendroth, Hans Heinz Holz, Leo Kofler, De Donate Editore, 1968, p. 122.

nomismo, que dominava a doutrina oficial da II Internacional, e para modelar sua própria interpretação historicista-revolucionária do marxismo.

Se do ponto de vista da burguesia não podemos rasgar o véu da reificação, e se os pensadores como Simmel ficam no nível da superfície, de que ponto de vista de classe a compreensão autêntica da realidade social capitalista e a dissolução das formas reificadas é possível? Em *História e Consciência de Classe*, Lukács atribui ao ponto de vista do proletariado a possibilidade objetiva de chegar à compreensão da totalidade social e ao conhecimento do substrato real por detrás das múltiplas figuras da reificação. Por que esse privilégio epistemológico para a perspectiva proletária? Precisamente porque, no proletariado, a reificação atinge seu paroxismo, sua forma mais completa e mais radical: ao contrário do capitalista, que tem a ilusão de uma atividade autônoma, o operário é explicitamente reduzido ao estado de pura mercadoria, a uma pura quantidade, a um puro objeto do processo de produção. Portanto, ele tende a resistir a essa reificação total, primeiramente, na medida em que sente as diferenças quantitativas do tempo de trabalho – simples cifra calculável para o capitalista – como "categorias decisivas e qualitativas de toda a sua existência física, mental, moral etc."[27]. Lukács não desenvolve essa observação, mas ela permite precisamente compreender por que a reivindicação da jornada de trabalho de oito horas teve um papel tão importante na gênese do movimento operário organizado moderno. A partir dessa primeira resistência à quantificação e à "coisificação" de sua força de trabalho, é sua própria condição de mercadoria (e, por conseguinte, segundo Lukács, o conjunto do sistema reificado) que se encontra questionado pelo trabalhador: "em se manifestando, a objetividade especial deste tipo de mercadoria que, sob um invólucro reificado, é uma relação entre homens, sob uma casca quantitativa, um núcleo qualitativo vivo, permite desvendar o caráter fetichista de *toda mercadoria*, caráter fundado na força de trabalho como mercadoria"[28]. O reconhecimento de que as formas de objetividade social

27. *HCC*, pp. 207-208.
28. *HCC*, p. 211.

não são coisas, mas relações entre seres humanos, conduz à sua completa dissolução em processo: a "coisidade" (*Dinghaftigkeit*) do Capital se dissolve no movimento de sua produção e reprodução pelo proletariado, que aparece agora como o verdadeiro sujeito desse processo[29].

No quadro deste ensaio, não podemos examinar as diversas implicações e problemas levantados por esta tese de Lukács, limitamo-nos a observar que ela poderia facilmente conduzir a um reducionismo sociológico, por exemplo, identificando o conhecimento objetivo da reificação com a consciência de classe empiricamente dada do proletariado. Lukács tenta escapar desse perigo sublinhando que o ponto de vista do proletariado oferece somente a *possibilidade* objetiva de um conhecimento mais adequado da sociedade capitalista e de suas formas reificadas[30]. O *zugerechnetes Bewusstsein*, a consciência de classe "imputada", ou, para empregar o termo proposto por Lucien Goldmann, a *consciência possível* do proletariado, que dissolve a petrificação reificada, não é o conjunto de pensamentos empiricamente verificáveis na classe operária num dado momento, mas a expressão racional, adequada, dos interesses objetivos de classe[31]. Em outros termos: o privilégio epistemológico (o termo não é de Lukács) atribuído ao ponto de vista do proletariado em relação às outras classes sociais não significa de modo algum que todo conhecimento que se situa no campo do movimento operário é mais adequado – senão, como explicar que Simmel e Weber eram, sob certos aspectos, preferíveis a Kautsky? –, mas unicamente que o ponto de vista do proletariado abre a *possibilidade* de um conhecimento qualitativamente superior.

Somente em 1967 Lukács autorizará uma reedição de *Geschichte und Klassebewustsein*, obra sobre a qual ele produziu, desde o início dos anos 30, uma série impressionante de autocríticas. O prefácio dessa reedição é apenas o último da série, e dentre as censuras que formula contra o livro de 1923, a mais importante ("erro grosseiro e fundamentar) é de ter – seguindo Hegel – identificado a

29. *HCC*, p. 244, *Geschichte und Klassenbewusstsein*, p. 366.
30. Sobre a diferença entre o conceito de possibilidade objetiva em Max Weber e em Lukács, ver Arato, *op. cit.* pp. 62-63.
31. *HCC*, pp. 73, 205.

82

alienação (*Entfremdung*) com a objetivação (*Vergegens-tandlichung*). Lukács insiste (em 1967) que a objetivação – pelo trabalho, pela língua etc. – é uma forma necessária de relações humanas, que só se torna alienada quando o ser social objetivo oprime a essência humana[32].

Esta autocrítica – certamente sincera – merece algumas observações. Primeiramente, o modo pelo qual Lukács a enuncia é, no mínimo, contraditório: referindo-se a *História e Consciência de Classe*, escreve:

A alienação identificada à objetivação, mesmo sendo concebida como categoria social – visto que o socialismo estaria apto a abolir a alienação –, se aproximava, no entanto, da "condição humana", pela sua existência insuperável (*unaufhebbare*) nas sociedades de classe e, sobretudo, por seu fundamento (*Begrundung*) filosófico[33].

Se a alienação era concebida em *História e Consciência de Classe* como socialmente produzida e historicamente limitada, como acusá-la de um parentesco com as correntes que a apresentavam como uma "condição humana" intemporal? Em que a afirmação de que a alienação não pode ser abolida do interior de uma sociedade dividida em classes depende de uma visão anistórica ou marxista? Lukács pensava, em 1967, que a alienação poderia ser abolida sem que as classes também o fossem?

Além disso, não é exato que o conceito de reificação em *História e Consciência de Classe* confunde ou identifica a alienação e a objetivação. Desde o início do capítulo sobre a reificação, Lukács indica claramente que sua análise trata das formas de objetividade na *sociedade burguesa.* Não se trata de qualquer *Gegenstandlichkeit*, mas de "a objetividade, estranha aos homens, das leis sociais naturais"[34]. Na realidade, Lukács distingue explicitamente, em 1923, entre a objetivação reificada e a que não o é:

O problema metodológico da economia [é] a dissolução das formas fetichistas e reificadas em processos que se desenvolvem

32. Lukács, "Vorwort", 1976, in *Werke*, Band II, pp. 26-27.
33. *Idem*, p. 26.
34. *HCC*, pp. 109, 114.

entre os seres humanos e se objetivam (*objektivieren sich*) em relações inter-humanas concretas..."[35].

A crítica de Lukács, em 1967, poderia se aplicar, largamente, à sociologia neorromântica alemã, particularmente a Simmel, para quem a reificação aparece efetivamente como um processo inevitável, como "a tragédia da cultura", metafisicamente definida. Ora, essa é precisamente a principal acusação que *História e Consciência de Classe faz* a Simmel: conceber as formas reificadas como "tipo intemporal de possibilidades humanas de relações", destacadas de seu fundamento concreto: o capitalismo[36].

Apesar das repetidas autocríticas de Lukács e sua interdição da reedição da obra de 1923 (que se tornou uma raridade), a tese da reificação desenvolvida em *História e Consciência de Classe* exercerá uma influência notável sobre o pensamento marxista alemão "heterodoxo", principalmente sobre a Escola de Frankfurt e Herbert Marcuse. Na França, apenas por intermédio da obra pioneira de Lucien Goldmann as teses de Lukács começaram a ser conhecidas. Goldmann publicará em *Les Temps Modernes*, de fevereiro de 1959, um ensaio intitulado "A Reificação", que terá uma ressonância considerável. Partindo das teses lukacsianas, o ensaio é muito mais do que um resumo do capítulo de *História e Consciência de Classe*: desenvolve e enriquece, de maneira surpreendente e original – principalmente pelo notável esboço das consequências extraeconômicas da reificação – a problemática do filósofo húngaro. Contudo, no final do artigo, Goldmann avança uma tese que nos parece discutível: a introdução de elementos de planificação nas economias capitalistas (nacionalizações, intervenção maciça do Estado), depois de 1933, conduziria a um reforço do papel do valor de uso e, portanto, a um "enfraquecimento progressivo" da reificação[37]. A nosso ver, a intervenção do Estado capitalista é sempre, em última análise, determinada pelas necessidades de reprodução do capital e, em consequência, não coloca absolutamente em questão a dominação da forma mercantil e do valor de

35. *HCC*, p. 230, *Geschichte und Klassenbewusstsein*, p. 371.
36. *HCC*, p. 123.
37. Lucien Goldmann, "La réification", in *Recherches Dialectiques*, Paris, Gallimard, 1959, p. 101.

84

troca. Ao contrário, no capitalismo tardio, o desenvolvimento do fenômeno chamado "sociedade de consumo" conduz a uma dominação ainda mais evidente dos objetos/mercadorias sobre a vida social e, portanto, a uma intensificação sem precedentes da reificação. Por outro lado, Goldmann tinha razão na sua insistência, apoiando-se no exemplo histórico da URSS, de que a nacionalização dos meios de produção e a planificação econômica não levavam por si sós ao estabelecimento de um mundo humano transparente e não alienado.

No momento em que aparecia o artigo de Goldmann, era publicada a obra de Henri Lefebvre *A Soma e o Resto*, que aborda várias vezes, de maneira estimulante e matizada, as teses de Lukács, sob o título: "A Questão da Alienação". Lefebvre insiste que o pensador húngaro "teve o grande mérito de formular com toda clareza, a partir do *Capital*, a noção de reificação (*Verdinglichung*) no interior do capitalismo"; julga, contudo, que Lukács "obscurece a questão", e dirige-lhe uma série de críticas (a nosso ver, discutíveis): 1) "a reificação ou coisificação das relações sociais na mercadoria e no dinheiro é apenas uma aparência e uma ilusão da consciência burguesa. Ela é ao mesmo tempo real e aparente"[38]. Ora, Lukács não diz outra coisa: ele sublinha precisamente que as formas reificadas "não são, de modo algum, simples formas de pensamento, mas sim formas objetivas da sociedade burguesa atual"[39]. 2) "A crítica da economia política é mais profunda que a economia política, no seu grau de objetividade. O subjetivismo de classe de Lukács o impede, nessa obra, de distinguir os problemas da objetividade, de seus graus e níveis"[40]. Na realidade, Lukács, embora afirme que o "conhecimento que resulta do ponto de vista do proletariado é, objetiva e cientificamente, *mais elevado*", reconhece explicitamente uma "gradação objetiva no valor de conhecimento dos métodos", e se refere à economia política burguesa como "*momento necessário*" do processo de conhecimento[41]. 3) A teoria da reificação é "antes de tudo uma teoria *econô-*

---

38. Henri Lefebvre, *La somme et te restet* Paris, Le Nef, 1959, vol. 11, p. 521.
39. *HCC*, p. 220.
40. Lefebvre, *op. cit.*, p. 521.
41. *HCC*, p. 205, sublinhado pelo autor.

mica", Lukács estende demais o conceito e "passa abusivamente das categorias da economia política (divisão de trabalho, mercadoria, dinheiro etc.) à ideologia, à sociologia", "negligencia os níveis, os graus, as especificidades (superestruturas, ideologias, forças sociais)"[42]. A nosso ver, Lukács não ignora a particularidade das diferentes regiões do ser social; considera, contudo, o sistema social do ponto de vista da totalidade, e mostra as consequências específicas sobre os diferentes níveis da sociedade burguesa, da estrutura fundamental do modo de produção capitalista: a forma mercantil, o valor de troca. Este estudo das manifestações extraeconômicas da reificação é precisamente uma das dimensões mais inovadoras e mais ricas da obra de Lukács e da de seu discípulo e continuador Lucien Goldmann.

---

42. Lefebvre, *op. cit.*, p. 563.

5. LUKÁCS E "LEON NAPHTA":
O ENIGMA DO *ZAUBERBERG*

Na montanha mágica vive uma personagem misteriosa conhecida pelo estranho nome de Leon Naphta. Seu endereço? "Sublocatário do alfaiate de senhoras Lucacek". Sua situação? Ao mesmo tempo, judeu e católico, jesuíta e comunista, revolucionário e reacionário. É raro uma personagem literária suscitar tanta perplexidade e debates.

Tem-se comparado essa figura tanto a Lukács quanto a Bloch. Além da questão anedótica da semelhança entre a forma do nariz de Naphta e a de Lukács (que ocupa, infelizmente, bastante lugar nas controvérsias), há no coração deste enigma do *Zauberberg* um problema filosófico, cultural e político de primeira importância.

Uma primeira observação: uma personagem literária jamais é idêntica ou redutível a um indivíduo real. No máximo, este pode ter estimulado ou inspirado o escritor (no caso, Thomas Mann).

Se fosse necessário encontrar, entre os contemporâneos, um pensador que houvesse desempenhado esse papel e

87

apresentasse uma semelhança espiritual evidente com a personagem de Leon Naphta, eu poderia responder sem hesitação: Ernst Bloch, o autor de *Thomas Münzer, Teólogo da Revolução* (1921). Com efeito, encontra-se em Bloch, exatamente como em Naphta, a associação judaísmo/catolicismo/comunismo, a articulação entre cristianismo medieval e revolução bolchevista, de um ponto de vista judeu. A coincidência é ainda mais significativa na medida em que a personagem Naphta aparece precisamente em 1922, um ano depois do surgimento do livro de Bloch.

O próprio interessado poderia trazer alguma luz à questão?

Durante uma conversa com Bloch, em 1974, fiz-lhe a pergunta francamente: "Dizem muitas vezes que a personagem 'Naphta', o jesuíta comunista criado por Thomas Mann, foi inspirado em você ou em Lukács. O que você pensa?" Sua resposta foi: "Creio que se parece mais com Lukács... O Partido Comunista foi para Lukács a realização de uma velha aspiração. Na sua mocidade, quis entrar para um mosteiro: o partido foi um substituto". Ora, dois anos mais tarde, quando Jean-Michel Palmier o interroga para *Les Nouvelles Littéraires*, ouve-se outra música: "Naphta personifica, numa certa medida, nós dois: tanto Lukács, com sua pequena estatura, seu grande nariz e seu caráter astuto, quanto eu mesmo"[1]. O que concluir?

Existe, entretanto, uma razão decisiva que milita contra "a hipótese Bloch" como solução do enigma: em lugar nenhum, nem na correspondência de Thomas Mann durante os anos 20, nem no seu *Diário*, nem nos seus artigos, são mencionados os escritos de Ernst Bloch. Apenas bem mais tarde, no decorrer dos anos 20, é que ele parece descobrir a obra do filósofo da utopia. No seu livro recente sobre Lukács e Thomas Mann, Judith Marcus-Tar acha possível que o escritor tenha conhecido o livro *Thomas Münzer*, mas reconhece também que não há nenhum traço desta obra de Bloch em sua biblioteca, conservada nos

---

1. A entrevista de 1974 se encontra em anexo em meu trabalho *Por uma Sociologia dos Intelectuais Revolucionários: A Evolução Política de Lukács 1909-1929*, São Paulo, Editora Ciências Humanas, 1979, p. 282, e a de 1976 em A. Münster, *Tagträume vom aufrechten Gang. Sechs Interviews mit Ernst Bloch*, Frankfurt, Suhrkamp, 1978, p. 110.

Arquivos Thomas Mann em Zurique[2]. Na medida em que nenhuma prova documental pode ser fornecida, infelizmente somos obrigados a abandonar a pista Ernst Bloch, por mais lógica e convincente que nos pareça.

Naphta teria sido então diretamente inspirado por Georg Lukács, como parecem crer a maior parte dos autores que se ocuparam da questão?

A existência de um modelo "realmente existente" é afirmada pela primeira vez por Arthur Eloesser em um livro sobre Thomas Mann publicado em 1925. Referindo-se a informações supostamente fornecidas pelo próprio escritor, Eloesser escreveu que Naphta representava "um pequeno judeu feio, um teórico virulento, com uma lógica de aço, que defendia perante ele o absolutismo, o antiindividualismo, desde a contrarreforma e o jesuitismo até a revolução comunista e o leninismo, em uma combinação perigosa"[3]. De quem se trata? Eloesser não menciona nenhum nome. Só muito mais tarde, notadamente nos anos 50, com os trabalhos de Maurice Coleville e Paul Sagave, é que a identidade Leon Naphta-Georg Lukács tornou-se uma doutrina bem estabelecida. Ora, Thomas Mann parece ter sido muito reservado com relação a esse tipo de assimilação apressada. Em uma carta de 1952 a Paul Sagave, escreve:

> Peço-lhe com insistência para não estabelecer ligação entre Lukács e *A Montanha Mágica*, bem como com a personagem Naphta... Personagem e realidade são tão diferentes quanto possível. Sem falar da origem e da biografia, a combinação do comunismo e do jesuitismo que eu criei nesse livro e que, intelectualmente, talvez não seja tão má, não tem nada a ver com o verdadeiro Lukács[4].

Examinemos mais de perto o processo de construção da personagem. Numa carta de 1915 a Paul Amann, Tho-

---

2. Judith Marçus-Tar, *Thomas Mann und Georg Lukács, Beziehung, Einfluss und Représentative Gegensätzhchkeit,* Budapeste, Corvina Kiado, 1928, p. 78.
3. Arthur Eloesser, *Thomas Mann, sein Leben und seine Werke*, Berlim, Fischer Verlag, 1925, pp. 193-194.
4. Thomas Mann, "Lettre à Pierre-Paul Sagave", 18/2/1952, *Cahiers du Sud*, n° 340, 1956, p. 384.

mas Mann descreve a problemática do *Zauberberg* como uma confrontação espiritual entre "humanismo e romantismo, progresso e reação, saúde e doença". Em 1917, uma outra carta, a esse mesmo amigo, faz referência às divergências entre um "advogado retórico-latino do "Trabalho e Progresso"... e reacionário desesperado-espiritual (*verzweifelt-geistreicher Reaktionär*)". Enfim, no *Betrachtungen eines Unpolitischen* (1918) ele fala de dois educadores que disputam entre si a alma de um jovem alemão: um "homem de letras italiano, humanista, retórico e progressista e um místico um pouco suspeito, reacionário e advogado do antiprogresso"[5]. Todas essas observações se referem a um romance começado antes da guerra, cuja redação fora interrompida. O retrato da personagem adverso a Settembrini, designado como "pastor Bunge" no *Diário*, 1919, é sem ambiguidade: romântico e reacionário, antirracionalista, antiprogressista, místico.

É em 1919 que essa imagem simples – demasiadamente simples – começa a mudar na imaginação do escritor. O *Diário* desse ano permite-nos reconstituir, passo a passo, seu desenvolvimento espiritual. Em abril de 1919, em plena revolução dos conselhos operários, Thomas Mann, que reside em Munique, decide retomar o manuscrito da *Montanha Mágica* e recomeçar a escrever "depois de uma interrupção de quatro anos". Relendo o debate entre Settembrini e Bunge, ele o acha "envelhecido". "O conflito entre a reação e o racionalismo humanista é, na verdade, histórico e de antes da guerra. A síntese parece se encontrar no futuro (comunista)..." Descobre nesse momento o livro (que acabava de ser reeditado) de Gustav Landauer, que era então um dos dirigentes (judeus) da República dos Conselhos Operários da Baviera. Intitulado *Apelo ao Socialismo*, esse livro era um panfleto libertário e romântico revolucionário que parece ter interessado a Thomas Mann: "O livro de Landauer me trouxe de fato muitas coisas simpáticas". Enfim, em maio de 1919, encontra-se uma anotação, que já anuncia certos aspectos do futuro Naphta:

---

5. Thomas Mann, *Briefe and Paul Amann 1915-1952*, Lübeck, Verlag Schmidt-Römhild, pp. 29 e 53, *Betrachtungen eines Unpolitischen*, Frankfurt, Fischer, 1968, p. 316.

Temos também falado do tipo do judeu russo, líder do movimento mundial, dessa mistura explosiva de radicalismo intelectual judeu e de misticismo cristão eslavo... Tenho pensado na possibilidade de incluir na *Montanha Mágica* igualmente elementos russo-quiliasto-comunistas[6].

Parece, pois, que, depois das revoluções de 1917-18 na Rússia e na Europa Central, influenciado por leituras (como por exemplo, Landauer), Thomas Mann começa a reformular a confrontação Settembrini/Bunge: quase todos os ingredientes do coquetel explosivo "Naphta" são reunidos, independentemente de qualquer relação com Lukács.

É somente em janeiro de 1922 que Thomas Mann encontrará o filósofo húngaro, na época exilado em Viena. O principal testemunho dessa amável, mas breve (cerca de duas horas), troca de pontos de vista se encontra numa observação, cinquenta anos mais tarde, de Lukács a Judith Marcus-Tar:

> Veja, é justamente pelo lado político da conversa que pudemos estabelecer uma espécie de acordo (*Übereinstimmung*). O aspecto político da coisa foi, digamos, muito positivo. Hoje, não posso senão dizer com certeza o seguinte: Thomas Mann estava, nesse aspecto, inteiramente do meu lado (*völlig auf meiner Seite*)[7].

Quatro meses mais tarde, a personagem Naphta é criada! Em uma carta a Ernst Bertram, de 2 de junho de 1922, Thomas Mann anuncia:

> Leon Naphta, um discípulo, metade judeu, dos jesuítas, com suas convicções marcadas, acaba de aparecer, ele trava, com o senhor Settembrini, discussões agudas, que um belo dia conduzirão a um duelo pedagógico[8].

É difícil escapar à impressão de que a criação da personagem tem qualquer coisa a ver com aquela visita. Tanto mais que certas expressões de Thomas Mann, ao se referir à sua conversação com Lukács em 1922 "enquanto falava, ele tinha razão" –, são encontradas, quase palavra por pa-

---

6. Thomas Mann, *Journal 1918-1921, 1933-1934*, Paris, Gallimard, 1985, pp. 88, 89,106, 108,121. Ver também p. 111.
7. Judith Marcus-Tar, *op. cit.*, p. 70.
8. Citado por Judith Marcus-Tar, *op. cit.*, p. 70.

91

lavra, no *Zauberberg*: "Ele quase sempre tem razão"[9]. Tudo parece indicar que o filósofo comunista húngaro desempenhou um papei de catalisador dos diversos elementos que o escritor alemão reunira no curso dos anos 1919-22. O velho pastor Bunge, romântico, reacionário, inimigo do progresso torna-se Leon Naphta, jesuíta comunista de origem judia. Contrariamente ao projeto de Thomas Mann no *Diário* de 1919, a personagem não é russa, mas é situada na Europa Central, e de cultura alemã.

O próprio Lukács não viu na personagem Naphta senão um representante literário das "ideias reacionárias e fascistas", isto é, das "ideias antidemocráticas". Reconhece que Thomas Mann mostrou nessa estranha figura "o caráter sedutor do anticapitalismo romântico", mas pensa que o combate entre Settembrini e Naphta pode ser lido, em última análise, como "a luta das ideologias democrática e fascista". Saúda, portanto, a visão profética do escritor que, "quase dez anos antes da vitória do fascismo", tinha previsto que "a demagogia anticapitalista é a maior força de propaganda do fascismo"[10].

Fascista, Naphta? Uma leitura um pouco atenta do romance é suficiente para descartar essa interpretação. Que fascista poderia proclamar, como o faz nosso jesuíta, que "o amor à pátria é uma peste e a morte certa do amor cristão"?[11]

Enquanto Lukács percebe o discurso "sedutor" de Naphta como uma prefiguração do fascismo, outros viram no pequeno argumentador de *Zauberberg* a personificação do próprio Lukács e, de um modo mais geral, do bolchevismo... Por exemplo, Yvon Bourdet, na sua interessante obra sobre as "figuras de Lukács", escreve sem hesitar: "Com uma ironia profética e por uma intuição genial,

9. Cf. Thomas Mann, *Die Forderung des Tages*, Berlim, 1936, p. 416: "Ich kenne auch Lukács selbst. Er hat mrreinmal in Wien eine Stunde lang seine Theorien entwickelt. Solange er sprach, natte er recht. Un wenn nachher der Eindruck fast unheimlicher Abstracktheit zurückblieb, so blieb auch derjenige der Reinheit und des intellektuellen Edelmuts".

10. G. Lukács, *Thomas Mann*, Paris, Maspero, pp. 35, 36, 37, 197, 203, 212, 224. Trata-se de artigos e ensaios redigidos depois de 1942.

11. Thomas Mann, *La Montagne Magique*, Paris, Fayard, 1961, p. 485.

Thomas Mann soubera ver, no militante bolchevique uma simples reencarnação do homem de Igreja"[12].

Naphta, bolchevique? Que relação poderia haver entre o materialismo marxista e uma ideologia cristã medieval que afirma: "Os Padres da Igreja foram bastante humanos, bastante hostis ao comércio, para considerar a atividade econômica em geral como perigosa para a saúde da alma"[13].

Que é então o "naphtaísmo" (se me permitem esse neologismo bárbaro)? A que corrente filosófica, política ou religiosa ligá-lo? Que relação tem com o pensamento de Lukács?

Parece-me mais razoável supor que Thomas Mann, antes que um milagroso profeta do futuro foi o observador perspicaz de um fenômeno cultural *contemporâneo*. Qual?

Escutemos atentamente o discurso do curioso jesuíta do *Zauberberg*: ele denuncia colericamente "a riqueza capitalista alimento da chama do inferno", "os horrores do comércio e da especulação moderna", o poder demoníaco do dinheiro, "a selvageria bestial e a infâmia do campo de batalha econômico" burguês etc.[14]. Esse anticapitalismo fervoroso se declara inspirado em valores religiosos do passado – os "Padres da Igreja", Gregório o Grande, a moral cristã da Idade Média –, mas nem por isso resulta em uma perspectiva menos social-revolucionária, voltada para o futuro: "o movimento moderno do comunismo", o proletariado mundial, a ditadura do proletariado. A utopia naphtaísta articula os dois aspectos: "A vida em Deus, sem Estado nem classes"[15].

O naphtaísmo aparece, pois, aos olhos de seus interlocutores no romance, como "uma mistura de revolução e de obscurantismo" (Settembrini), como a doutrina de um "revolucionário conservador" – a mesma definição que dá Martin Buber de seu amigo anarquista Gustav Landauer.

---

12. Y. Bourdet, *Figures de Lukács*, Paris, Anthropos, 1972, pp. 116, 128,168.
13. Thomas Mann, *La Montagne Magique*, p. 437.
14. Thomas Mann, *La Montagne Magique*, pp. 411, 436, 437, 440, 745.
15. *Idem*, p. 438.

Como definir esta *Weltanschauung* contraditória e paradoxal? O próprio Thomas Mann dá a chave do mistério, escrevendo, a propósito de uma conferência de Naphta:

> Ele falou, entre outros, do *romantismo* e do *duplo sentido fascinante* desse movimento europeu do começo do século, diante do qual os conceitos de reação e de revolução se esvanecem, ou melhor, se incorporam em um conceito novo mais elevado[16].

Pode-se, portanto, arriscar a hipótese seguinte: Leon Naphta é a personificação ideal-típica do "duplo sentido fascinante" do *romantismo anticapitalista*, visão do mundo ambivalente, *matriz comum* de ideologias reacionárias e revolucionárias.

O romantismo anticapitalista (o termo é de Lukács) é muito mais que uma filosofia política ou uma doutrina social: trata-se de uma das principais *formas de sensibilidade* da cultura moderna, presente em todos os domínios do espírito e que ocupa uma posição hegemônica na vida cultural alemã. Sua principal característica é uma crítica radical da civilização burguesa moderna a partir de valores sociais, ou culturais pré-capitalistas[17].

Até 1917, Thomas Mann concebia esse romantismo – do qual estava espiritualmente muito próximo – somente sob o ângulo conservador, passadista, reacionário, antiprogressista e antirracionalista. Em 1922, quando criou a figura de Naphta, descobriu, graças às revoluções de 1917-19, na Rússia, na Hungria, na Alemanha, graças aos escritos de Landauer e *também*, graças ao encontro com Lukács, a fascinante ambiguidade dessa cultura antiburguesa e suas potencialidades revolucionárias.

No interior da vasta corrente neorromântica, na Alemanha do primeiro quartel de século, a tendência revolucionária é representada principalmente, se não exclusivamente, pelos intelectuais judeus: Ernst Bloch, Georg Lukács, Gustav Landauer, Ernst Toller, que são apenas as figuras mais visíveis. O fenômeno não escapou a Thomas Mann: "*Como muitos judeus espirituais*, Naphta

16. *Idem*, p. 749. Sublinhado pelo autor do artigo.
17. Ver a esse respeito Robert Sayre e Michael Löwy, "Figures du romantisme anticapitaliste". *VHomme et la Société*, nº 69-70 (1983) e 73-74 (1984).

era, por instinto, ao mesmo tempo revolucionário e aristocrata"[18]. Enquanto os românticos reacionários, como Ernst Junger, Carl Schmitt, Moeller van der Bruck, põem os conceitos revolucionários a serviço de um pensamento de direita, os românticos revolucionários (Gustav Landauer, Ernst Bloch, Walter Benjamin) utilizam temas conservadores a serviço de uma utopia *"Linksradikal"*.

Mas pode-se perguntar se Leon Naphta não tem *também* alguma coisa do próprio Thomas Mann... Formado na cultura romântica anticapitalista (Novalis, Schopenhauer, Nietzsche, Dostoiévski, Tolstói e Sorel estão entre seus autores preferidos), o autor do *Zauberberg* é seduzido, depois da guerra, pelas ideologias coletivistas modernas. Um sentimento de rancor nacional contra a *Emente* levou-o a visualizar uma aliança com o bolchevismo: "Estou a ponto de ir para a rua e gritar: Abaixo a democracia ocidental fundada na mentira! Viva a Alemanha e a Rússia! Viva o Comunismo!"[19]. Mais tarde, é uma reflexão mais madura que o leva à conclusão seguinte, que se parece, em certos aspectos, ao naphtaísmo:

> O que seria necessário, o que seria, além disso, tipicamente alemão, seria uma união e um pacto entre a concepção conservadora da cultura e as ideias sociais revolucionárias, entre a Grécia e Moscou, se eu pudesse me permitir esse atalho...[20].

Lukács não estava enganado quando se referia a Naphta como a expressão do "caráter sedutor do anticapitalismo romântico". Seu erro – que perpassa a maior parte de seus escritos dos anos 40-5, em particular *A Destruição da Razão* – é conceber o romantismo apenas sob seu aspecto reacionário e obscurantista, sem se dar conta de que ele foi a matriz originária de múltiplas correntes de ideias, tanto conservadoras, quanto revolucionárias, da direita e da esquerda.

Num artigo polêmico contra a identificação abusiva entre Lukács e Naphta, Nicolas Tertulian sublinhava, com toda razão, que o discurso da personagem da *A Montanha*

18. Thomas Mann, *La Montagne Magique*, p. 480.
19. Noticia de 25/3/1919, *Journal*, p. 96.
20. Thomas Mann, "Kultur und Sozialismus", 1928, *lhe Forderung des Tages*, Berlim, 1930, p. 196.

Mágica continha sobretudo "motivos e atitudes que a fórmula lukacsiana do 'romantismo anticapitalista' tinha claramente definido". Crê, entretanto, que o pensamento de Lukács situa-se "exatamente nos antípodas de constelações ideológicas semelhantes" e que ele foi "sempre fundado no elogio do aristotelismo, da Renascença, do Século das Luzes, das tradições democráticas europeias"[21].

Parece-me, todavia, que o jovem Lukács não estava longe de partilhar essa visão do mundo romântica, o que aliás ele mesmo reconhece no seu prefácio de 1967, na reedição de *História e Consciência de Classe*. Refere-se aí a ao seu "idealismo ético com todos esses elementos do anticapitalismo romântico" que teria trazido à sua visão do mundo, nessa época, "certos aspectos positivos"[22]

Qual a relação, então, entre Naphta e Lukács? Numa conversa com Judith Marcus-Tar, Lukács declarou: "Veja, eu não tenho nenhuma dúvida, e nunca tive, de que a figura de Naphta tenha recebido alguns traços meus – nem mesmo exteriores"[23]. Entretanto, seria falso concluir pela identidade entre a personagem de *Zauberberg* e o filósofo húngaro: como toda a criação literária autêntica, Naphta não se assemelha a nenhum modelo real. Não é nem Lukács, nem Bloch, nem ninguém. Ele representa o tipo ideal do romântico anticapitalista, e, em particular, da versão judia dessa corrente cultural – à qual pertencem tanto Lukács, como Bloch, Gustav Landauer e muitos outros.

---

21. N. Tertulian, "Le 'Naphta" de *La Montagne Magique* n'est pas le jeune Lukács", *La Quinzaine Littéraire*, n° 170, set. 1973, p. 19.
22. Lukács, "Vorwort", *Frühschriften*, Neuwied, Luchterhand, 1968, p. 12.
23. Judith Marcus-Tar, *op. cit.*, p. 65.

6. GRAMSCI E LUKÁCS: EM DIREÇÃO A UM MARXISMO ANTIPOSITIVISTA

Lukács e Gramsci são frequentemente apresentados como os fundadores do "marxismo ocidental". Esse conceito, definido em termos geográficos, é muito vago para dar conta da convergência e similitude de seus pensamentos. Mais interessante (ainda que hostil) é a caracterização de Althusser: os dois são responsáveis por uma interpretação *humanista-historicista* do marxismo. Na realidade, partidários e adversários dos dois pensadores marxistas estão de acordo na constatação da profunda afinidade de suas orientações teórica e política. Parece-me que a tentativa de *superar a versão positivista do marxismo* – quer dizer, de fato, a interpretação dominante tanto na II, quanto na III Internacional (principalmente depois de 1924) – é um dos principais traços comuns de sua filosofia dialética e revolucionária, humanista e historicista.

Esta afinidade não é de modo algum devida a qualquer "influência" de um sobre o outro: é mesmo provável que Gramsci não tenha jamais lido *História e Consciência de*

Classe. A única passagem dos *Cadernos do Cárcere* na qual Lukács é mencionado é formulada em termos condicionais:

> É preciso estudar a posição do professor Lukács [sic-ML] para com a filosofia da práxis. Parece que Lukács afirma que não se pode falar de dialética senão para a história dos homens, e não para a natureza. Ele pode se enganar e pode ter razão. Se sua afirmação pressupõe um dualismo entre a natureza e o homem, ele se engana, porque cai numa concepção da natureza própria à religião e à filosofia greco-cristã; e própria também do idealismo, o qual, realmente, não logrou unificar e pôr em relação o homem e a natureza senão de forma verbal. Mas se a história humana deve ser concebida também como história da natureza (também através da história da ciência), como pode a dialética ser separada da natureza? Talvez por reação às teorias barrocas do *Ensaio Popular* [de Bukharin-ML] Lukács tenha caído no erro oposto, em uma espécie de idealismo[1].

Segundo o conteúdo dessa passagem, é provável que a fonte de Gramsci seja uma das críticas "ortodoxas" de Lukács que só perceberam em *História e Consciência de Classe* a "heresia" sobre a dialética da natureza. Lukács é praticamente desconhecido na Itália dos anos 20 ou 30. O seu único texto traduzido é o artigo "Rosa Luxemburgo Marxista", publicado na *Rassegna Communista*, em 1921. *Ordine Nuovo* publica algumas linhas de Lukács sobre os conselhos operários em 12 de junho de 1920:

> I Consigli operai, comme organizzazioni dell'intero proletariato, di quello consciente comme di quello inconsciente, col fato solo delia loro esistenza superano Ia società borghese[2].

Como observa Robert Paris, trata-se de uma versão ligeiramente modificada de uma frase da conclusão do ensaio sobre a consciência de classe em *História e Consciência de Classe*. Robert Paris aventa a hipótese de Gramsci ter sido indiretamente influenciado pelas ideias de Lukács através da mediação dos artigos do seu discípulo húngaro Laszlo Rudas (em 1926), dirigidos contra o economista do Partido Communista Italiano, Antonio Graziadei[3]. Esta suposição

---

1. A. Gramsci, *Il materialismo storico e la filosofia di Benedetto Croce*, Turim, Einaudi, 1955, p. 145.
2. Citado por Robert Paris em "Gramsci e Ia crisi teórica dei 1923", *Nuova Rivista Storica*, Anno LUI, fase. I-II, 1969, pp. 167-168.
3. R. Paris, *op. cit.*, p. 168.

não me parece aceitável: não só Rudas não era discípulo de Lukács em 1926 (teria sido algum dia?), mas, pelo contrário, desde sua ruptura política com Lukács em 1923 ele se tornou seu crítico "materialista" (vulgar) mais feroz.

Esta ausência de relação direta ou indireta torna ainda mais significativa a similitude das concepções dos dois pensadores. Se Gramsci não conhece quase nada de Lukács, este só vai "descobrir" o marxista italiano bem depois da Segunda Guerra Mundial, com a publicação dos *Cadernos do Cárcere*. Ele mencionará Gramsci nos anos 60, reconhecendo seu parentesco com a visão do mundo de *História e Consciência de Classe*:

Esse livro [*HCC*-ML] deve ser considerado um produto dos anos 20, um eco teórico da série de acontecimentos desencadeados pela Revolução de 1917 e a atividade de Lenin, no mesmo sentido que os escritos de Gramsci e de Korsch, que têm a mesma característica, apesar de dessemelhanças às vezes essenciais[4].

Em uma entrevista para a *New Left Review* (pouco antes de sua morte) Lukács enfatiza que Korsch, Gramsci e ele haviam, nos anos 30, lutado contra o mecanicismo herdado da II Internacional, e acrescenta, de passagem, que Gramsci era "o melhor dentre nós"[5].

A via de Gramsci para o marxismo apresenta certas semelhanças significativas com a de Lukács, na medida em que ela passa pela mediação de um hegehanismo antipositivista (Croce e Labriola) e de um voluntarismo ético-romântico (Sorel e Bergson). O ponto de partida de sua evolução política é uma espécie de "socialismo sardo", feito de regionalismo meridional, revolta camponesa e luta contra os "ricos". Influenciado por Gaetano Salvermni, Gramsci tende a opor a Sardenha e o Mezzogiorno à Itália industrial em seu conjunto[6], em um quadro ideológico que não deixa de apresentar certas analogias com o romantismo anticapitalista da Europa Central. Por outro lado, o "comunismo ético" de Gramsci, em 1917-19, se assemelha surpreendentemente ao dos ensaios de Lukács da mesma época; basta

4. Lukács "Mon chemin vers Marx", 1969, *Nouvelles Etudes Hongroises*, vol. 8, 1974, p. 85.
5. "Lukács on his Life and Work", *New Left Review*, nº 68, jul. 19.71, p. 51.
6. Cf. Giuseppe Fiori, *La vie de Antonio Gramsci*, Paris, Fayard, 1970,pp. 72-96.

mencionar o artigo de abril de 1917, onde ele crê descobrir na revolução russa de fevereiro "a instauração de uma nova moral" e a realização do Homem tal como Emmanuel Kant, o teórico da moral absoluta, o tinha exaltado. O homem que diz: "Fora de mim, a imensidade do céu; em mim, o imperativo da consciência"[7]. Quanto a Lukács, escrevia, em um texto de 1918, que o proletariado é o herdeiro do "idealismo ético de Kant e de Fichte, que suprimia todo apego terrestre e que devia deixar furioso – metafisicamente – o velho mundo"[8]. Encontra-se a mesma ideia no célebre ensaio provocador e "herético" de Gramsci, *A Revolução contra o "Capital"* (1917), que saúda com fervor a Revolução de Outubro e desenvolve uma interpretação radicalmente voluntarista da política dos bolchevistas:

Eles vivem o pensamento marxista, aquele que não morre jamais, aquele que é a continuação do pensamento idealista italiano e alemão... E este pensamento reconhecia sempre, como o maior fator da história, não os fatos econômicos brutos, mas o homem, a sociedade dos homens... esses homens que compreendem os fatos econômicos, e os julgam, e os vergam à sua vontade, até que ela se torne o elemento motor da economia, o elemento formador da realidade objetiva[9].

Um discurso similar aparece em Lukács: na sua brochura *Tática e Ética*, de 1919, saúda nos bolcheviques os

7. Gramsci, "Notes sur la révolution russe", *Il grido del popolo*, 29/4/1917, in Gramsci, *Ecrits Politiques*, 1, 1914-20, Paris, Gallimard, 1974, p. 121. É preciso reconhecer, apesar disso, a impressionante lucidez ou intuição de Gramsci, ao escrever, em abril de 1917: "Estamos persuadidos de que a Revolução Russa... é um ato proletário e que ela deve necessariamente desembocar no regime socialista" (p. 119).
8. Lukács, "O Bolchevismo como Problema Moral", 1918, trad, portuguesa em anexo a M. Löwy, *Por uma Sociologia dos Intelectuais Revolucionários: a Evolução Política de Georg Lukács 1909-1929*, São Paulo, Editora Ciências Humanas, 1979, p. 303.
9. Gramsci, "La Révolution contre 'Le Capital'", *Avanti*, 24/11/1917 in *Ecrits*, I, p. 136. Em outros escritos de 1818, Gramsci sublinha:
"O comunismo crítico não tem nada em comum com o positivismo filosófico, a metafísica e a mística da Evolução e da Natureza... O marxismo é fundado no idealismo filosófico... *A lei natural, o movimento fatal das coisas* dos pseudocientistas, foi substituída pela *vontade tenaz dos homens". Citado por E. Garin, "La formazione di Gramsci e Croce", in Prassi rivoluzionaria e storicismo in Gramsci*, Roma, Quaderni Critica Marxista, 1967, p. 127.

marxistas autenticamente revolucionários, que ousam proclamar "com as palavras de Fichte, um dos maiores filósofos clássicos alemães... Tanto pior para os fatos'"[10].

A referência ao pensamento idealista – principalmente Bergson e Croce – é em Gramsci, em 1917-18, um meio para se opor à ortodoxia positivista, científica e econômico-determinista de Claudio Treves e Filipo Turati, representantes oficiais do marxismo da II Internacional na direção do socialismo italiano. Tentativa que encontra seu equivalente preciso na ideologia revolucionária *sui generis* de Lukács na mesma época, composta a partir de uma combinação Hegel-Ady-Dostoievski-Sorel, radicalmente oposta ao kautskyanismo.

Esse "bergsonismo" de Gramsci, termo ambíguo empregado principalmente por seus adversários positivistas[11], será pouco a pouco superado, *aufgehoben*, no curso de sua evolução ideológica, da mesma maneira que Lukács superará seu "fichteanismo" após a revolução húngara dos Conselhos.

Nessa primeira tentativa de formular um marxismo revolucionário não positivista, tanto Gramsci quanto Lukács farão largo uso de *Sorel*, este representante paradigmático do socialismo romântico anticapitalista. Numa carta escrita em 1968, Lukács descreve retrospectivamente sua evolução política durante os anos 1917-18:

> Experimentei 1er os teóricos socialdemocratas contemporâneos, mas Kautsky causou em mim uma impressão repugnante... Foi precisamente Sorel que exerceu sobre minha evolução espiritual a mais forte influência. De um lado, positiva, na medida em que ele reforçou minha recusa a toda interpretação revisionista e oportunista da teoria marxista; de outro, negativa, na medida em que se tornou dominante na minha visão teórica uma concepção do partido que mitifica a pura e direta luta de classes[12].

10. Lukács, "Taktik und Ethik", in *Werke*, Band 2, Neuwied, Luchterhand, 1968, p 48.
11. Cf. Robert Paris, "Introduction à Gramsci", *Ecrits*, I, pp. 29-30. Gramsci ironiza a utilização do termo pelos seus adversários reformistas e positivistas dentro do Partido Socialita Italiano: "Você não sabe o que responder a vosso contraditor? Diga-lhe que ele é um voluntarista ou um pragmatista, ou – fazendo o sinal-da-cruz – um bergsoniano". Cf. Gramsci, *Socialismo e Fascismo. Ordine Nuovo 1921-22*, Turim, Einaudi, 1972, p. 13.
12. Lukács, "Carta ao Diretor da Biblioteca Erwin Szabo de Budapeste" publicada em Eva Fekete e Eva Karadi, *Georg Lukács. Sein*

As referências ao filósofo do sindicalismo revolucionário francês são numerosas nos escritos de juventude de Gramsci; o artigo de 11 de outubro de 1919 na *Ordine Nuovo* é particularmente significativo. Mesmo que esteja "longe de aceitar tudo" na obra de Sorel, Gramsci saúda calorosamente este "amigo desinteressado do proletariado" que

não se fechou em qualquer fórmula, e, tendo conservado o que era vital e novo em sua doutrina, isto é, esta exigência altamente proclamada que o movimento proletário se exprima através de suas formas próprias e dê vida às próprias instituições, pode seguir hoje... com um espírito pleno de compreensão, o esforço de realização envidado pelos operários e camponeses russos...[13].

O que os dois jovens pensadores revolucionários devem a Sorel é, antes de toda orientação política precisa, uma certa *Stimmung*, uma certa atmosfera espiritual feita de romantismo antiliberal e idealismo moral.

Gramsci conhecerá, como Lukács, a experiência vivida da participação em um movimento revolucionário concreto em 1919-20, os conselhos operários de Turim. Se a referência a Rosa Luxemburgo e sua concepção do movimento de massas é comum aos dois, os escritos de Gramsci durante esse período, no hebdomadário *Ordine Nuovo*, são muito mais concretos e "políticos" que os ensaios de Lukács. Ele substituirá mais rapidamente que Lukács o "bolchevismo ético" por uma concepção mais realista da luta revolucionária do proletariado. Contrariamente a Lukács, Gramsci não conhecerá uma etapa "esquerdista" em 1919-20. Enquanto o marxista húngaro defendia concepções antiparlamentaristas abstratas nas páginas de *Kommunismus*, Gramsci recusava tanto as teses "abstencionistas" de Bordiga, quanto o parlamentarismo reformista da direção do Partido Socialista Italiano (então secção da III Internacional); sua orientação estratégica será saudada por Lenin, nas suas *Teses sobre as Metas Fundamen-*

Leben in Bildern, Selbstzeugnissen und Dokumente, Budapeste, Corvina Kiado, 1981, p. 72. Sobre a relação de Lukács com Sorel no curso de sua vida, ver M. Löwy, "Sorel et Lukács. Sous l'étoile du romantisme", in *Georges Sorel*, Paris, Cahiers de l'Herne, 1986.

13. Gramsci, *Ecrits*, I, p. 277. Enzo Santarelli, Nicola Badaloni e Paolo Spriano já puseram em evidência a influência de Sorel sobre Gramsci. Para um balanço recente da questão, cf. Michel Charzat, "A la source du ‹marxisme› de Gramsci", in *Georges Sorel*, Cahiers de l'Herne, 1986.

tais do Segundo Congresso da Internacional Comunista (1920), como "correspondendo inteiramente a todos os princípios fundamentais da III Internacional"[14]. É verdade que, em 1922, no II Congresso do PCI, Gramsci vai aderir às teses "sectárias" de Bordiga, opostas à orientação por uma Frente Única Operária defendida pelo Komintern (junho-julho de 1921). Mas trata-se, como escreverá em 1926, de uma concessão tática a Bordiga, para a manutenção da unidade do partido e para impedir uma nova crise em seu seio[15]. Em última análise, o conjunto das concepções políticas de Gramsci, de 1919 até sua prisão em 1926, desenvolve-se no terreno do *realismo revolucionário*, do qual os quatro primeiros congressos da Internacional Comunista constituem o quadro político global. Pode-se, portanto, considerar a obra de Gramsci, durante este período, como "o equivalente político" de *História e Consciência de Classe*, fundamentada, como o livro de Lukács, na *Aufhebung* (conservação/negação/superação dialética) simultânea do "sectarismo" (Bordiga) e do "oportunismo" (Serrati) no movimento comunista. Se Gramsci não produziu, durante esses anos, nenhum texto filosófico ou teórico comparável ao grande livro lukacsiano de 1923, é, muito provavelmente, porque a atividade política na direção do PCI absorvia o essencial de sua energia intelectual.

Dentre os textos mais característicos do realismo revolucionário gramsciano, encontram-se, por exemplo, as *Notas sobre a Questão Meridional* e as *Teses para o Congresso de Lyon* (do PCI), ambos de 1926. A ideia mestra de Gramsci é a necessidade da unidade operária e camponesa no quadro de uma estratégia revolucionária anticapitalista – de um modo inteiramente análogo às análises de Lukács em sua brochura de 1924 sobre *O Pensamento de Lenin*:

> Il proletariato puó diventare classe dirigente e dominante nella misura in cui riesce a creare un sistema di alleanze di classi che gli permetta di mobilitare contro il capitalismo e lo Stato borghese la maggioranza della popolazione lavoratrice, cio che significa, in Italia, nei reali rapporti di classe esistenti in Itália, nella misura in cui riesce a ottenere il consenso delle larghe masse contadine[16].

14. Citado por Fiori, p. 161.
15. Cf. Fiori, p. 183.
16. Gramsci, "Alcuni temi della questione méridionale", 1926, in *La Costruzione del partito communista 1923-26*, Turim, Einaudi, 1972, p.

Contudo, a partir de 1926 (seu artigo sobre Moses Hess), Lukács começa a se afastar dessa perspectiva comum para privilegiar o realismo – a *Versöhnung mit der Wirklichkeit* hegeliana –, às custas da dimensão utópico-voluntarista. No curso dos anos 30, vai mesmo aderir (até certo ponto) ao *diamat* soviético, submetendo seu livro de 1923 a uma autocrítica severa e denunciando "a frente do idealismo" como idêntica à "frente da contrarrevolução fascista"[17].

Do ponto de vista político, uma comparação entre as *Teses de Lyon* (1926), redigidas por Gramsci (em colaboração com Togliatti), e as *Teses Blum* (1929) de Lukács, mostra como, partindo de uma mesma preocupação – romper o isolamento do Partido Comunista, buscar aliados para o proletariado –, os dois pensadores chegam a conclusões relativamente distintas. As teses de Lukács proclamam que o Partido Comunista Húngaro "é o único partido que luta seriamente pela democracia do proletariado e do campesinato", e propõe como palavra de ordem "a ditadura democrática do proletariado e do campesinato", concebida como um regime onde a burguesia, "mantendo a exploração econômica, abandona ao menos uma parte do poder às grandes massas de trabalhadores"[18]. As *Teses de Lyon*, de Gramsci, propõem uma palavra de ordem aparentemente semelhante, o "governo operário e camponês", mas elas tomam o cuidado de precisar que se trata de uma "fórmula de agitação, que não corresponde a uma etapa real do desenvolvimento histórico"; é impossível que "o problema do Estado seja resolvido de acordo com os interesses da classe operária por uma forma que não seja a da ditadura do proletariado"[19].

Em 1926, Gramsci foi preso pela polícia fascista. Sua grande obra filosófica e teórica não data de 1923, como as de Lukács e Korsch, mas será escrita na prisão entre 1929 e 1935. Apesar da diferença de período, a analogia entre

140. Confrontar com Lukács, *La Pensée de Lénine*, Paris, Denoël, 1972, pp. 28-29.

17. Lukács, "Die Bedeutung von *Materialismus und Empirio-kritizimus* für die Bolshevisierung der Kommunistischen Parteien – Selbstkritik zu *Geschichte und Klassenbewusstsein*", 1934. in *Geschichte und Klassenbewusstsein heute*, Amsterdam, 1971, p. 261.

18. Lukács, "Blum-Thesen", 1929, *Werke*, 2, pp. 710-712.

19. Gramsci, "La situazione italiana e i compiti del P.C.I.", *La Costruzione del Partito*, p. 513.

104

os *Cadernos do Cárcere* e os escritos de Lukács dos anos 1922-25 é inegável[20]. Esta problemática se articula em torno de um certo número de eixos teóricos e políticos estritamente ligados entre si; é inútil insistir nos aspectos mais conhecidos que se encontram, tanto em *História e Consciência de Classe*, quanto nos *Cadernos*: a importância da relação Hegel-Marx (aquilo que Althusser chama, de forma inexata, o "retorno radical a Hegel"); a dialética do sujeito/objeto e a importância do "fator subjetivo" (consciência de classe, hegemonia ideológica); a recusa do materialismo metafísico e do economicismo de certas correntes "ortodoxas" do marxismo etc. Gostaria de chamar a atenção aqui sobre três questões particularmente importantes nas quais se manifesta a "convergência" antipositivista de Gramsci e Lukács:

I. O historicismo radical, implicando a aplicação do materialismo histórico a si mesmo e a definição de seus limites históricos. Lukács escrevia em *História e Consciência de Classe* que as verdades do marxismo são verdades no interior de uma ordem social de produção determinada: isso não exclui o aparecimento de sociedades nas quais, "em consequência da essência de sua estrutura social, valerão outras categorias, outros conjuntos de verdades". O mesmo raciocínio se encontra em Gramsci: compreender a historicidade do marxismo significa reconhecer que ele pode – ou antes, deve ser superado pelo desenvolvimento histórico, com a passagem do reino da necessidade ao reino da liberdade, da sociedade dividida em classes à sociedade sem classes. Evidentemente, não se pode dizer, sem cair no utopismo, qual será o conteúdo dessa nova forma de pensar pós-marxista[21].

É o método resolutamente historicista de Gramsci e de Lukács, sua afirmação da historicidade necessária de todos os fenômenos sociais, que os opõe de maneira decisiva a todas

---

20. Como constata com razão R. Pans, a leitura dos *Cadernos do Cárcere* mostra que "o essencial da grande discussão filosófica de 1923 é retomada em Gramsci" (*in* "Gramsci e la crisi teórica dei 1923", p. 177).

21. Lukács, *Histoire et Conscience de Classe*, p. 263. Cf. a esse respeito M. Löwy, "Le marxisme historiciste de Lukács", prefácio a *G. Lukács, Littérature, Philosophie, Marxisme*, Paris, Presses Universitaires de France, 1978. O texto mencionado de Gramsci se encontra em *Il materialismo storico*, pp. 84, 98-101.

as variantes do materialismo científico-naturalista, a todas as doutrinas semipositivistas da *Naturgesetzlichkeit* da vida social.

II. A compreensão do marxismo como visão do mundo radicalmente nova e específica, que se situa do ponto de vista do proletariado: "Graziadei... considera Marx único, em uma série de grandes homens de ciência. Erro fundamental: nenhum dos outros jamais produziu uma concepção original e integral do mundo"[22]. Esta *Weltanschauung* coerente não pode ser decomposta em uma ciência positiva, por um lado, e uma ética, de outro; ela supera, numa síntese dialética, a oposição tradicional entre "fatos" e "valores", ser e dever-ser, conhecimento e ação[23]. No que se refere à filosofia da praxis, a unidade indissolúvel entre teoria e prática, o marxismo pode quebrar aquilo que Lukács chamou "o dilema da impotência": a dualidade entre o fatalismo das leis puras e a ética das puras intenções. Daí, a crítica lukacsiana ao austro-marxismo (Hilferding) que prega uma separação impossível entre a ciência "pura" do marxismo e o socialismo[24].

III. A revolução proletária como ponto central de toda reflexão teórica, como elemento unificador (implícito ou explícito) do conjunto das questões filosóficas, históricas, culturais ou políticas abordadas: "A elevação teórica dos *Cadernos* não deve jamais fazer-nos esquecer que a filigrana das páginas mais sutis da filosofia da praxis é a ação revolucionária[25].

Essa observação vale também, evidentemente, para *História e Consciência de Classe*. O vínculo entre o método dialético e a estratégia revolucionária se encontra, na rea-

---

22. Gramsci, *Il materialismo storico*, p. 83. Confrontar com a posição de Althusser: "Para compreender Marx, devemos tratá-lo como um sábio dentre outros... Marx aparece, portanto, como um fundador de ciência, comparável a Galileu e Lavoisier" (*Lire le Capital*, Paris, Maspero, 1965, II. p. 119).

23. Ver R. Paris, "Gramsci e la crisi teórica del 1923, p. 170: Em realidade, Gramsci retoma – dir-se-á após Viço e Croce – precisamente o problema de *Geschichte und Kassenbewusstsein*: tentar resolver o dilema que o pensamento burguês coloca entre os juízos de fato e os juízos de valor, entre as 'premissas indicativas' e as 'conclusões imperativas' (Poincaré), em ultima análise, fundar o marxismo como conhecimento do presente".

24. Lukács, *Hist. et Cons. de CL*, p. 61,41.

25. E. Garin, "La formazione de Gramsci...", p. 122.

106

lidade, no próprio cerne das propostas de Gramsci e de Lukács. Em uma passagem significativa dos *Cadernos*, Gramsci enfatiza a relação decisiva entre método teórico e orientação política: no quadro de uma crítica marxista de Croce, mostra que a obra do filósofo italiano "representava essencialmente uma reação face ao economicismo e ao mecanicismo fatalista", e acrescenta:

> Que isto não era sem interesse é demonstrado pelo fato de que, contemporaneamente a Croce, o maior teórico moderno da filosofia da praxis, no campo da luta e da organização política, com uma terminologia política, em oposição às diversas formas "economicistas", revalorizou a frente da luta cultural e construiu a doutrina da hegemonia como complemento da teoria do Estado-força, e como forma atual da doutrina da "revolução permanente" de 1848[26].

A *homologia teórica* entre Gramsci e Lukács é particularmente evidente se se comparar suas análises respectivas da principal obra filosófica de Bukharin, *Teoria do Materialismo Histórico. Manual Popular de Sociologia Marxista* (1922). Ambos vão criticar severamente seu "materialismo", burguês e contemplativo, para Lukács, metafísico e vulgar, segundo Gramsci. Lukács rejeita também o que ele chama "cientificismo" de Bukharin, sua utilização "irrefletida, acrítica, anistórica e adialética" do método científico-natural para o conhecimento da sociedade –, o que constitui, evidentemente, uma das características mais essenciais do positivismo. Gramsci constata, por sua vez, que o autor do *Manual Popular é* "totalmente prisioneiro das ciências naturais, como se elas fossem as únicas ciências... segundo a concepção do positivismo"; o que tem por resultado que sua compreensão da história não seja dialética mas "um chão e vulgar evolucionismo". Para Gramsci como para Lukács é a partir desse método semipositivista que se pode compreender uma série de teses errôneas do *Manual Popular*, que ambos põem em evidência: a substituição do conceito de forças produtivas pelo de "instrumentos técnicos", a pretensão de produzir, em história, "previsões científicas" semelhantes às das "ciências exatas" etc.[27]

26. Gramsci, *Il materialismo storico*, p. 203. A referência a Lenin impossível de nomear por causa da censura carcerária – é transparente.
27. Lukács, "N. Bukharin, *Théorie des historischen Materialismus*" (Rezension), 1925, *Werke*, 2, pp. 598-608. Gramsci, *Il materialismo storico*, cap. III.

107

A questão filológica de saber se Gramsci leu ou não o relato crítico de Lukács sobre Bukharin – publicado em 1925 na revista alemã *Archiv für die Geschichte des Sozialismus und der Arbeiterbewegung*, que talvez tivesse alguns leitores na Itália, parece-me secundário. O aspecto essencial é a profunda convergência da polêmica dos dois pensadores marxistas contra aquele que aparecia na época como o principal teórico do Komintern. Essa coincidência é apenas, na realidade, um aspecto "concentrado" de um fenômeno mais geral: os *Cadernos* de Gramsci, em seu conjunto, se situam, do ponto de vista do método marxista, fundamentalmente nas mesmas posições que os escritos de Lukács no período 1922-25. Entretanto, enquanto as obras de Lukács correspondem a um período de Ascenso revolucionário e aparecem como manifestação de toda uma corrente teórica (Korsch na Alemanha, Re vai e Fogarasi na Hungria, Mariátegui no Peru etc), não é esse verdadeiramente o caso dos *Cadernos*.

Paradoxalmente, é talvez o isolamento de Gramsci na prisão, de 1926 a 1935, que contribuiu para fazer de seus *Cadernos* uma ilha de marxismo autêntico em um período de regressão política e intelectual do movimento operário. Seu pensamento manteve-se no nível teórico e revolucionário elevado que havia atingido em 1919-26, sem conhecer uma crise como a de Lukács depois de 1926. A prisão poupou a Gramsci o dilema que abalou a energia revolucionária de Lukács: capitular ao stalinismo ou ser excluído do movimento comunista, como Korsch. As grades do cárcere fascista eram os limites brutais, mas puramente exteriores, que não constituíam obstáculo para o pensamento de Gramsci, enquanto que Lukács era prisioneiro das sutis e insidiosas cadeias da autocensura e da "reconciliação com a realidade".

Estudando os escritos da prisão de Gramsci só se pode reconhecer que, como observa Jean-Marie Vincent,

a perspectiva revolucionária não desaparece de seu horizonte. Apesar das provações do cativeiro, ele se recusará a se adaptar à stalinização progressiva de seu partido, abandonando a experiência prática e teórica do grupo da *Ordine Nuovo* (da batalha dos Conselhos Operários à luta antifascista)[28].

28. Jean-Marie Vincent, *Fétichisme et Société*, Paris, Anthropos, 1973, p. 294.

Isso não quer dizer que os textos de Gramsci dos anos 1929-1935 se situem inteiramente nas mesmas posições que seus escritos de juventude "os artigos da *Ordine Nuovo*). O impacto do stalinismo se faz sentir, apesar de tudo, por exemplo, numa concepção mais "autoritária" do Partido Comunista. Nos seus artigos de 1920, Gramsci insistia na ideia de que o Partido Comunista não deveria ser uma reunião de "Piccoli Machiavelli" nem um "partido que se serve da massa para tentar uma imitação heroica dos jacobinos franceses", mas o partido das massas que querem se libertar pelo seus próprios meios, de maneira autônoma, o instrumento do "processo de libertação interna pelo qual o trabalhador, de executor, torna-se iniciador, de massa torna-se chefe e guia, de braço torna-se cérebro e vontade"[29]. Em contrapartida, nos *Cadernos*, o partido deve exercer o papel de um "Príncipe moderno", herdeiro legítimo da tradição de Maquiavel e dos jacobinos, dessa forma, ele "toma o lugar, nas consciências, da divindade ou do imperativo categórico"; sua base é constituída por "homens comuns, cuja participação é caracterizada pela disciplina e pela fidelidade e não pelo espírito criador"[30].

Gramsci manifestava, entretanto, sua lucidez crítica analisando o fenômeno burocrático nos partidos políticos:

a burocracia é a força costumeira e conservadora mais perigosa; se ela acaba por constituir um corpo sólido que é em si e se sente independente da massa, o partido acaba por tornar-se anacrônico, e, nos momentos de crise aguda, é esvaziado de seu conteúdo social e permanece como que suspenso no ar[31].

Críticas igualmente penetrantes contra a burocracia aparecem também nos escritos de Lukács do ano de 1922 – principalmente o notável texto polêmico contra a direção do Partido Comunista Húngaro intitulado "Noch einmal Illusionspolitik"[32]. Essas críticas desaparecerão de suas pu-

---

29. Gramsci, *Ordine Nuovo, 1919-20*, Turim, Einaudi, 1954, pp. 139, 140,157.
30. Gramsci, *Note sur Machiavelli, sulla política e sullo Stato Moderno*, Turim, Einaudi, 1955, pp. 6-8, 53.
31. Gramsci, *Note sur Machiavelli*, p. 51.
32. G. Lukács, "Noch einmal illusionspolitik", 1922, in *Werke*, *2*, p. 159: "Este culto artificial e injustificado da autoridade, sem dúvida,

blicações durante a época stalinista (salvo algumas notas esparsas em "linguagem esópica", em um contexto literário) e só ressurgirão depois do XX Congresso do PCUS.

É também nos trabalhos posteriores a 1956 que Lukács começou a se referir a Gramsci. Na sua última grande obra, *A Ontologia do Ser Social*, compara os escritos de Gramsci com *História e Consciência de Classe*: nos dois casos trata-se de tentativas análogas, inspiradas pela onda revolucionária que se seguiu a outubro de 1917, de pensar um marxismo "novo, fresco, não deformado pelas tradições aburguesadas da socialdemocracia" – tentativas silenciadas pela pressão "esquematizante e homogeneizante" do stalinismo[33]. Mas não se tem a impressão de que o pensamento de Gramsci desempenhe um papel central na sua reflexão ontológica.

A comparação aqui esboçada não visa de modo algum negar a existência de divergências, talvez mesmo de oposições, entre os escritos na prisão de Gramsci e as obras do jovem Lukács (1922-25). Mas além das diferenças de estilo e de conteúdo (tanto filosóficas, como políticas), dos contrastes entre os dois períodos históricos, muito distintos, e apesar da ausência (provável) de toda relação ou influência direta, não se pode negar a profunda afinidade de sua abordagem e a "convergência objetiva" que fez da *História e Consciência de Classe* e dos *Cadernos do Cárcere* os dois grandes momentos filosóficos da dialética revolucionária no século XX, e o ponto de partida necessário de toda tentativa para pensar um marxismo liberto dos entraves positivistas.

tem como único resultado tornar a burocracia do partido ainda mais vazia e sem alma (*seelenlose*); ela se torna uma *função* (*Amt*), com chefes e subordinados, e não uma organização comunista centralizada, fundada na camaradagem do trabalho em comum".

33. Lukács, *Zur Ontologie des geseüschafttichen Seins. Die ontologische Grundprinzipien von Marx*, Neuwied, Luchterhand, 1972, p. 30.

7. GOLDMANN E LUKÁCS: A VISÃO TRÁGICA DE MUNDO*

É na Suíça, por volta de 1944, que Goldmann vai descobrir "por acaso" as obras de juventude de Lukács e, em particular, *História e Consciência de Classe* (1923), (o termo "por acaso" é empregado pelo próprio Goldmann[1]), que vão, segundo sua própria expressão, "perturbá-lo". Como aponta, com razão S. Nair:

> Em uma época em que a barbárie nazista estava no auge de sua glória, em que o stalinismo prático e teórico reinava sem divisão no movimento operário e *sobre* a teoria marxista, é preciso salientar quanto, na verdade, a obra de Lukács redescoberta devia trazer de frescor revolucionário e de clareza teórica àqueles que recusavam a barbárie e o dogmatismo[2].

---

* Extraído de: *O Estruturalismo genético*, Paris, Ed. Denoël-Gouthier, 1977.
1. *Cf. La Communauté humaine et l'univers chez Kant.* Paris, PUF, 1948, p. 22.
2. S. Nair et M. Löwy, *Goldmann*, Paris, Seghers, 1973, p. 12.

111

Resta, entretanto, explicar por que, mais além do acaso objetivo da descoberta, Goldmann foi praticamente o único, durante um longo período, a reconhecer a importância capital de uma obra esquecida, desconhecida, maldita por todas as ortodoxias e explicitamente renegada por seu autor. Os dois aspectos da questão – o desconhecimento e o reconhecimento, a perda e o encontro – exigem uma explicação sociológica que ainda não podemos oferecer.

Goldmann, por sua descoberta, salvou do esquecimento e *desenvolveu, de maneira criativa*, um método e um procedimento que constituem o ponto mais alto atingido pelo pensamento marxista do século XX. Seu deslumbramento e seu entusiasmo se manifestam na sua tese de doutorado sobre Kant (1945), onde Lukács é constantemente citado e mencionado ao mesmo nível que Hegel, Kant ou Marx.

Em um apêndice à tese, Goldmann esboça uma primeira análise da visão trágica do mundo em *A Alma e as Formas* (1910) de Lukács, mas seu interesse principal é *Geschichte und Klassenbewusstsein*. Ele definiu com notável precisão o significado global da grande obra de 1923 e seu lugar na evolução filosófica do jovem Lukács:

> Poder-se-ia caracterizar a relação entre essa obra *& A Alma e as Formas* como a superação da tragédia. Trata-se do caminho de Kant a Hegel e Marx. O livro, que apresenta uma riqueza e uma densidade incríveis em matérias e pensamentos, contém não apenas inúmeras análises políticas, sociológicas, metodológicas e histórico-culturais (*geistesgeschichtlichen*), mas também, sobretudo, uma filosofia da existência, humanista, otimista e cheia de esperança que supera a metafísica da tragédia por uma *Aufhebung* no sentido hegeliano[3].

Ora, essa filosofia humanista, esse otimismo e essa esperança são precisamente as características centrais da primeira obra de Goldmann: ao estudar a visão trágica do mundo em Kant, sua tese privilegia (como o próprio título o indica) *a comunidade humana do futuro,* cujo precursor

---

3. Lucien Goldmann, *Mensch, Gemeinschaft und Welt in der Philosophie Immanuel Kants*, Zurique, Europa Verlag, 1945, p. 246. Na edição francesa, Goldmann suprimiu esse apêndice porque "ele não tinha relação direta com o pensamento de Kant e, por conseguinte, com o assunto propriamente dito do livro", *Kant*, 1948, p. 21. Seria realmente a única razão?

é Kant. Mais que a consciência (trágica) dos limites, o que Goldmann põe em evidência em Kant é "o esforço extraordinário para encontrar uma possibilidade qualquer de os superar" na comunidade, o esforço para "se aproximar de qualquer coisa mais elevada que supere o indivíduo, para captá-la, para encontrar ao menos as razões para esperá-la, mesmo que não pareça mais possível esperá-la na existência concreta e real"[4].

Parece-nos que essa "leitura" de Kant (e de Lukács), por Goldmann, só pode ser compreendida no contexto dos anos 1944-1945, quando, para muitos intelectuais de esquerda, a derrota do nazi-fascismo parecia dever abrir um novo capítulo na história da humanidade, quando o advento do socialismo na Europa parecia estar na ordem do dia, quando o "provir sorridente" parecia ao alcance da mão do movimento operário. É compreensível que em tal conjuntura histórico-social, Goldmann, sem ignorar a dimensão trágica na obra de Lukács e de Kant, seja mais atraído por sua perspectiva de futuro humanístico-comunitário. É importante sublinhar que o humanismo do qual se reclama Goldmann é, como ele proclama em um artigo de 1947, "o humanismo materialista e dialético", fundado na seguinte premissa política: "O proletariado é uma classe que tende à abolição da opressão e à realização de uma sociedade sem classes"[5]. Esta premissa de que o proletariado é *potencialmente revolucionário* e encarna, como classe universal, os interesses de toda a humanidade, será, como veremos mais tarde, questionada por Goldmann nos fins dos anos 50.

Em 1948, essa conjuntura desaparece; é o início da guerra frias as derrotas graves do proletariado na França, Itália e Grécia, a ruptura entre a URSS e Tito. Goldmann constata a nova situação com pesar e lucidez no prefácio de 1948 à edição francesa de *Kant*:

> Devemos confessar que – no que diz respeito ao futuro imediato -nossas esperanças não se realizarão. Em lugar de um mundo melhorado, de uma comunidade melhor, de novo nuvens se acumulam. A eventualidade de uma nova guerra entrou na ordem normal das coisas [...] Em meio a essa depressão e a essa inquie-

4. L. Goldmann, *Kant*, p. 25.
5. L. Goldmann, *Recherches dialectiques*. Paris, Gallimard, 1959, p. 22.

tude, as condições não são, evidentemente, favoráveis a uma filosofia de otimismo e de esperança.

Isso não significa, de modo algum, que Goldmann adira ao que chama "as filosofias niilistas e desesperadas": continua, em nome de Hegel e de Marx, a "crer na vitória final do homem e da *razão*", mas seu interesse pela problemática da visão trágica do mundo aumenta.

Em 1949-1950, ocorrem os grandes processos stalinistas na Europa Oriental, a execução dos "titoístas" Slansky e Rajk, em nome do "socialismo", a intensificação da guerra na Coreia e da guerra da Indochina por parte das potências colonial-imperialistas. É o momento em que Goldmann publica seu artigo "Georg Lukács, o Ensaísta", cujo objeto principal é a visão trágica do mundo em *A Alma e as Formas*.

Examinemos brevemente o conteúdo desta obra e a interpretação que lhe dá Goldmann. Na primeira abordagem, *Die Seele und die Formen* é um trabalho cuja profunda significação filosófica e moral não é imediatamente apreendida; a maior parte dos ensaios que ele contém parecem puramente estéticos e se relacionam em parte a autores contemporâneos menores, quase desconhecidos atualmente. Não se pode compreender o sentido da obra se não se partir de uma indicação de Lukács no primeiro capítulo, que define a ironia do ensaísta:

> Entendo aqui por ironia o fato de a crítica falar sempre das questões últimas da vida, mas sempre em um tom que faz crer que se trata apenas de quadros e de livros, de bonitos ornamentos não essenciais para a grande vida; e de que tampouco se trata da interioridade mais profunda, mas de uma bela e inútil superfície[6].

Em outros termos, é preciso ler os ensaios de *A Alma e as Formas* como textos que se relacionam às *questões últimas da vida*, a estética está aqui – como em muitas outras obras de crítica literária de Lukács – intimamente articulada com uma problemática *ética*, uma tomada de posição moral em relação à vida e à sociedade capitalista de seu tempo.

Goldmann compreendeu muito bem as implicações ideológicas da obra, mas se surpreende com o fato de

6. G. Lukács, *L'Ame et les formes*, Paris. Galimmard, 1974, p. 22.

114

Lukács "escolher exemplos tão poucos representativos" e obscuros[7]. Na realidade, a maior parte dos autores escolhidos por Lukács (Novalis, Kirkegaard, Theodor Storm, Stephan George, Paul Ernst) *são representativos* de uma certa tendência ideológico-cultural e se vinculam direta ou indiretamente a uma corrente determinada: o romantismo anticapitalista. Não é por acaso que Thomas Mann saudará com entusiasmo a obra de Lukács em *Considerações de um Apolítico* (1918), seu texto mais influenciado pelo anticapitalismo romântico.

A leitura que Goldmann fez de *A Alma e as Formas* (no artigo de 1950 e em muitos escritos posteriores) nos parece bastante esclarecedora. Segundo Goldmann, a chave da obra é o último ensaio: "Metafísica da Tragédia", dedicado a Paul Ernst, no qual se exprime a visão trágica do mundo do próprio Lukács, sua recusa radical e coerente do mundo. A maior parte dos ensaios anteriores são, na realidade, a análise de diversas formas de rejeição que lhe parecem, em última instância, inautênticas e insuficientemente radicais. A única exceção é o primeiro capítulo. "O Ensaio sobre o Ensaio", que introduziu uma dissonância no rigor trágico- -kantiano da obra[8].

Uma dessas formas imperfeitas é representada por Kirkegaard: como sublinha Goldmann, o que Lukács reprova no filósofo dinamarquês é seu desejo de reconciliar, com um gesto (a ruptura do noivado com Régine Olsen), a vida empírica com a vida verdadeira: ora, essa conciliação constitui, segundo Lukács, uma ilusão, uma inconsciência que é o oposto mesmo da grandeza trágica[9].

Poder-se-ia acrescentar que Lukács faz a mesma crítica a Novalis: é precisamente a ausência de separação "nítida e definitiva" entre a poesia e a vida que constitui, segundo Lukács, a principal fraqueza da *Lebenskunst* romântica. Novalis e os românticos querem poetizar a vida: "a leis mais íntimas e mais profundas da poesia tornam-se aqui os imperativos da vida". Sem compreender o abismo intransponível entre o universo inequívoco e claro das formas poéticas

---

7. L. Goldmann, "Georges Lukács essayiste", 1950, *in Recherches Dialectiques*, p. 249.
8. *Idem*, p. 251 e "L'Esthétique du jeune Lukács", 1961, in *Marxisme et sciences humaines*, Paris, Gallimard, 1970, p. 231.
9. L. Goldmann, "Georges Lukács, essayiste", op. *cit.*, p. 253.

e o universo equívoco e ambíguo da realidade empírica, "eles tinham criado um mundo homogêneo, unitário e orgânico e o tinham identificado com o mundo real"[10].

Lukács emprega, para criticar essas duas tentativas de conciliação entre a vida autêntica e a vida empírica, duas belas imagens quase idênticas; Kirkegaard quis "construir um palácio de cristal com o ar", enquanto que os românticos tentaram "construir uma torre de Babel espiritual cujos alicerces eram feitos apenas de ar"[11]. Essa metáfora sublinha precisamente a contradição entre a clareza e o rigor ("cristal") do universo das formas, que tende para o absoluto ("torre de Babel") e a inconsistência amorfa ("ar") da matéria-prima que se quer utilizar: a vida empírica.

Contra toda ilusão de compromisso ou fusão entre esses dois universos, Lukács, no ensaio sobre Paul Ernst, se identifica com a *Weltanschauung* trágica, ou seja, como sublinha Goldmann, a recusa total do mundo empírico e a aspiração a uma outra vida, regida pela busca do absoluto e a espera do milagre[12].

Parece-nos que Goldmann teve razão em considerar o último ensaio de *Die Seele und die Formen* como aquele que desenvolve a posição própria de Lukács, posição trágica pela qual, como mostra Goldmann,

a única atitude autêntica é aquela que, regida pela categoria do "tudo ou nada", recusa o mais e o menos, os graus, as transições. Para o homem consciente de sua condição, há apenas dois extremos, o autêntico e o inautêntico, o verdadeiro e o falso, o justo e o injusto, o valor e o não valor, sem qualquer intermediário. Ora, esse homem se encontra frente a um mundo no qual não encontra jamais o valor absoluto: tudo nele é relativo e como tal inexistente e totalmente desprovido de valor[13].

Trata-se *do* mundo em geral ou *de um* mundo histórico determinado, aquele da sociedade capitalista moderna? Apesar do caráter anistórico e ético-metafísico de sua proposta, Lukács deixa perceber, numa passagem do ensaio, a dimensão atual de suas preocupações. "E porque a natureza e o destino

10. *L'Ame et les formes*, pp. 86-87.
11. *Idem*, pp. 55-78.
12. L. Goldmann, "Georges Lukács, essayiste", pp. 248-251, e *Kirkegaard vivant*, Gallimard, 1966, p. 131.
13. L. Goldmann, *Kirkegaard vivant*, pp. 130-131.

não foram jamais tão assustadoramente sem alma como agora... podemos de novo esperar uma tragédia"[14].

Por que esta visão trágica do mundo aparece em Lukács em 1910, isto é, em plena "belle époque", num período de relativa estabilidade social e política? Enquanto sociólogo da cultura, Goldmann foi forçosamente conduzido a se colocar essa questão e a tentar respondê-la; a explicação que propõe é a seguinte:

> *A Alma e as Formas*, publicado em 1910, em plena ascensão da segurança burguesa, refletia já o que existia de profundamente esgotado, abalado, atrás dessa fachada, aparentemente intacta. Ele anunciava a catástrofe que se preparava e se aproximava a passos de gigante. Em 1914, a "segurança" se esboroa[15].

> Em 1910, a sociedade burguesa vivia em pleno otimismo e em plena confiança no presente... De fato, em 1910, se bem que poucas pessoas o percebessem, esse período estava em vias de chegar ao seu fim, e invisíveis brechas fendiam um edifício cuja fachada parecia ainda intacta.

Segundo Goldmann, Lukács estava inteiramente isolado em relação a seu meio, nessa intuição da crise iminente da sociedade burguesa:

> Sobre esse ponto, a redescoberta por Lukács da visão trágica representa uma ruptura total com os mestres do mundo universitário. Nem Husserl, nem Dilthey, nem os neokantianos de Heidelberg, tinham qualquer premonição da catástrofe que se preparava[16].

Em nossa opinião, o que se passa é *justamente o contrário*: o que desespera Lukács é precisamente essa estabilidade, essa imutabilidade da sociedade capitalista que ele detestava; sociedade na qual os valores estético-filosóficos idealistas e absolutos nos quais acreditava eram irrealizáveis. O conflito entre os valores autênticos e o mundo (capitalista) inautêntico é trágico porque é insolúvel, na

---

14. *L'Ame et les formes*, p. 249.
15. L. Goldmann, *Recherches dialectiques*, p. 253. Ver igualmente "Introduction aux premiers écrits de Lukács", apêndice ao livro de Lukács, *Théorie du Roman*, Gonthier, coll. Médiations, 1963, pp. 164-165.
16. *Idem* (apêndice), p. 165.

medida em que Lukács não percebe nenhuma força social capaz de transformar o mundo e realizar os valores. O conflito toma, por consequência, um caráter eterno, anistórico, imutável, em uma palavra, *metafísico* (como indica o próprio título do ensaio...).

A visão trágica de Lukács, longe de decorrer de uma previsão da crise do sistema estabelecido, da guerra mundial etc., é antes o resultado de um sentimento de revolta impotente face ao desenvolvimento triunfante do capitalismo e seu poder (aparentemente) inabalável. Este estado de espírito se encontra até nos meios revolucionários nesse período histórico. Victor Serge descreve em suas *Memórias* sua atitude e a de seus amigos anarquistas, por volta de 1913, como "desesperada" e "colérica", porque "o mundo dessa época tinha uma estrutura acabada, tão duradoura na aparência que não se via a possibilidade de uma mudança real"[17].

Por outro lado, a visão do mundo de Lukács não representava uma "ruptura total com os mestres do mundo universitário". Ao contrário, parece-nos que ela só pode ser compreendida em relação com as tendências que se desenvolvem nos meios acadêmicos e literários alemães dos quais Lukács se sentia próximo, antes mesmo de sua primeira viagem à Alemanha (1909).

A Universidade alemã se tornara, na virada do século, um centro de irradiação ideológica do anticapitalismo romântico. Até o fim do século XIX, os universitários haviam ocupado uma situação extraordinariamente privilegiada e influente na medida em que a educação superior era um fator central no sistema de estratificação social da Alemanha imperial. Essa preeminência da intelectualidade correspondia a uma etapa precisa do desenvolvimento da formação social alemã: aquela na qual o modo de produção feudal estava em vias de perder seu domínio, sem que o capitalismo industrial tivesse ainda estabelecido sua hegemonia definitiva. A forma de Estado que correspondia na Alemanha a essa transição socioeconômica era uma monarquia tradicional, altamente burocratizada, que favorecia o poder sociocultural dos mandarins: com efeito, os professores universitários controlavam todo o sistema

---

17. Victor Serge, *Mémoires dun révolutionnaire*, éd. du Seuil, 1951, p. 51.

de qualificação, aprendizagem, exames, seleções etc, necessário para o recrutamento do aparato burocrático; eles se encontravam, assim, numa posição estratégica em relação à estrutura administrativa do Estado[18].

As profundas transformações da formação socioeconômica alemã, no final do século, vão ameaçar seriamente as bases do poder mandarinal. Entre 1870 e 1914, a Alemanha se transforma numa nação altamente industrializada. É evidente que esse desenvolvimento súbito e esmagador do capitalismo industrial atinge duramente a situação econômica, o modo de vida e os valores socioculturais das camadas pré-capitalistas, em seu conjunto, e dos mandarins universitários, em particular. Não somente os valores culturais tradicionais são marginalizados, degradados, submergidos pelo valor de troca, pelo universo mercantil e seus critérios puramente quantitativos, mas o próprio feudo da elite acadêmica, a Universidade alemã, é progressivamente submetida aos imperativos do modo de produção capitalista[19].

Profundamente traumatizados pelo impacto social e cultural da dominação abrupta do capitalismo, os mandarins vão reagir, desenvolvendo, no final do século, uma nova versão do anticapitalismo romântico, onde o *leitmotiv* central é a oposição entre *Kultur* e *Zivilisation.* Essa contradição ganha para eles o caráter de um conflito *trágico* e insolúvel, na medida em que compreendem a inevitabilidade do advento do capitalismo e a impossibilidade de uma volta ao passado "orgânico".

Certos elementos de uma visão trágica do mundo aparecem assim na virada do século, sob formas e graus diversos, entre muitos sociólogos e universitários alemães: é a nostalgia da *Gemeinschaft* de Tönnies, o pessimismo social de Weber, a problemática da tragédia da cultura em Simmel, a visão da história como fracasso permanente dos

---

18. Cf. Max Weber, *Essays in Sociology*, éd. Gerth and Mills, Londres, Routledge and Kegan Paul Ltd., 1967; ver também F. K. Ringer, *The Décline of the German Mandarins – The German Academic Community*, Cambridge, Harvard Univerty Press, 1969.
19. Ver a notável análise de Max Weber sobre a "americanização" das universidades alemãs na sua conferência, de 1919, "Wissenschaft ais Beruf", ed. francesa in Max Weber. *Le Savant et le Politique*, U.G.E., 1963, pp. 56-57.

valores em Max Scheler, e o tema da decadência cultural em autores tão diversos como Alfred Weber, Werner Sombart e Oswald Spengler[20]. Uma orientação semelhante, naturalmente sob outras formas, se encontra em um certo número de escritores e de poetas do mesmo período: Theodor Storm, Stephan George, Thomas Mann, Paul Ernst, Ernst Toller. Pode-se acrescentar aí também uma corrente "socialista utópica": Ernst Bloch, Gustav Landauer, Martin Buber etc.

Em nossa opinião, não se pode compreender o pensamento de Lukács sem relacioná-lo com essa corrente sociocultural alemã, com a qual esteve em contato direto desde seus estudos em Berlim com Simmel (1909-1910). Entretanto, a visão trágica do mundo de Lukács em *A Alma e as Formas* é muito mais radical e rigorosa que a dos meios acadêmicos e literários alemães. Seu anticapitalismo, mesmo que colorido de uma dimensão romântica, era muito mais extremo e virulento que o de um Simmel ou de um Tönnies (o que deve ser relacionado com a problemática da *intelligentsia* húngara, que não podemos desenvolver aqui) e, consequentemente, sua oposição (trágica) ao mundo empírico e cotidiano, muito mais consequente.

Em seu livro, *O Deus Oculto*, Goldmann utilizou *A Alma e as Formas* para decifrar os *Pensamentos* de Pascal e, inversamente, os paradoxos de Pascal, para compreender as antinomias do jovem Lukács, em uma iluminação recíproca onde se resgata, em toda a sua riqueza e coerência, a visão trágica do mundo.

O interesse da obra capital de Goldmann não reside somente em sua descoberta da unidade ideológica do universo de Pascal e Racine. Ultrapassa a tradicional "história das ideias" – com sua explicação pelas "influências", pelas escolas etc. – para desdobrar uma notável análise marxista – que permanece *exemplar* até hoje – do fundamento social da visão trágica do mundo no século XVII, de sua relação com a totalidade histórico-social e, em particular, com as classes sociais. Raramente, uma pesquisa marxista do século XX demonstrou tão bem a superioridade metodológica do materialismo histórico no conhecimento de

20. Cf. Kurt Lenk. "Das Tragische Bewusstsein in der Deutschen Soziologie", *Kolner Zeitschrift fur Sociologie und Social-psychogie*, Colônia, 16 Jahrgang, 1964.

uma obra; após dezenas de anos de empobrecimento e vulgarização dogmática, o *Deus Oculto* apareceu como a prova concreta e indiscutível da fecundidade do marxismo como método científico rigoroso no terreno da sociologia da cultura.

Por isso, sob um outro ângulo, o *Deus Oculto* tem representado algo de novo e audacioso: a recusa da concepção linear e vulgarmente evolucionista da história do pensamento, para a qual a visão trágico-religiosa do mundo de Pascal só poderia ser uma reação retardada e conservadora contra o racionalismo cartesiano da burguesia em ascensão. Goldmann mostra, ao contrário, o interesse filosófico da obra do Pascal e descobre, precisamente, em sua crítica ao cartesianismo, os primeiros elementos de uma visão dialética. A epistemologia dos *Pensamentos* representa, de muitas maneiras, "a virada decisiva do atomismo racionalista e empirista para o pensamento dialético[21]".

Nesse sentido, pode-se ver a superioridade de Goldmann, que se situa na continuidade metodológica do jovem Lukács, sobre os escritos do "velho Lukács" a respeito de Pascal, que reduzem o autor dos *Pensamentos* a um precursor do irracionalismo moderno em geral e, em particular, de Schopenhauer! Em *A Destruição da Razão* – obra fortemente colorida de stalinismo – Lukács vê em Pascal apenas uma "tendência a recuar diante do progresso social e científico", uma "espécie de oposição romântica", uma crítica da sociedade capitalista em vias de constituição "de um ponto de vista direitista"[22] (*sic*). (O jovem Lukács foi acusado por seus detratores de ser o "Naphta" de Thomas Mann em *A Montanha Mágica*; passagens como esta situam o velho Lukács de preferência na área do racionalismo liberal e maçônico de um Settembrini...).

O interesse de Goldmann por Pascal data de 1948: no prefácio daquele ano à edição francesa de *Kant*, ele escreve esta nota significativa: "Muitas vezes, onde escrevíamos 'Kant foi o primeiro ' poderíamos ter escrito Blaisse Pascal"[23]. Todavia, Pascal e a visão trágica do mundo não se encontram ainda no centro das preocupações de Gold-

21. L. Goldmann, *Le dieu caché*, Paris, Gallimard, 1955, p. 280.
22. Lukács, *Die Zerstörung der Vernunft*, Berlim, Aufbau Verlag, 1953.
23. L. Goldmann, *Kant.* 1948, p. 21.

mann: seu trabalho futuro é apresentado nos termos seguintes: "A aparecer, do mesmo autor: Estudos sobre o pensamento dialético e sua história: Pascal, Goethe, Marx".

Em outros termos: em 1948, *o pensamento dialético* era o objeto privilegiado de estudo, e Pascal era considerado apenas enquanto seu precursor. É depois, por volta de 1949-1950, que Pascal, Racine, o jansenismo e a visão trágica do mundo vão absorver inteiramente o interesse de Goldmann.

Não se pode considerar o abandono do projeto Pascal--Goethe-Marx em proveito do trabalho Pascal-Racine como decorrente "natural" da dinâmica da própria pesquisa. Em nossa opinião, ele só pode ser compreendido como um deslocamento das preocupações de Goldmann, o qual, por seu lado, deve ser explicado pelas condições históricas dos anos 1949-1953: grandes processos stalinistas, ruptura do movimento operário entre um stalinismo sectário e delirante e uma socialdemocracia direitista e selvagemente anticomunista, ausência ou dispersão das correntes revolucionárias, guerra fria internacional, guerras imperialistas na Ásia etc. A relação entre essa conjuntura e sua orientação em direção à obra de Pascal é, aliás, implicitamente reconhecida por Goldmann em uma passagem reveladora de *O Deus Oculto*:2.

Uma vez mais, as forças sociais, que permitiram ao século XIX superar a tragédia no pensamento dialético e revolucionário, conseguiram, por uma evolução que não podemos analisar aqui, subordinar o humano, os valores, à eficácia, mais uma vez, os pensadores mais honestos são levados a constatar a ruptura, que já apavorava Pascal, entre a força e a justiça, entre a esperança e a condição humana.
Aliás, é essa situação que suscitou, não somente a consciência aguda da ambiguidade do mundo e do caráter inautêntico da vida quotidiana, mas também o interesse renovado pelos pensadores e os escritores trágicos do passado[24]. (Uma nota de rodapé específica: "Estas linhas foram escritas em 1952".)

Evidentemente, é do stalinismo que se trata, esse fenômeno sobre o qual Goldmann escrevia em 1957, após o XX Congresso: "Os intelectuais socialistas foram, no mundo inteiro, submetidos por longos anos ao stalinismo como uma fatalidade *trágica* e inelutável"[25]. (Sublinhado por nós.)

24. *Op. cit.*, p. 70.
25. *Recherches dialectiques*, p. 279.

Em *O Deus Oculto*, Goldmann menciona Sartre e Merleau-Ponty como pensadores que, nas "condições históricas e sociais" presentes (1952), manifestam "uma consciência aguda da ambiguidade do mundo". Poder-se-ia acrescentar, evidentemente, Camus e muitos outros. Qual vai ser a atitude dos intelectuais socialistas face a essa "fatalidade trágica" que se chama stalinismo? Goldmann descreve nos termos seguintes as diferentes posições no seio do movimento jansenista no século XVII:

> Acomodar-se – a contragosto – ao mal e à mentira; lutar pela verdade e o bem num mundo onde eles têm um lugar – sem dúvida reduzido -mas real; proclamar o bem e a verdade face a um mundo radicalmente mau que só poderia persegui-los e proscrevê-los; calar-se frente a um mundo que não poderia sequer entender a palavra de um cristão...[26].

É inútil insistir na analogia: as condições em 1949-1952 não são comparáveis àquelas do século XVII. Mas encontra-se entre os pensadores socialistas desse período todo um leque, complexo e matizado, de posições face à degenerescência do movimento comunista: desde a aceitação, a contragosto, do mal e da mentira inevitáveis e necessárias na luta revolucionária, enaltecidos por Sartre em *O Diabo e o Bom Deus* (1952), prelúdio imediato à sua aproximação do PCF, até o silêncio político de Merleau-Ponty, de 1950 a 1955, passando por *O Homem Revoltado* (1951) de Camus, que grita ao mundo sua verdade absoluta e recusa todo compromisso. (Sobre *O Diabo e o Bom Deus*, Goldmann escreveu uma análise notável, sublinhando que, contrariamente a Hugo, o herói de *Mãos Sujas*, Goetz, a personagem central da nova peça

encontrou seu caminho renunciando à moral para se conduzir em política, aceitando o engajamento real, com as mentiras, os compromissos e mesmo as mortes que ele implica. A escolha de Goetz correspondia, pelo menos, àquela que o próprio Sartre havia feito, na vida e na política reais, engajando-se em uma aliança bastante estreita com os comunistas[27].

---

26. *Le Dieu caché*, p. 336.
27. *Structures mentales et création culturelle.* Paris, Anthropos, 1970, p. 252.

É nesse quadro histórico e intelectual que aparece *O Deus Oculto*. A visão do mundo de Goldmann não é, entretanto, nem trágica nem existencialista, apesar do seu interesse apaixonado, sua simpatia humana e intelectual por Pascal e uma certa afinidade com sua problemática, Goldmann se situa em uma perspectiva inteiramente diversa: a da *dialética marxista*. Existe, contudo, uma convergência importante, decisiva mesmo: *a aposta*. Goldmann não concebe mais a comunidade socialista como um futuro iminente e irresistível; perdeu definitivamente suas ilusões de 1944-1945. Para ele, a visão do mundo dialética é agora fundada numa aposta no triunfo do socialismo, "na alternativa que se oferece à humanidade de escolha entre o socialismo e a barbárie"[28]. Essa aposta comporta, como aquela de Pascal, *risco, possibilidade de fracasso, esperança de êxito*. A diferença capital situa-se, evidentemente, no caráter imanente, material e histórico do objeto da aposta dialética, que é uma aposta no *futuro* – dimensão totalmente ausente do pensamento trágico, que conhece apenas *o presente e a eternidade*.

Goldmann não hesita em empregar o termo *fé* para designar este processo:

> A fé marxista é uma fé no *futuro histórico* que os próprios homens fazem, ou mais exatamente, que nós devemos fazer pela nossa atividade, uma aposta no êxito de nossas ações[29].

Nesse período (1952-1953), no auge da guerra fria, com o movimento operário profundamente dividido entre o stalinismo mais cego e a socialdemocracia mais atlantista, toda corrente marxista não dogmática que se situava em uma perspectiva revolucionária era tragicamente isolada; não é de surpreender que a categoria da "fé" – que é, em nossa opinião, uma dimensão essencial do pensamento dialético – apareça nesse momento com uma intensidade particular. É interessante comparar essas passagens de *O Deus Oculto* com um artigo redigido *exatamente no mesmo momento* por um eminente pensador e dirigente marxista, Ernest Mandei, que escrevia, em 1952:

> O trotskisme é, antes de tudo, a convicção, *a fé inabalável* na capacidade do proletariado de todos os países de tomar sua sorte

---

28. *Le Dieu caché*, p. 336.
29. *Idem*, p. 99.

em suas próprias mãos. O que mais distingue o trotskismo de todas as outras correntes do movimento operário é essa convicção[30].

Mandei acrescenta que essa fé não é "irracional ou mística, mas "baseada em uma compreensão profunda da estrutura da nossa sociedade industrial".

Goldmann não era trotskista, mas sua obra, nessa época, se situava em uma perspectiva marxista-humanista autenticamente revolucionária, refutando, ao mesmo tempo, os compromissos reformistas com a sociedade burguesa e a mentira institucionalizada do stalinismo – perspectiva que aparecia naquele momento não apenas como desesperadamente alienada da realidade mas também como tragicamente impotente. É nesse contexto que se pode compreender, não a adesão, mas o interesse, a compreensão (*Verstehen*), a afinidade que experimenta pelas angústias e os dilemas da visão trágica do mundo de um Pascal, de um Racine, ou do jovem Lukács.

É muito revelador comparar a esse respeito *O Deus Oculto* com uma outra obra marxista sobre o mesmo assunto, publicada nessa mesma época: o *Pascal*, de Henri Lefebvre, da qual o primeiro tomo aparece em 1949 e o segundo em 1954. Além de uma série de divergências teóricas e sociológicas entre os dois autores (que vão polemizar em diversas ocasiões), a diferença essencial de suas obras se situa em um nível bem mais profundo. É suficiente, para ilustrá-la, citar os últimos parágrafos da obra – aliás muito interessante – de Henri Lefebvre:

Na verdade, não "somos" mais alvos para ele (Pascal). A história avança, enquanto ele se situa no horizonte de uma época que se afasta: um pouco seco e abstrato, um pouco inumano, demasiadamente despojado, mas "belo". O interesse violento suscitado por sua tragédia suscita sua contrapartida crítica. A angústia da alienação pascalina se torna, para nós, pouco a pouco, estranha. Ela se afasta na medida da angústia metafísica: o espectro de Hamlet, o de Pascal, nos fazem estremecer, mas não cremos em espectros. Esta angústia, agora, para nós, é *datada*[31].

30. E. Germain, "La Victoire de León Trotsky", *Quatrième Internationale*, vol. 10, n° 5-10, out. 1952, p. 18. Sublinhado pelo autor.
31. Henri Lefebvre, *Pascal*, Paris, Nagel, 1954, t. II, p. 240.

Henri Lefebvre era demasiado lúcido e inteligente para aceitar inteiramente a mitologia staliniana: entretanto, enquanto militante do PCF, situava-se, no que se refere ao essencial, no quadro do otimismo oficial do movimento comunista: a URSS constrói o socialismo, o PCF é o grande partido da classe operária etc. A angústia de Pascal só pode ser para ele "estranha" e "datada", enquanto que ela é *vivida e atual* para Goldmann. Em outros termos: as diferentes opções políticas, de Lefebvre e de Goldmann (no interior do movimento operário), constituem um dos condicionantes decisivos de suas abordagens divergentes da visão trágica do mundo e da obra de Pascal.

Uma outra comparação significativa é a que pode ser feita entre Goldmann e Bloch, cuja doutrina consiste em uma reinterpretação do marxismo inteiramente apoiada no *"Princípio Esperança"* (*Das Prinzip Hoffnung*: título do célebre trabalho de Ernst Bloch cujo primeiro volume apareceu em 1954). Em uma comunicação de 1954 no I Colóquio de Filosofia de Royaumont, Goldmann escrevia:

> É importante salientar que na recente obra de um pensador marxista, Ernst Bloch, o autor colocou no centro de seus desenvolvimentos – como para resumir o essencial do marxismo – a fórmula *docta spes*, douta esperança, consciente de suas razões para esperar... Pascal não quis também estabelecer a existência de razões válidas e demonstrativas para esperar mesmo – e precisamente – pela consciência mais crítica, mais rigorosa e que se recusa a toda ilusão?[32].

É evidente que para Goldmann o próprio marxismo é uma esperança crítica e sem ilusões, e que a tentativa de Bloch lhe é muito próxima, na medida em que, para este (apesar de seus laços com o movimento comunista oficial), o socialismo aparece como futuro, *Novum*, ainda-não existente. (Goldmann sublinha em várias ocasiões a afinidade do conjunto da obra de Bloch com a problemática de *A Alma e as Formas*[33]. Vemos assim se esboçar uma rede temática que conduz de Pascal ao Lukács de 1910, a Bloch e ao próprio Goldmann.)

32. *Recherches dialectiques*, p. 190.
33. L. Goldmann, *Marxisme et sciences humaines*, Gallimard, coll. Idées, 1970, pp. 260-261.

126

É interessante comparar a superação da visão trágica em Lukács com a evolução de Goldmann após 1955.

A Teoria do Romance (publicado em 1916) constitui para Lukács o primeiro passo além da *Weltanschauung* trágica em direção à dialética histórica. Encontra-se aí a esperança e mesmo o pressentimento da mudança do mundo, apenas dois anos antes da Revolução Russa. No último capítulo da obra, Lukács fala de Tolstói e de Dostoievski como os precursores de uma "nova época da história mundial", como os anunciadores do "início de uma nova era". Não podemos analisar aqui as condições nas quais esta genial intuição de Lukács teve lugar. Salientamos, de passagem, que Goldmann, que caracteriza, com justa razão, *A Teoria do Romance* como "um livro dialético hegeliano" que "afirma a categoria da esperança realista"[34], crê descobrir esse elemento de esperança no "indivíduo complexo e problemático" do qual o romance é a expressão literária. Ora, Lukács escreve claramente em sua obra de 1916 que o romance é "a forma que corresponde à era que Fichte chama a perfeita culpabilidade, e essa forma permanecerá dominante enquanto o mundo for submetido a essa constelação"[35]. A esperança se situa pois, para ele, *além* do romance e da época que ele exprime, numa nova epopeia da qual a literatura russa é o primeiro esboço, e no mundo novo que esta anuncia. Ora, em nenhuma parte, nas suas análises de *A Teoria do Romance*, Goldmann menciona o último capítulo, dedicado a Tolstói e Dostoiévski que é, em nossa opinião, precisamente aquele que contém a abertura para o futuro. Estranho "erro" que precisa ser explicado sociologicamente.

A evolução político-ideológica de Goldmann após 1955 será mais complexa. Em 1958, no ensaio sobre a reificação, o papel revolucionário do proletariado, sua capacidade para superar a consciência reificada são ainda altamente proclamadas. Entretanto, a partir dessa data, Goldmann vai aos poucos pôr em dúvida, se não abandonar de uma vez, essa "fé", essa premissa fundamental do marxismo.

É difícil precisar o exato momento dessa reviravolta. Chegando à França em fins de 1961, assistimos ao semi-

---

34. Cf. "Introduction aux premiers écrits de Lukács", in *Théorie du roman*, p. 170.

35. Lukács, *théorie du romon.* p. 155.

127

nário de Goldmann na Ecole Pratique des Hautes Études, onde o tema era "o pensamento filosófico do jovem Marx", mas que tocava, em realidade, nos problemas atuais da teoria marxista. Ora, um dos temas que ele desenvolvia naquele momento era uma nova concepção da história do marxismo, que dividia em duas tendências principais:

a) a corrente que crê, como Marx, que o proletariado é uma classe essencialmente ou virtualmente revolucionária: Rosa Luxemburgo, Trotski, Lukács em 1923;

b) a corrente que chegou à conclusão de que o proletariado não é, em si mesmo, revolucionário, desenvolvendo, a partir dessa constatação comum, conclusões radicalmente divergentes: aceitação da sociedade burguesa (Bernstein) ou substituição da classe pelo partido (Lenin).

Essas ideias serão publicadas num artigo de Goldmann de 1963[36], mas Goldmann as apresentava oralmente desde 1961, e tinham para ele uma significação política *atual*. Em seu curso de 20 de novembro de 1961, Goldmann colocava aos alunos (e se colocava a si mesmo), a questão de saber se o proletariado não se integrou à sociedade burguesa, se não cessou de ser revolucionário: por conseguinte, "Talvez Lenin e Bernstein tenham razão de abandonar as teses de Marx, porque as condições mudaram? Talvez tenhamos atingido o fim da história e não haja mais dialética possível?" (Cadernos de 1961-1962, notas tomadas por nós no curso de Goldmann na E.P.H.E.). Em nossa opinião, essa problemática "revisionista" se situa num contexto histórico muito preciso: a derrota esmagadora do movimento operário que significou a tomada do poder por De Gaulle em 1958, com o apoio da S.F.I.O. e uma sustentação eleitoral maciça, incluindo os setores da classe operária tradicionalmente influenciadas pelo PCF. É no decorrer desse período que vão se desenvolver na França, com uma certa aparência de credibilidade, as teorias sobre "a integração do proletariado" que a sociologia inglesa e americana difundiam havia muito tempo.

As dúvidas de Goldmann sobre a virtualidade revolucionária do proletariado vão coincidir com o aparecimento do que ele vai considerar uma descoberta sociológica capital:

---

36. "Pour une approche marxiste des études sur le marxisme", *Annales*, jan.-fev. 1963. É provável que o artigo tenha sido redigido em 1961-1962.

as análises de Serge Mallet sobre a "nova classe operária (desenvolvidas em 1959-1961) e a estratégia política dela decorrente: marcha progressiva ao socialismo por reformas na gestão da empresa, a partir das lutas dos técnicos e engenheiros[37]. Essa doutrina da conquista gradual do poder econômico-social, da evolução passo a passo em direção à autogestão, esse "reformismo revolucionário", cujo portador histórico seria "a nova classe operária" das fábricas automatizadas, será, durante muitos anos, a trama da reflexão política de Goldmann (nos seus últimos escritos, Goldmann começa a pôr em dúvida, ao menos parcialmente, essa estratégia, em função dos acontecimentos de 1968)[38].

Todavia, ele era demasiado lúcido para ignorar a armadilha de uma tal tentativa: num ensaio sobre Genet, de 1966, Goldmann salienta que os pensadores socialistas que se dizem, como ele, partidários do "reformismo revolucionário",

sabem que a nova perspectiva que eles defendem implica um risco considerável de compromisso e integração à ordem existente. Sabem que o perigo de corrupção está ligado a toda prática reformista, qualquer que seja sua natureza, e que não é possível opor-se a ela senão pela recusa radical do menor compromisso psíquico ou intelectual com a sociedade tecnocrática em construção[39].

Mas o mais interessante é que nesse ensaio Goldmann descobre na obra de Genet uma visão do mundo de oposição radical à sociedade capitalista e mesmo, pela primeira vez no teatro de vanguarda francês, um herói revolucionário positivo. Não sem espanto, Goldmann é levado a se colocar um certo número de questões:

O fato de um escritor ter podido escrever *hoje* essa peça é um simples incidente, se explica antes de tudo pela evolução intelectual de Genet, ou se trata de alguma coisa de muito mais importância, do primeiro sintoma de uma virada histórica? [...] *Les Paravents* são apenas um fenômeno isolado e acidental? Será a primeira andorinha que anuncia a chegada da primavera...?[40]

37. Serge Mallet, *La nouvelle Classe ouvrière*, Paris, éd. du Seuil, 1963.
38. Cf. seu prefácio à coletânea *Marxisme et sciences humaines*, Paris, Gallimard, 1970.
39. "Le Théâtre de Genet" 1966, in *Structures mentales et création culturelle*, Anthropos, 1970, p. 338.
40. *Idem*, p. 339.

129

O artigo é datado de 1966: dois anos mais tarde, é a primavera de 1968...

Assim como Lukács pressentira em 1916, na obra de Tolstói e de Dostoiévski, o advento da Revolução Russa, Goldmann descobre no teatro de Genet o sinal precursor de maio de 1968...

Apesar das diferenças evidentes de método, a analogia no caminho dos dois é inegável. Não se trata, tanto em um, como em outro, de um misterioso dom profético, mas da genial capacidade de descobrir, pela aplicação da categoria da totalidade, a relação entre as obras culturais e as correntes subterrâneas da realidade social.

Nos dois casos, os pensadores exprimiam o que Goldmann chama, em *O Deus Oculto*, "as forças sociais que permitiram, no século XIX, superar a tragédia no pensamento dialético e revolucionário".

8. MESSIANISMO JUDEU E UTOPIAS LIBERTÁRIAS NA EUROPA CENTRAL (1905-1923)

A questão da relação entre o messianismo judeu e as modernas ideias revolucionárias é há muito tempo objeto de discussões e de polêmicas, principalmente ao redor do marxismo[1].

1. Lucien Goldmann é um dos raros marxistas que estava disposto a assumir esta herança de forma positiva: "São representações como essa da chegada do Messias, do Reino dos Céus etc., que são retomadas, desprovidas de todo elemento de transcendência ou de sobre-naturalidade, nessa religião imanente que é o socialismo, onde elas tomam a forma da esperança e da fé em um futuro histórico imanente que os homens devem realizar pela sua própria ação" (L. Goldmann, "Démocratie économique et création culturelle" (1961), in *Epistémologie et philosophie politique*, Paris, Denoël, 1978, p. 217). Todavia, a ideia de uma ligação entre Marx e o messianismo judeu é discutível. Em sua apreciação sobre o livro de G. Scholem, *Le Messianisme juif. Essais sur la spiritualité du judaïsme* (Paris, Calmann-Levy, 1974), J. Gutwirth sublinha, com razão, que a análise desenvolvida nessa obra "contradiz a ideia recorrente segundo a qual

131

Parece-nos que Karl Mannheim se situa em um terreno mais concreto e mais preciso quando, em *Ideologia e Utopia* (1929), avança a hipótese de que "o anarquismo radical" seria a figura moderna do princípio quiliástico, a forma relativamente mais pura da consciência utópica/milenarista moderna. Mannheim não distingue entre milenarismo cristão e messianismo judeu, mas o pensador do século XX que, segundo ele, personifica da maneira mais acabada essa atitude espiritual "de uma profundeza demoníaca" seria o escritor anarquista (judeu) Gustav Landauer[2]. Sabe-se que Gustav Landauer foi um dos dirigentes da Comuna de Munique em 1919: é interessante lembrar a esse propósito que, segundo o sociólogo alemão Paul Honigsheim (antigo membro do Círculo Max Weber de Heidelberg e amigo de Lukács e Bloch), alguns dos participantes das Repúblicas dos Conselhos Operários de Munique e de Budapeste estavam impregnados da consciência de serem chamados a desempenhar uma missão de redenção do mundo e de pertencerem a um "messias coletivo"[3]. Na realidade, além de Gustav Landauer, outros intelectuais judeus (Kurt Eisner, Eugen Levine, Ernst Toller, Erich M'uhsam etc.) desempenharam um papel importante na República dos Conselhos da Baviera, enquanto que Lukács e outros membros da *intelligentsia* judia de Budapeste estão entre os dirigentes da Comuna húngara de 1919.

Para tentar aprofundar essa problemática, seria preciso começar por um exame das possíveis implicações políticas do próprio messianismo judeu. É partindo das notáveis análises de Gershom Scholem que se pode equacionar a questão mais precisamente; no seu ensaio "Para uma compreensão da ideia messiânica no judaísmo", Scholem afirma: "O apocalíptico popular [...] representa um elemento de anarquia no próprio seio do messianismo utópico; ele devia conduzir à rejeição das antigas proibições que perdiam sua significação no contexto novo da

o revolucionarismo marxista é resultante da corrente messiânica judaica" (*Archives de Sciences Sociales des Religions*, 38,1974, p. 252).
2. Karl Mannheim, *Idéologie und Utopie* (1929), Frankfurt, G. Schulte-Bulrnke, 1969 (5 éd.), pp. 195-6,210,214.
3. Paul Honigsheim, "Soziologie der Mystik", in Max Scheler (éd.), *Versuche zu einer Soziologie des Wissens*, Leipzig, Duncker & Humblot, 1924, p. 343.

132

liberdade messiânica"[4]. Essa observação é muito esclarecedora, mas parece-nos que a analogia entre a utopia messiânica e a utopia libertária vai bem além desses elementos, e se manifesta em muitos outros aspectos decisivos dessas duas configurações culturais. Examinemos essa analogia, apoiando-nos no modelo teórico – poder-se-ia dizer, o tipo ideal do messianismo judeu, construído por Gershom Scholem, e em algumas observações de Karl Mannheim sobre o anarquismo radical.

1. O messianismo judeu contém duas tendências, intimamente ligadas e contraditórias ao mesmo tempo: uma corrente *restauradora*, voltada para o restabelecimento de um estado ideal do passado, uma idade de ouro perdida, uma harmonia edênica rompida, e uma corrente *utópica*, aspirando a um futuro radicalmente novo, a um estado de coisas que jamais existiu. A proporção entre as duas tendências pode variar, mas a ideia messiânica só se cristaliza a partir de sua combinação. Elas são inseparáveis, numa relação dialética posta fortemente em evidência por Scholem:

> Mesmo a corrente restauradora veicula elementos utópicos e, na utopia, operam fatores de restauração [...]. Esse mundo inteiramente novo comporta ainda aspectos que dependem claramente do mundo antigo, mas mesmo esse mundo antigo não é mais idêntico ao passado do mundo: é, antes, um passado transformado e transfigurado pelo sonho radioso da utopia[5].

O conceito hebraico – bíblico e cabalístico – de *tikun* (ao mesmo tempo restauração, reparação e reforma), é a expressão concentrada dessa dualidade da tradição messiânica.

---

4. Gerschom Scholem, "Zum Verstandnis der messianischen Idee im Judentum", *Judaica I*, Suhrkamp Verlag, 1963, pp. 41-42; "Pour comprendre le messianisme juif ' *in Le Messianisme juif*, *op. cit.*, p. 46.
5. G. Scholem, *Judaica I*, pp. 12-13; *Le Messianisme juif*, pp. 26-27. O elemento utópico do messianismo remonta ao Velho Testamento; ver, por exemplo, Isaías 65:17: "Eis, aqui, eu crio novos céus, e uma nova terra; os antigos serão esquecidos e não voltarão mais ao espírito". Sobre a era do Messias, no que diz respeito ao restabelecimento do Paraíso perdido (na literatura rabínica), ver Hermann L., Strack, Paul Billerbeck, *Kommentar zum Neuen Testament, aus Talmud und Midrash*, IV Band, Oscar Beck, 1924, pp. 886,893; Hugo Gressmann, *Der Messias*, Göttingen, Vadenhoech & Ruprecht, 1929, Drittes Buch, "Das goldene Zeitalter", I: "Die Wieder-kchrs des Paradieses", pp. 150-163.

133

Ora, no pensamento libertário, encontra-se precisamente uma combinação semelhante entre conservantismo e revolução, como aliás é sublinhado por Mannheim[6], em Bakunin, Proudhon ou Landauer, a utopia revolucionária é sempre acompanhada de uma profunda nostalgia de formas do passado pré-capitalista, da comunidade camponesa tradicional, ou do artesanato; em Landauer isso vai até a apologia explícita da Idade Média! Na realidade, a maior parte dos grandes pensadores anarquistas integram, no centro de sua proposta, uma atitude romântica para com o passado.

É verdade que uma dimensão romântico-nostálgica desse tipo está presente em todo pensamento revolucionário anticapitalista – o marxismo inclusive, contrariamente ao que se pensa habitualmente. Entretanto, enquanto em Marx e seus discípulos essa dimensão é relativizada por sua admiração pela indústria e o progresso econômico trazido pelo capital, nos anarquistas (que não partilham de modo algum desse industrialismo) ela se manifesta com uma intensidade e um brilho particular, únicos mesmo. O anarquismo é, sem dúvida, de todas as correntes revolucionárias modernas, aquela cuja utopia contém a carga romântica e restauradora mais potente: a obra de Gustav Laudauer é, nesse sentido, a expressão suprema do espírito romântico da utopia libertária.

Esse aspecto é talvez aquele em que a nostalgia entre o messianismo judeu e o anarquismo é a mais significativa, a mais fundamental e a mais decisiva; por si só, ele é suficiente para criar entre eles uma ligação espiritual privilegiada. Voltaremos a tratar disso.

2. Segundo G. Sholem, para o messianismo judeu (contrariamente ao messianismo cristão) a redenção é um acontecimento que se produz necessariamente na cena da história, "publicamente" por assim dizer, no mundo visível; ela não é concebível como processo puramente espiritual, situado na alma de cada indivíduo, e resultante de uma transformação essencialmente interna. De que tipo de acontecimento "visível" se trata? Para a tradição religiosa judia a chegada do Messias é uma irrupção catastrófica:

O messianismo judeu é, em sua origem e em sua natureza – nunca é demais insistir nisso –, uma teoria da catástrofe. Essa

6. K. Mannheim, *op. cit.*, p. 196.

134

teoria insiste no elemento revolucionário, cataclísmico, na transição do presente histórico ao futuro messiânico[7].

Entre o presente e o futuro, a queda atual e a redenção, há um abismo, alhures, em muitos textos talmúdicos aparece a ideia de que o Messias só virá em uma era de corrupção e de culpabilidade total; segundo o *Midrasch Tehilin* (no Salmo 45,3), "Israel pergunta a Deus: quando nos enviarás a redenção? Ele responde: quando descerdes ao nível mais baixo, nesse momento Eu vos trarei a redenção". Esse abismo não pode ser superado por um "progresso" ou "desenvolvimento" qualquer: apenas a catástrofe revolucionária, com um desenraizamento colossal, uma destruição total da ordem existente, abre caminho para a redenção messiânica. O messianismo secularizado do pensamento judeu liberal do século XIX (no filósofo neokantiano Hermann Cohen, por exemplo), com sua ideia de um progresso ininterrupto, de um aperfeiçoamento gradual da humanidade, não tem nada a ver com a tradição dos profetas e dos agadistas, para os quais a vinda do Messias implica sempre um abalo geral, uma tempestade revolucionária universal. Como o sublinha Gershom Scholem:

A Bíblia e os escritores apocalípticos jamais vislumbraram um progresso da história que conduzisse à redenção [...] A redenção é antes o surgimento de uma transcendência acima da história, uma intervenção que faz a história se dissipar e desmoronar, a projeção de um jato de luz a partir de uma fonte exterior à história[8].

---

7. G. Scholem, *Le Messianisme juif* p. 31, revisto a partir do original alemão; *Judaica I*, p. 20, Cf. também G. Scholem, *Sabbatai Tzvi, The Mystical Messiah*, Princeton University Press, 1975, p. 9: "Não há continuidade entre o presente e a era messiânica [...] A redenção significa uma revolução na história".
8. G. Scholem, *Judaica I*, pp. 12-13, 20, 24-25, 27-28, 29-30; *Le Messianisme juif*, pp. 26-27, 31, 34-35, 37-38 A crítica de Scholem contra o esvaziamento da dimensão catastrófica do messianismo judeu e sua redução a uma ideia de "progresso eterno" da humanidade se refere explicitamente a Hermann Cohen, mas parece-nos que ela é também implicitamente polêmica com Joseph Klausner, o historiador nacionalista do messianismo (da Universidade Hebraica de Jerusalém), para o qual "a quintessência do messianismo judeu" é precisamente "o ideal de progresso incessante, do desenvolvimento espiritual contínuo" (Joseph Klausner, *The Messianic Idea in Israel from its Beginning to the Completion of the Mishna*, Londres, Allen & Unwin, 1956, pp. 70-71).

O paralelismo entre esta estrutura significativa e as doutrinas revolucionárias modernas é sugerido pelo próprio G. Scholem:

> O messianismo prova sua pujança em nossa época precisamente reaparecendo sob a forma do apocalipse revolucionário, e não mais sob a forma da utopia racional (se assim se pode chamá-la) do progresso eterno, que foi como o sucedâneo da redenção na época das Luzes.

A seus olhos, os herdeiros desta tradição judia são aqueles que ele chama "os ideólogos mais importantes do messianismo revolucionário" no nosso século: Ernst Bloch, Walter Benjamin, Theodor Adorno e Herbert Marcuse[9].

Parece-nos todavia que, sem negar o alcance mais geral da analogia, é com o pensamento libertário (aí incluído o de Walter Benjamin) que o paralelismo é mais surpreendente. E, com efeito, nos anarquistas que o aspecto revolucionário/catastrófico da emancipação é mais evidente: "a paixão destrutiva é uma paixão criativa", escreveu Bakunin. Por outro lado, é neles que, como o sublinha Mannheim, referindo-se ainda uma vez a Gustav Landauer, o abismo entre toda ordem existente (*Topie*) e a Utopia é o mais decisivo. Encontra-se aqui uma diferenciação *qualitativa* do tempo, opondo épocas carregadas de sentido e épocas desprovidas de sentido: toda possibilidade de *progresso* ou *evolução* é negada, e a Revolução é concebida como uma *irrupção* no mundo[10].

3. Resta o aspecto do messianismo judeu que Scholem havia designado como intrinsecamente "anarquista": a ideia que aparece em muitos textos talmúdicos ou cabalísticos, segundo a qual o advento do Messias implica a abolição das restrições que a *Tora* tem imposto aos judeus até agora; com a era messiânica, a antiga *Tora* perde sua validade e será substituída por uma nova Lei, a "Tora da Redenção", na qual as interdições e proibições desaparecerão. Em um mundo novo, paradisíaco, onde a força do mal teria sido destruída, e que seria dominado pela luz da Arvore da Vida, as restrições impostas pela Arvore do Conhecimento do Bem e do Mal perderiam sua significação. Este elemento "anárqui-

---

9. G. Scholem, "Considérations sur la théologie juive", *in Fidélité et utopie*, Paris, Calmann-Lévy, 1978, pp. 254,256.

10. K. Mannheim, *op. cit.*, pp. 173,189, 195-96.

co" se manifesta também, como mostra com perspicácia G. Scholem, em certas interpretações do salmo 146:7, que oferecem uma leitura nova do texto hebraico: em lugar da versão tradicional, segundo a qual não era messiânica "o Senhor liberta os prisioneiros" (*matir assurim*), seria preciso ler "O Senhor levanta as interdições" (*matir issurim*)[11]. Scholem não está errado em qualificar essa problemática de "anarquista"; é suficiente pensar na célebre fórmula de Bakunin, citada por Mannheim como característica da postura quiliástica do anarquismo radical: "Não creio nas Constituições ou nas leis [...] Necessitamos de algo diferente: a paixão, a vida, um mundo novo sem leis e, portanto, livre"[12].

A análise dos três aspectos acima deve ser concebida como um conjunto; ela revela portanto uma notável *homologia estrutural*, um inegável *isomorfismo espiritual* entre esses dois universos culturais situados em esferas (aparentemente) totalmente distintas: a tradição messiânica judia e as utopias revolucionárias modernas, principalmente libertárias. Ora, durante os anos 1905-1923, em um certo número de intelectuais judeus de cultura alemã, essa homologia torna-se *dinâmica* e toma a forma de uma verdadeira *afinidade eletiva*, no sentido goethiano da *Wahlverwandtschaft*: dois seres ou elementos que "se procuram um ao outro, se atraem, se assenhoreiam [...] um do outro, e em seguida ressurgem dessa união íntima de uma forma renovada, nova e imprevista"[13]. Desdobra-se, na

11. G. Scholem, "Zum Verstandnis der messianischen *Idee...*", *Judaica I*, pp. 41-50, e "Die krise der Tradition im Judischem Messianismus", *Judaica III* (*Studien zur Jüdishen Mystik*), Frankfurt a.M., Suhrkamp Verlag, 1973, p. 161 (trad, francesa: "Pour comprendre le messianisme juif, "La crise de la tradition dans le messianisme", *Le Messianisme juif*, pp. 50-51, 110). Em referência a esta doutrina entre os sabatatistas, Scholem fala de um judaísmo "mesriânico-anarquista" ("Die krise der Tradition...", *Judaica m*, p. 196; *Le Messianisme juif*, p. 137).
12. K. Mannheim, *op. cit.*, p. 190.
13. J. W. Goethe, *Die Wahherwandtschafien* (1809), Gütersloh, C. Bertelsmann Verlag, 1948, p. 51. É verdade que alguns dos traços do messianismo judeu que examinamos encontram-se também no messianismo cristão; aliás, em alguns dos intelectuais judeus, que estudaremos em seguida, a "afinidade eletiva" se estende também ao milenarismo cristão. E contudo, parece-nos que o messianismo tem um peso mais importante na tradição religiosa judaica que a Perugia na cristã – com exceção das correntes herético-quiliastas, nas quais se

Weltanschauung desses intelectuais, um processo de "simbiose cultural", de estimulação e alimentação recíproca e, mesmo, em certos casos, de articulação, de combinação ou *fusão* (ao menos parcial) dessas duas correntes de ideias. *Amálgamas ideológicos* desse tipo não são raros na história da cultura: basta pensar na cabala e na alquimia após a Renascença (Nicolas Flamel etc., ver a esse respeito o artigo de Scholem "Kabbala und Alchimie", *Erannos*, 1977), ou, para tomar o exemplo mais célebre da sociologia moderna, a ética protestante e o espírito do capitalismo.

A explicação mais simples dessa relação, que se apresenta imediatamente ao espírito como uma evidência, seria considerar a tradição messiânica como *a. fonte* (mais ou menos direta) da emergência do utopismo libertário entre esses pensadores judeus. Sem rejeitar inteiramente essa hipótese, que contém provavelmente sua parte de verdade, é preciso reconhecer que ela levanta mais dificuldades do que soluções:

a) A influência em si não é um fator explicativo suficiente. Ela própria precisa ser explicada. Por que tal doutrina, e não outra, influenciou tal pensador? Esta pergunta é ainda pertinente se considerarmos que todos os autores em questão estavam, como a grande maioria dos intelectuais judeus de cultura alemã, muito afastados, por sua educação, das tradições religiosas judaicas (que permaneciam muito mais vivas na Europa do Leste). Seu meio de origem era largamente assimilado: a *intelligentsia* judia da Europa Central hauria suas referências culturais na literatura e na filosofia alemã, Goethe, Schiller, Kant e Hegel eram as fontes reconhecidas e respeitadas, e não o Talmude ou a cabala, considerados pela maior parte deles como vestígios atávicos e obscurantistas do passado.

b) A tradição messiânica judaica se prestava a múltiplas interpretações: as leituras puramente conservadoras, como em certos textos rabínicos, ou puramente racionalistas (Maimônides), ou ainda influenciados pelo espírito liberal progressista da *Aufklürung* (a *Hascalá*, para os judeus) como em Hermann Cohen. Por que precisamente a inter-

encontram precisamente numerosas referências ao Velho Testamento (cf. sobre esse assunto G. Scholem, "Zum Verstündnis der messianischen Idee...", *Judaica I*). Isso permitiria compreender melhor por que a renascença religiosa (romântica) cristã na Alemanha se orientou de preferência para um misticismo não messiânico.

138

pretação apocalíptica, restauradora e utópica ao mesmo tempo, foi "selecionada" por um certo grupo de pensadores? A explicação inversa, segundo a qual a tendência utópico-restauradora desses autores explicaria seu apelo à tradição messiânica, é tão limitada e estreita quanto a primeira. Um dos grandes méritos do conceito de *Wahlverwandtshaft é* precisamente o de permitir a superação dessas duas aproximações unilaterais, em direção a uma compreensão mais rica e mais dialética da relação.

Parece-nos mais útil partir de um contexto sociocultural mais amplo, que serve de quadro geral comum às duas tendências mencionadas, e que cresce, por assim dizer, organicamente, nas sociedades centro-europeias em crise: o ressurgimento do romantismo, desde o fim do século XIX até o início dos anos 30. O termo *romantismo* não designa, aqui, um estilo literário ou artístico, mas um fenômeno muito mais vasto e mais profundo: a corrente de nostalgia das culturas pré-capitalistas e de crítica cultural à sociedade industrial/burguesa, corrente que se manifesta tanto no domínio da arte e da literatura, quanto no pensamento econômico, sociológico e político.

O romantismo anticapitalista – para usar o termo criado por Lukács – é um fenômeno político e cultural particular, que até agora não tem recebido a atenção merecida porque escapa às classificações habituais. O corte tradicional do campo político entre esquerda/centro/direita – ou conservadores/liberais/revolucionários, ou, ainda, regressão/ status *quo*/ progresso – não permite apreende-lo; ele escapa entre as malhas dessa grade clássica, e parece inacessível no quadro das categorias que definem as grandes opções políticas desde a Revolução Francesa. Essa dificuldade é ainda mais acentuada em relação a uma das tendências da corrente romântica, que designamos alhures como *romântico revolucionária, e à qual* pertencem pensadores tão diferentes como Hölderlin, Fourier e Gustav Landauer. Trata-se de uma tendência na qual se combinam e associam de maneira inextricável a nostalgia do passado pré-capitalista (real ou imaginário, próximo ou distante) e a esperança revolucionária em um futuro novo[14], a *restauração* e a *utopia*.

14. Ver sobre o assunto nossa obra *Marxisme et romantisme révolutionnaire*, Paris, Ed. du Sycomore, 1979.

Por razões sobre as quais não podemos nos estender aqui, o neorromantismo se desenvolveu sobretudo na Alemanha, onde exprimiu a reação de diversas camadas sociais – principalmente a intelligentsia tradicional e sua elite mandarinal da Universidade – face ao desenvolvimento vertiginoso da indústria capitalista a partir do fim do século XIX[15]. Em nossa opinião, o essencial da produção cultural, política e científico-social na Europa Central de cultura alemã é atravessada por essa corrente, e não se pode compreender obras tão importantes como as de Thomas Mann, Stefan George, Ferdinand Tönnies, Max Weber, Ernst Bloch, ou fenômenos como o *Kathedersozialismus* ou o expressionismo, sem fazer referência à problemática neorromântica.

Ora, isso torna muito mais compreensível o ressurgimento, o acercamento por afinidade eletiva e (algumas vezes) a convergência e a fusão entre o messianismo judeu (na sua interpretação restauradora-utópica) e a utopia libertária: os dois se enraízam no mesmo terreno ético-cultural e "ideológico", os dois se desenvolvem no mesmo clima espiritual: o do romantismo anticapitalista da intelligentsia alemã. Com efeito, essa corrente cultural, particularmente em sua versão romântico-revolucionária, não pode senão favorecer a descoberta, a revitalização ou a emergência, ao mesmo tempo, da versão restauradora-utópica do messianismo, e de uma versão restauradora-utópica da revolução (o anarquismo).

Para compreender a particularidade da recepção do romantismo anticapitalista pelos intelectuais judeus, é preciso examinar sociologicamente sua situação específica e contraditória na vida social e cultural da Europa Central: ao mesmo tempo, profundamente assimilados e largamente marginalizados; ligados à cultura alemã e cosmopolitas; *freischwebend*, desenraizados, em ruptura com seu meio original negocista e burguês, rejeitados pela aristocracia rural tradicional, e excluídos de seu meio de acolhimento natural (a Universidade). Não é de admirar que um número importante (bem maior que na Inglaterra ou na França, países que tinham atrás deles uma revolução burguesa acabada) de in-

---

15. Tratamos desse assunto no capítulo I, 3 ("O Anticapitalismo dos Intelectuais na Alemanha") de nossa obra *Por uma Sociologia dos Intelectuais Revolucionários: a Evolução Política de Lukács (1909-1929)*, São Paulo, Editora Ciências Humanas, 1979.

telectuais judeus da Alemanha e da Áustria-Hungria tenham se tornado ideologicamente disponíveis para as correntes de contestação radical da ordem estabelecida.

Evidentemente, muitos membros da *intelligentsia* judia assimilada – *Aufkärer*, progressistas moderados – se voltaram para as ideias liberais: Hermann Cohen e Eduard Bernstein são representantes típicos. Mas a corrente predominante na vida cultural alemã – o neorromantismo – só podia atrair também adeptos dentre os intelectuais judeus. Ora, para o intelectual judeu romântico, um problema se apresentava imediatamente: o retorno ao passado, que estava no centro da proposta romântica, nutria-se de referências nacionais (a germanidade ancestral), sociais (a aristocracia feudal) ou religiosas (a cristandade protestante ou católica), das quais, enquanto judeu, era *radicalmente excluído.* É verdade que certos pensadores judeus foram capazes de tomar uma decisão e se metamorfosear em nacionalistas alemães (Rudolf Borchardt), em germanistas conservadores (Friedrich Gundolf) ou em teólogos protestantes (Hans Ehrenberg). Mas esses são casos extremos e muito raros, na medida em que implicam uma opção passavelmente artificial e em uma negação total da identidade judia. Para os outros, isto é, a maior parte, só havia duas saídas possíveis (no quadro do neorromantismo): seja um retorno às suas *próprias* raízes históricas, à sua *própria* cultura, nacionalidade ou religião ancestral, seja a adesão a uma utopia romântico--revolucionária de caráter *universal.* Não é de admirar que um certo número de pensadores judeus de cultura alemã, próximos do romantismo anticapitalista, tenham escolhido *simultaneamente* essas duas vias, sob a forma de (re)descoberta da religião judaica (em particular da interpretação restauradora-utópica do messianismo) *e* de simpatia ou identificação com as utopias revolucionárias (principalmente libertárias), profundamente carregadas de nostalgia do passado – tanto mais que essas duas vias, como vimos acima, eram estruturalmente homólogas. Esse duplo caminho caracteriza muitos pensadores judeus da Europa Central, que constituem um grupo extremamente heterogêneo mas, entretanto, unificado por essa problemática comum; pode-se encontrar entre eles alguns dos maiores espíritos do século XX: poetas e filósofos, líderes revolucionários e guias religiosos, Comissários do Povo e teólogos, escritores e cabalis-

141

tas e, mesmo, escritores-filósofos-teólogos-revolucionários: Franz Rosenzweig, Martin Buber, Gershon Scholem, Gustav Landauer, Walter Benjamin, Franz Kafka, Ernst Toller, Ernst Bloch (o caso de G. Lukács já foi examinado em trabalhos anteriores).

Esses autores foram suficientemente estudados, mas jamais, até aqui, se levantou a suposição de que seus pensamentos poderiam ter uma *dimensão fundamental comum*. Parece paradoxal e mesmo arbitrário reagrupar sob um mesmo teto personalidades tão diversas e tão distantes umas das outras. Constatamos primeiramente que, sem constituírem um grupo no sentido concreto e imediato do termo, eles estão, contudo, ligados entre si por uma rede social complexa e sutil: relações de amizade profunda e/ou de afinidade intelectual e política unem Gustav Landauer e Martin Buber, Gershom Scholem e Walter Benjamin, Martin Buber e Franz Rosenzweig, Gustav Landauer e Ernst Toller; Scholem é atraído por Buber e por Landauer, Buber corresponde-se com Kafka, Bloch e Lukács; no centro dessa rede, há uma interseção de todas essa correntes espirituais, contendo os polos mais opostos: Walter Benjamin; amigo íntimo de Scholem, ligado a Ernst Bloch, profundamente influenciado por Lukács, por Rosenzweig e por Kafka, leitor crítico de Landauer e Buber.

Entretanto, isso não é o essencial: o que permite conceber essas oito personalidades como um grupo – que poderia ser ampliado com outros pensadores da época, em função de pesquisas ulteriores – é o fato de que *suas obras contêm, sobre um fundo cultural neorromântico e em uma relação de afinidade eletiva, uma dimensão messiânica judia e uma dimensão utópico-libertária.*

Para alguns, essa constelação é um episódio passageiro de seu itinerário intelectual (E. Bloch), para outros, é o eixo central de toda sua obra (Walter Benjamin). Evidentemente, o peso respectivo, a importância relativa de cada uma das duas dimensões não são as mesmas: para uns (Rozenzweig), é a componente religiosa que predomina; para outros (Bloch), é o projeto utópico-revolucionário: mas os dois aspectos se encontram em todos.

Seria inútil procurar nesses oito autores uma presença sistemática e explícita das duas estruturas em sua integridade. Tanto o messianismo judeu quanto a utopia libertária se encontram em suas obras como correntes poderosas, ora

142

espontâneas, ora visíveis, manifestando-se ora em um de seus temas, ora em outro (segundo os autores, ou os diversos períodos de um mesmo autor), ora separados, ora articulados entre eles, ora explícitos, ora implícitos, às vezes dominando a obra de um pensador, às vezes, simplesmente, faiscando aqui e ali em seus escritos.

Em função do papel predominante de uma ou de outra dimensão, parece-nos possível dividir o grupo em três conjuntos. Primeiramente, os *judeus religiosos anarquizantes*: Franz Rosenzweig, Martin Buber, Gershom Scholem. Os dois últimos são sionistas, enquanto que o primeiro é, antes, hostil ou reticente à visão sionista. Apesar de sua recusa à assimilação e seu retorno ao judaísmo (como religião e como cultura nacional), preocupações políticas e espirituais (utópicas e libertárias) de caráter universal estão presentes em suas obras e os distanciam de um nacionalismo estreito ou chauvinista (Scholem e Buber estarão, na Palestina, entre os animadores de organizações pacifistas – *Brit Schalom*, para o primeiro, *Ichud* para o segundo que lutam pela confraternização com a população árabe e se opõem ao estabelecimento de um Estado nacional exclusivamente judeu). Em seguida, os *anarquistas religiosos judaizantes*: Gustav Landauer, Franz Kafka, Walter Benjamin. Os três se caracterizam por uma atitude contraditória face ao judaísmo e ao sionismo, dos quais se aproximam ou se afastam periodicamente. Sua utopia anarquista é fortemente tingida de religiosidade e inspirada nas fontes messiânicas (sobretudo judaicas, mas às vezes, também, cristãs). Enfim, os *judeus assimilados*, *ateus-religiosos*, *anarco-bolchevistas*: Ernst Toller, Ernst Bloch (poder-se-ia acrescentar também G. Lukács). Contrariamente aos precedentes, eles tendem a abandonar sua identidade judaica, embora mantendo uma ligação obscura com o judaísmo. Seu ateísmo religioso (o termo é de Lukács) nutre-se de referências tanto judaicas quanto cristãs, e sua evolução política os conduz de uma problemática utópico-libertária para o marxismo e o bolchevismo, ou a uma tentativa de síntese entre os dois (isto vale também para Walter Benjamin).

A diferenciação entre esses três conjuntos revela que a afinidade eletiva entre o messianismo judeu e a utopia anarquista contém também uma tensão, se não uma contradição, entre o *particularismo* (nacional-cultural) judeu do messianismo e o caráter *universal* (humanista-internacional) da utopia emancipadora. No primeiro conjunto, a predominância da particularidade judia tende a relativizar o aspecto revolucionário universal da utopia sem, no entanto, fazê-lo desaparecer; no terceiro, ao contrário, a universalidade da utopia é a dimensão preponderante, e o messianismo tende a ser despojado de sua especificidade judia – a qual não é, apesar de tudo, inteiramente apagada. O conjunto intermediário se caracteriza por um equilíbrio frágil e instável entre particularismo e universalismo, judaísmo e internacionalismo, sionismo e anarquismo.

Como já dissemos, a lista de nomes acima não é absolutamente limitativa; por outro lado, as três tendências aqui esboçadas não são as únicas possíveis (no interior da problemática comum). Para concretizar essas duas observações, pode-se citar o exemplo de Rudolf Kayser, que conhecia Walter Benjamin e que foi seu "protetor" na editora Fischer. Historiador e escritor, Kayser se tornará, em 1924, o editor da principal revista literária da Alemanha, *Die Neue Rundschau*. Sua tese de doutorado (1914) é consagrada à literatura romântica (Arnim e Brentano), mas ele se interessa também pela religião judaica: publica, em 1921, *Moses Tod* ("A Morte de Moisés"). Colaborador da revista *Der Jude*, editada por Martin Buber, em 1919 publica ali um artigo bastante surpreendente, que o situa numa categoria à parte, a meio caminho entre Buber e Landauer: recusando o sionismo, propõe a constituição de uma "Nova Aliança" (Neue Bund), uma "Associação Judia" (*jüdische Genossenschaft*) – que ele compara aos taboritas e hussitas do século XV –, cuja missão seria "preparar a era do Messias" ajudando a humanidade a passar do "inferno da política" para o "paraíso messiânico". Esta missão implica a abolição do Estado, tarefa para a qual os judeus são chamados a desempenhar um papel essencial na medida em que: "não se pode imaginar uma comunidade mais distante do Estado que esta, ético-religiosa, dos judeus [...]. a ideia de Estado é uma ideia não judia (*unjüdisch*)". *A* comunidade religiosa hebraica se distingue do Estado pela ausência de relações de dominação: o poder pertence apenas à ideia divina. Em conclusão: "Aqui está, portanto, a missão dos judeus: ficando eles próprios sem Estado, fazer da terra a pátria dos homens...[16]".

16. Rudolf Kayser, "Der Neue Bund", *Der Jude*, III: 1918-1919, pp. 524-26. Acrescentemos que Rudolf Kayser era amigo de Kafka e colaborador da revista anarco-expressionista *Die Tat*. Uma variante dessa posição anarco--messiânica se encontra no artigo da mesma época de Hans Kohn, um jovem discípulo (originário de Praga) de Landauer e Buber, cuja bibliografia

Em que meio, grupo ou corrente se poderia descobrir outros pensadores com uma visão de mundo semelhante a essa dos oito autores mencionados? É pouco provável que se possa

intelectual ele escreverá em 1930; para ele, a solução autêntica da questão judaica só seria possível simultaneamente a uma solução da "questão humana" (*Menschheitsfrage*) pela revolução mundial, que destruirá o Estado – este "fantasma sinistro [...] inimigo do espírito". Hans Kohn crê na vocação messiânica dos judeus, como povo que traz o "OI Malkhut Hashamaim" (Jugo do Reino do Céu) e do qual virá a palavra redentora para toda a humanidade. Ele quer, porém, que esse messianismo assuma uma forma social concreta, ao mesmo tempo sionista e socialista; mas acrescenta que se trata de um sociaüsmo próximo ao anarquismo, "essa doutrina dos nossos profetas e de Jesus," e inspirado no "espírito de Gustav Landauer". O objetivo da luta, que se situa em um futuro distante, é instaurar "um poder que não seja tanto 'poder' mas preferencialmente: Anarchia" (Hans Kohn, "Perspektiven", *Der Jude*, IV: 1919-1920, pp. 490-93). Depois de uma estada de alguns anos na Palestina, onde pertencerá ao *Brit Schalom* (organização que luta pela fraternidade judeu-árabe), Hans Kohn vai romper com o sionismo e se tornar um historiador conhecido nos Estados Unidos (principalmente pelos seus trabalhos sobre o nacionalismo).

Em um outro registro, no polo oposto e no limite extremo do quadro aqui esboçado, encontra-se Eugen Leviné, o dirigente espartaquista da Comuna de Munique. Nascido em Petrogrado, em uma família da burguesia judia assimilada, de cultura alemã, Leviné fará seus estudos secundários e universitários na Alemanha. Contudo permanece em contato com a Russia, e seu romantismo revolucionário o conduz às fileiras do partido SR russo (*narodrúkí*), com o qual participa da revolução de 1905. Retornando à Alemanha, Leviné se vincula ao escritor russo Feodor Stepun, membro do Círculo Max Weber de Heidelberg, e propagador da obra do místico Vladimir Soloviev. Leviné redige, nessa época, um ensaio sobre Aasvero, que descreve um diálogo entre Cristo e o Judeu Errante sobre a redenção da Humanidade pelo Amor. Em 1914, ele está entre os opositores mais ferozes à guerra, o que o leva para a Liga Spartakus de Rosa Luxemburgo. Nesse momento, escreve um ensaio antibelicista, onde sonha com um mundo pacífico, no qual se realizaria enfim a profecia bíblica de Isaías: "Nenhum povo levantará mais a espada contra o outro [...] e as espadas serão transformadas em arados". Desempenhará um papel de liderança na revolução dos Conselhos Operários da Baviera e, após a derrota, será aprisionado, julgado sumariamente e fuzilado por "crime de alta traição" (ver Gerhard Schmolze, "Eugen Leviné-Nissen, Israelii unterdenjüdischen Dissidenten der bayerschen Revolution", *Emuna*, 1969, n° 5). Emana de seu comportamento uma aura de sacrifício, como testemunha a frase – que se tornam célebre – por ele pronunciada frente a seus juízes: "Nós, comunistas, somos mortos em férias". Seu comunismo se alimenta, sem dúvida, de fontes romântico-revolucionárias e messiânicas judaico-cristãs, e se encontra, como o de Lukács (que o tinha conhecido em Heidelberg e que o respeitava muito), na ala ateu-religiosa mais distante do judaísmo no seio da corrente que estudamos.

145

encontrá-los entre os intelectuais de origem judia do KPD (Partido Comunista Alemão), que se situam em uma outra problemática, estranha tanto ao messianismo judeu (e à religião – judaica ou outra – em geral), quanto às ideias anarquistas. Alguns eram provenientes do mesmo meio que estudamos – basta pensar no irmão de Gershom Scholem, Werner, eleito deputado comunista mas excluído do partido em 1926, como oposicionista de esquerda (com Ruth Fischer e sua corrente) –, entretanto, os mais importantes eram originários das comunidades judaicas do Leste europeu: Rosa Luxemburgo, Leo Jogisches, Karl Radek etc. A diferença de perspectiva entre a inteligência judia radical da Europa Central e a do Império Russo é sociologicamente explicável: uns se revoltavam contra um meio burguês negocista, assimilado e vagamente liberal, outros contra o gueto tradicionalista e estreito. Ao romantismo, que buscava as raízes judias de uns, correspondia o marxismo internacionalista, *aufklärer* e ateu de outros. Isso vale também, em larga medida, para os anarquistas judeus de origem russa, como Emma Goldmann ou A. Berkmann.

Por outro lado, é possível que pensadores que possuem uma concepção utópico-messiânica similar àquela que temos descrito se encontrem em certos grupos sobre os quais seria necessário continuar a pesquisa:

1. O movimento anarquista alemão, corrente bastante restrita mas com uma proporção elevada de judeus em seus quadros: Siegfried Nacht, Peter Ramus, Johannes Holzmann, sem falar do próprio Landauer e dos escritores libertários que lhe eram próximos (Benedikt Friedländer, Stevan Grosmann, Erich Mühsam).

2. Os jovens sionistas-socialistas do movimento Hapoel Hatzair (O Jovem Trabalhador), que tinham sido profundamente influenciados, tanto por Martin Buber quanto por Gustav Landauer, e que tentaram aplicar suas ideias de comunidade rural socialista nos *kibutzim* da Palestina.

3. Os revolucionários anarquistas húngaros de origem judia, como Erwin Szabo – morto em 1918, mas considerado o "pai espiritual" da geração que conduziu a Revolução dos Conselhos Operários – e seus discípulos convertidos em comunistas, que constituirão, em torno de Lukács, o grupo dos "bolchevistas éticos", em 1919: Erwin Sinko, Bela Balasz e, em certa medida, Otto Korvin, o chefe da Segurança Vermelha da República Húngara dos Conselhos (fuzilado pelos Guardas Brancos em 1919).

146

4. Escritores judeus ou de origem judaica, de tendência revolucionária pacifista e/ou anarquizante, que participam do movimento expressionista, e principalmente, da revista *Die Tat* (A Ação): Ludwig Rubiner, Franz Werfel, Walter Hasenclever (amigo de Ernst Toller), Albert Ehrenstein, Rudolf Leonhard, Alfred Wolfenstein etc.

Apenas uma análise precisa da estrutura significativa do pensamento desses diversos autores ou personalidades pode permitir verificar se o messianismo judeu desempenhou ou não um papel na constituição de sua visão política anarquista, anarquizante ou libertária (no sentido amplo). Se a resposta se revelar positiva, talvez nossos oito grandes pensadores fossem apenas a expressão mais visível e mais avançada de uma vasta corrente que atravessa toda a Europa Central e que atinge uma fração significativa da *intelligentsia* judia radical.

Examinemos agora como se desenvolve em alguns de nossos autores, durante os anos 1905-1923 – isto é, no período do impulso revolucionário que vai da primeira revolução russa à derrota da revolução alemã – a afinidade eletiva entre messianismo judeu e utopia libertária, a partir do fértil terreno cultural comum representado pelo romantismo anticapitalista.

1. Os Judeus Religiosos Anarquizantes

Franz Rosenzweig é conhecido sobretudo por sua obra *Stern der Erlösung* ("A Estrela da Redenção") de 1921, uma das tentativas modernas mais importantes de renovar filosoficamente a teologia judaica. As raízes românticas desta obra são inegáveis: como observa com razão Gunther Henning, "Rosenzweig, mais que qualquer outro, transplantou as intenções do romantismo em uma filosofia sistemática da religião"[17]. Paul Honigsheim cita Rosenzweig e seu primo Hans Ehrenberg (judeu convertido ao protestantismo) – juntamente com Lukács e Bloch – como exemplos típicos da *intelligentsia* alemã neorromântica, antiburguesa e ávida de religiosidade[18]. Esse retorno romântico à espiritualidade religiosa do passado é essencial

17. Günther Henning, *Walter Benjamin zwischen Marxismus und Théologie*, Olten, Wolter Verlag, 1974, p. 45.
18. Paul Honigsheim, *On Max Weber*, Nova York, Free Press, 1968, p. 79.

para compreender a evolução de Rosenzweig: nascido em um meio culturalmente assimilado, ele começa por questionar a visão do mundo da *Aufklürung*; suas aspirações religiosas fazem-no cogitar, em um primeiro momento, de seguir o exemplo de seu primo e se converter ao cristianismo (1909-1913); finalmente, é para o judaísmo que ele se volta e, durante a guerra, escreverá *Stern der Erlösung*. Sua hesitação entre a Sinagoga e a Igreja mostra claramente que seu itinerário espiritual está ligado ao movimento geral, neorromântico, de restauração religiosa.

Evidentemente, o messianismo ocupa um lugar crucial em sua teologia, para ele, "a esperança na chegada do Messias" é a aspiração "para a qual e pela qual a judaísmo vive", concebe o advento da era messiânica como uma ruptura da continuidade histórica, "uma mudança radical, a mudança radical"[19]. E sobre essa questão que ele vai se enfrentar com seu mestre, o neokantiano Hermann Cohen, cuja crença *aufklärer* no progresso ininterrupto das Luzes ele questiona e ao qual acusará, em uma violenta altercação, de ter "traído a ideia messiânica"[20].

Os raros escritos propriamente políticos de Rosenzweig revelam uma visão do mundo radicalmente e passionalmente romântica anticapitalista. Por exemplo, em um artigo de 1919, refere-se ao capitalismo como a um sistema "tão condenável (*verdammenswert*) quanto a escravidão", que se trata de abolir para retornar ao "artesanato e a seu terreno dourado". O caminho da emancipação é, então, "o abandono do mercado livre e sem restrições e o retorno à produção ligada e encomendada antecipadamente por um cliente"[21]. Esta nostalgia do passado pré-capitalista não o impede de ver com simpatia a Revolução Russa, que ele considera como obra dos herdeiros espirituais de Aliocha Karámazov[22] – exatamente como Paul Ernst e outros neorromânticos.

O anticapitalismo veemente, em Rosenzweig, é simultâneo a uma tendência profundamente antiestatista. Em *Stern*

---

19. Franz Rosenzweig, *Jehuda Halevi*, Berlin, 1927, pp. 239, 242.

20. Carta de Franz Rosenzweig à sua mãe, em 4 de abril de 1918, in Nahum Glatzer, *Franz Rosenzweig, his Life and Thoughts*, Nova York, Schocken Book, 1953, p. 69.

21. F. Rosenzweig, "Hic et ubique" (1919), *Kleine Schriften*, Berlim, Schocken, 1937, p. 470.

22. F. Rosenzweig, *Der Stern der Erlòsung* (1921), Kauffman Verlag, 1930, III, p. 35, e Günther Henning, *op. cit.*, p. 51.

148

der Erlösung ele escreve que a *violência* (e não o direito) é a verdadeira face do Estado; insiste, além disso, na oposição essencial entre o povo judeu, que carrega em si a eternidade, e a falsa eternidade do Estado; "a verdadeira eternidade do povo eterno deve ser sempre estranha e hostil ao Estado..."[23]. A propósito dessas reflexões (e de outras semelhantes) certos pesquisadores falam do "anarquismo" de Franz Rosenzweig.

O mais interessante é que o autor de *A Estrela da Redenção* liga explicitamente a revolução emancipadora ao advento do Messias, em termos que antecipam surpreendentemente a "teologia da revolução" de Walter Benjamin:[24]

Não é por acaso que se começa agora, pela primeira vez, a transformar as exigências do Reino de Deus em exigências da atualidade. É apenas neste momento que foram empreendidos esses atos de liberação que, sem serem absolutamente o Reino de Deus, constituem entretanto as precondições de seu advento. Liberdade, Igualdade, Fraternidade, que foram palavras chave (*Herz-worten*) da fé, tornam-se palavras de ordem atuais, impostas no calor da luta a um mundo preguiçoso, com sangue e lágrimas, com ódio e paixão ardente, em combates inacabados[25].

Evidentemente, essas preocupações revolucionários são bastante marginais na obra de Rosenzweig, essencialmente consagrada à teologia e à filosofia da religião. Elas não são menos significativas, principalmente se pensarmos em sua influência direta sobre o pensamento político-religioso de Benjamin[26] e em sua afinidade com a caminhada de outros pensadores judeus da época.

Amigo próximo de Rosenzweig, Martin Buber vai colaborar com ele na tradução alemã da Bíblia, nos anos 20. Seus escritos (sobretudo até 1918) nutrem-se de referências ao pensamento romântico alemão (Görre, Novalis

23. *Der Stern der Erlösung*, III, pp. 92, 95.
24. G. Henning, *op. cit.*, p. 51.
25. *Stern der Erlösung*, III, p. 35. Segundo G. Henning, esta passagem se refere à Revolução Russa de 1917: "Rosenzweig compreendeu a revolução bolchevique na Rússia, apoiando-se na esperança de Dostoïevski, como uma comoção até as últimas consequências da cristandade e, por conseguinte, atribuiu a essa revolução uma significação redentora ligada ao advento do reino messiânico" (G. Henning, *op. cit.*, p. 51). É uma hipótese a verificar.
26. Ver, a este respeito, G. Herining, *op. cit.*, pp. 45-52.

149

etc.); mas é sobretudo com a filosofia (Nietzsche) e a sociologia neorromântica que ele estabelecerá estreitos vínculos intelectuais. Não apenas porque publicará em sua coleção *Die Gesellschaft* (A Sociedade) os escritos de Tönnies, Simmel e Sombart (de 1906 e 1912), mas porque sua concepção do "inter-humano" (*zwischenmenschlich*) é profundamente influenciada por sua problemática desses autores e, principalmente, por sua nostalgia da *Gemeinschaft* (comunidade) do passado[27]. Em Buber, esta nostalgia tomará, de início, a forma de uma redescoberta da tradição hassídica, enquanto manifestação religiosa intensa e autêntica de uma comunidade orgânica, unificada por sua espiritualidade e sua cultura, o considerável sucesso de seus livros entre os mestres do hassidismo (Baal Schem Tov e Rabi Nachmann) revela que ele havia expresso uma corrente significativa de renascimento religioso na intelectualidade judia (e, algumas vezes, não judia) de cultura alemã.

O messianismo se encontra no centro da reflexão religiosa de Buber, desde os primeiros escritos, ele sublinha que o messianismo é "a ideia mais profundamente original do judaísmo". Define-o como "a ideia de um futuro absoluto que transcende toda realidade passada e presente em uma vida verdadeira e perfeita" e como o advento de um "mundo da unidade", onde a separação entre o bem e o

27. Buber estudará em Berlim com Dilthey e Simmel (em 1898-1899), que lhe deixarão uma impressão profunda; por essa época, ele vai se ligar a um círculo neorromântico chamado "A *Nova. Gemeinschaft*" (onde conhecerá Gustav Landauer), para o qual pronunciará, em 1900, uma conferência significativamente intitulada "A Nova e a Antiga *Gemeins-chaft*" (Cf. Hans Kohn, *Martin Buber, sein Werk und seine Zeit* (1930), Colônia, J. Melzer Verlag, 1961, pp. 23, 29). Em 1919, Buber publica uma brochura intitulada *Gemeinschaft*, que se apoia explicitamente na obra de Tönnies e opõe, como ele, a *Gemeinschaft* (comunidade) orgânica e natural do passado à *Gese Uschaft* (sociedade) moderna, artificial e mecânica (Martin Buber, *Gemeinschaft*, Munique-Viena-Zurique, Dreilânderverlag, 1919). Porém, Buber não enaltece um retorno imaginário ao passado. Em uma conferência de 1923 (cuja ata se encontra no Arquivo Buber), ele insiste: "Não podemos fugir da cidade para a aldeia no campo [...] A aldeia está ainda próxima da comunidade primitiva. A cidade é a forma que corresponde à diferenciação. Não podemos regredir em relação à cidade, devemos superar (*überwinden*) a própria cidade". (Martin Buber, *Aussprüche über den Stoat*, Zurique, 29-11-1923, Arquivo Buber, Ms Var 350, 47d/Beth).

150

mal será abolida pela destruição definitiva do pecado[28]. No curso dos anos 20, empreende pesquisas sobre a origem do messianismo bíblico, que conduzirão, em 1932, à publicação da obra monumental *Königstum Gottes* ("O Reino de Deus"). O tema da era messiânica como mundo liberado do mal é, potencialmente, como havia mostrado, de maneira notável, G. Scholem, um dos fundamentos religiosos de uma utopia anarquista: a ausência do mal torna supérfluas a violência, a coerção e as sanções.???[29]

Em muitos escritos de Buber aparece a ideia de um vínculo privilegiado entre messianismo e socialismo: para ele, "os antigos sonhos messiânicos vivem na ideologia dos socialistas judeus" e, em realidade, o socialismo não é outra coisa senão o ideal messiânico reduzido em seu alcance e tornado finito. De que socialismo se trata? Como seu amigo Gustav Landauer, Buber concebia o socialismo, por um lado, como o restabelecimento de uma verdadeira *Gemeinschaft* e, por outro lado, como a abolição da tirania estatista sobre a sociedade. Pode-se, portanto, definir sua filosofia política (como o fez A. Yassour em um estudo recente) como um socialismo religioso comunitário tingido de anarquismo[30]. Sem ser um anarquista consequente como Landauer, isto é, sem ir até a exaltação da destruição radical e a abolição imediata do Estado, Buber desenvolve uma problemática explicitamente antiestatista, cuja expressão mais sistemática será sua obra *Pfade in Utopia*, de 1945, mas que se encontra também claramente presente em seus escritos dos anos 1916-23.

Como seu amigo Rosenzweig, é através de uma polêmica contra Hermann Cohen – campeão da "consciência estatista" (*Staastshewusstsein*) – que Buber vai cristalizar (por volta de 1916-17) suas próprias visões político-religiosas. Após haver (como o próprio Cohen) defendido a Alemanha no início da guerra mundial, rejeita agora o nacional-estatismo alemão do filósofo neokantiano de Marbourg e enfatiza: "A Humanidade – e dizer isto, senhor professor Cohen, é neste momento,

---

28. M. Buber, "Das Judentum und die Menschheit" (1911), *Reden über das Judentum*, Frankfurt a.M., Rütten & Loening, p. 33; "Die Erneuerung des Judentums" (1911), *ibid.*, p. 58.
29. M. Buber, "Das Judentum und die Menschheit" e "Cheruth" (1919), *Reden über das Judentum*, pp. 27, 213.
30. A. Yassour, "Utopia Ve-Anarchia Be-Hagutam Ha-Hevratit Shel Buber Ve-Landauer", in *Buber, Ha-Kibutz Ve-Harayon Ha-Shitufi*, Universidade de Haifa, 1978, p. 29.

mais que nunca, o dever de todo homem vivente em Deus – é maior que o Estado". Resume suas divergências com ele nos seguintes termos: "Cohen [...] deseja, conscientemente ou não, submeter o espírito ao Estado; quanto a mim, desejo submeter o Estado ao espírito". Essa submissão' será completada na era messiânica, que tornará finalmente possível a superação dialética do Estado por uma forma superior de sociedade: a separação entre o povo (princípio da criatividade) e o Estado (princípio da ordem) só se manterá "até que o *Reino*, a *Malkhut Schamaiim*, seja estabelecido sobre a terra; até que, com a forma messiânica do mundo humano, a criatividade e a ordem, o povo e o Estado, se fundam em uma nova unidade, na *Gemeinschaft* da salvação"[31].

Com o progresso da revolução europeia, em 1917-1920, Buber vai precisar, radicalizar e desenvolver sua visão. Em um artigo intitulado "A Revolução e Nós", publicado em 1919 em sua revista *Der Jude*, insiste na necessidade, para as judeus, de contribuírem para a revolução da Humanidade, ou seja, para o renascimento da sociedade pelo espírito comunitário; manifesta abertamente sua solidariedade com a vaga revolucionária que agita a Europa Central: "Situados em seu campo [...] não como aproveitadores mas como companheiros de luta, nós saudamos a revolução"[32]. Mas a dimensão antiestatista está mais que nunca presente em seus escritos, principalmente sob a influência de Landauer – sobre o qual Buber escrevia, pouco depois de sua morte, em maio de 1919: "ele rejeitou o pseudossocialismo centralista, mecânico, porque ele tinha a nostalgia de um socialismo comunitário, orgânico, federalista"[33]. Como seu amigo, Buber opõe o "socialismo orgânico dos povos", construído a partir de comunas de trabalho autônomas, ao Estado centralista e autoritário. É nesta perspectiva que vai criticar o bolchevismo e manifestar, por outro lado, sua simpatia pela corrente neorromântica do "Socialismo das Guildas" que se desenvolvia na Inglaterra nessa época, e pelos *kibutzim*, que começavam a se implantar na Palestina[34].

31. M. Buber, "Zion, der Staat und die Menschheit, Bemerkungen zu Hermann Cohens "Antwort", *Der Jude*, 1,1916-1917, pp. 427-428.
32. M. Buber, "Die Revolution und *Wi*", *Der Jude*, III, 1918-1919, pp. 346-347.
33. M. Buber, "Landauer und die Revolution", *Masken*, 14, 1918-1919, p. 282.
34. M. Buber, "in später Stunde", *Der Jude*, V, 1920-1921. p. 4.

Na mesma época, Buber publica o ensaio *Der heilige Weg* ("A Via Sagrada"), que dedicará à memória de Landauer, e no qual o eixo central é a unidade entre messianismo e utopia comunitária. Para ele, a comunidade com Deus e a comunidade de seres humanos são inseparáveis, e, por conseguinte, "a espera do Messias é a espera da verdadeira comunidade". Sua realização depende dos próprios seres humanos: "enquanto o Reino de Deus não for estabelecido, o judaísmo não reconhecerá ser humano algum como o verdadeiro Messias; mas ele não cessará de esperar a redenção pelo ser humano, porque é a tarefa do ser humano fundar (*begründen*) o poder de Deus no mundo terrestre". Designa esta proposta como um *messianismo ativo*, que não espera passivamente a chegada do Messias, mas "deseja preparar o mundo para a chegada do Reino de Deus". Buber não reconhece Jesus como o Messias, mas vê nele um autêntico profeta judeu, para quem o futuro Reino de Deus seria idêntico "à vida perfeita do ser humano como ser humano, a verdadeira comunidade, e, enquanto tal, o reino imediato de Deus, sua Basileia, seu Reino terrestre [...]. O Reino de Deus é a comunidade que virá, na qual todos aqueles que tiverem fome ou sede de justiça serão satisfeitos...". A relação entre comunidade e messianismo é também formulada, de maneira particularmente surpreendente, em uma conferência que Buber pronunciou em 1924, em Frankfurt (cujo conteúdo estenografado se encontra nos arquivos Buber, em Jerusalém): "A *Gemeinschaft* é uma categoria messiânica, não histórica. Enquanto histórica, ela indica seu caráter como messiânica". Analisando a Revolução Russa, Buber afirma que os sovietes eram comunas (*Gemeinde*) autênticas, sobre as quais se deveria construir "o ser comunitário revolucionário"; mas o curso dos acontecimentos conduziu ao seu enfraquecimento, em proveito da tendência centralista do Estado. Ora, a ação do Estado, mesmo revolucionária, não pode trazer a redenção (*Erlösung*) messiânica; somente a comunidade é o verdadeiro precursor e anunciador do Reino de Deus, onde o essencial é "a realização última da criação na *Gemeinschaft*"[35].

Judeu religioso, Buber se opõe radicalmente ao *establishment* rabínico ortodoxo, e se refere tanto a Jeremias, quanto

35. M. Buber, *Der Heilige Weg*, Frankfurt a.M., Rütten & Loening, 1920, pp. 17-19, 36, 40-41; *Stoat und Gemeinschaft*, fev. 1924, Arquivos Buber, Ms Var 350, 47.

a Jesus ou Spinoza. Sionista, é cada vez mais crítico em relação à política da direção sionista oficial, e torna-se (após sua partida para a Palestina em 1938) um dos principais animadores de um movimento de fraternização judio-árabe, *Ichud* (União), que recusa a perspectiva de um Estado exclusivamente judeu na Palestina. Nacionalista cultural, mantém sempre uma visão utópica humanista-universal; em uma conferência de abril de 1925 (que se encontra nos arquivos Buber), ele insiste, a propósito da profecia messiânica do Velho Testamento: "Não se trata da emancipação de um povo, mas da redenção do mundo, e a emancipação do povo é apenas um sinal e um caminho para a redenção do mundo". Enfim, místico e messiânico, procura entretanto realizar na terra, na vida social concreta, seu ideal espiritual.[36].

Nascido de uma família da classe média burguesa judia assimilada de Berlim, Gerschom Scholem será inicialmente nutrido de cultura alemã; durante a sua juventude, os escritores românticos ou neorromânticos estarão entre seus favoritos: Jean-Paul, Novalis, Edouard Mörike, Stefan George, Paul Scheerbart etc. Segundo David Biale (autor da primeira obra sobre o pensamento de G. Scholem),

como muitos alemães dos anos 20, Scholem e Buber encontraram em uma certa corrente do romantismo alemão uma *Weltanschauung* única, que inspirou todo seu pensamento [...]. Em filosofia e historiografia, a simpatia de Scholem por uma tendência particular do romantismo alemão desempenhou um papel crucial em sua formação intelectual[37].

Com efeito, é muito significativo que o primeiro livro sobre a cabala que estudará (e que terá sobre ele um im-

36. Sobre a conferência de 1925, ver Martin Buber, *Dasmessianische Mysterium* (Jesaja 53), Arquivos Buber, Ms Var 350,64/*Zain*, p. 8.
37. David Joseph Biale, *The Demonic in History, Gerschom Scholem and the Revision of Jewish Historiography* (Tese de PHD), Los Angeles, Universidade da Califórnia, 1977, p. 171. Para um julgamento favorável de Scholem sobre o romantismo alemão ("apego emocional ao povo vivente", sua "compreensão ativa do organismo de sua própria história"), seu ver seu artigo "Wissenschaft von Judentum einst und jetzt" (1949), *Judaica 1*, 1963, pp. 147-50. Entretanto, Scholem não está de acordo com essa tese de Biale sobre a importância do romantismo alemão como fonte de seu pensamento (informação de G. Scholem ao autor, julho de 1980).

154

pacto importante) seja a obra do teósofo cristão e romântico alemão (discípulo de Schelfing e de Baader) Franz Joseph Molitor, *Philosophie der Geschichte oder über die Tradition* (1827-1857). Em uma entrevista conosco, G. Scholem se recorda de haver lido, em 1915, com muito interesse, os *Fragmentos* de Novalis, uma das obras mais características da visão romântica do mundo em seu apogeu. Ele pensa, entretanto, que não se deve exagerar o papel das fontes alemãs para o seu pensamento, cuja principal inspiração veio, desde a sua juventude, dos textos hebraicos, a começar pela Bíblia, o Talmude e o Midrasch, que serão suas primeiras leituras. Com efeito, vai logo se revoltar contra a ideologia assimilacionista de sua família (será expulso de casa pelo pai devido a sua atitude "antipatriótica"!), voltando-se resolutamente para as fontes do judaísmo, para a pesquisa da "tradição perdida de meu meio social, que me atrai com uma poderosa magia"[38].

Esta pesquisa o levará, de uma parte – em um primeiro momento, sob a influência de Buber –, ao estudo do misticismo judeu e, de outra, para a adesão ao sionismo. Nos dois casos, trata-se de uma trajetória que não deixa de ter relação com o romantismo; segundo D. Diale, "sua relação pessoal com o sionismo é mais romântica que estritamente política"[39]. E, em todo caso, tipicamente restauradora-utópica: como escreve o próprio Scholem, "para mim, Sion era um símbolo, que reunia nossa origem e nosso objetivo utópico, em um sentido antes religioso que geográfico"[40]. Esta atitude religiosa (não ortodoxa) aproxima-o de Buber, mas seu sionismo é muito mais radical: rejeita com paixão a síntese cultural judem-germânica, e essa recusa vai afastá--lo tanto de Buber (principalmente por causa de seu apoio

---

38. G. Scholem, *Von Berlin nach Jerusalem. Jugenderinnerungen*, Suhrkamp Verlag, 1977, p. 68; "Entretien avec G. Scholem" (1974), in *deütê et utopie, op. cit.*, pp. 19-20, 31-32, e Memorando de entrevista com G. Scholem, dez. 1979.

39. D. Biale, *Gerschom Scholem, Kabbalah and Counter-History*, Cambridge-Londres, Harvard University Press, 1979 (trata-se de uma versão modificada da tese de doutorado citada acima), p. 182. Em um ensaio bem posterior, Scholem se refere ao sionismo como "movimento de jovens, no qual poderosos motivos românticos desempenharam necessariamente um papel considerável" ("Israel und die Diaspora" [1969], *Judaica U*, 1970, pp. 58-59).

40. G. Scholem, *Von Berlin nach Jerusalem*, pp. 91-92.

à Alemanha em 1914), quanto de Franz Rosenzweig, com o qual terá, sobre esta questão, uma tempestuosa discussão em 1922[41]. Todavia a afirmação exacerbada da identidade judia não o leva ao nacionalismo (no sentido político): depois de sua partida para a Palestina, vai integrar (como Buber mais tarde) a Brit Schalom (Aliança para a Paz), movimento sionista-pacifista pela fraternidade judem-árabe (oposto ao sionismo "político" e estatista).

A grande originalidade de Scholem foi, sem dúvida, sua descoberta, ou antes, redescoberta, de um domínio quase inteiramente esquecido da tradição religiosa judaica (domínio renegado como "obscurantista" pela *Wissenschaft des Judentums* do século XIX): as doutrinas místicas, desde a cabala até o messianismo herético de Sabatai Tzvi. Esta descoberta está, ela também, em relação com a problemática romântica, ou neorromântica, em dois dos seus aspectos fundamentais: o mito religioso e a história. Inicialmente (como Buber), ele é atraído pelo aspecto mítico, irracional, "antiburguês" do misticismo judeu[42]. Entretanto, em um segundo momento, que ultrapassa o primeiro sem o abolir, separa-se de Buber para assumir um caminho resolutamente *historicista*: é na história que ele encontra (como os românticos alemães) a resposta cultural adequada ao racionalismo abstrato e frio do mundo burguês[43]. Seus estudos da cabala começam em torno de 1915; desde seu primeiro contato com as fontes hebraicas, foi fortemente atraído pela problemática messiânica. Escreverá nesse momento numerosos textos especulativos sobre o messianismo, alegrando-se mais tarde que não tenham jamais sido impressos...[44]. Em 1923, pouco antes de sua partida

41. "Entretien avec G.S.", *op. cit.*, p. 39.
42. Desde seu primeiro escrito sobre a cabala, em 1921, Scholem se refere à história judaica como "um gigante [...] um ser não burguês (*unbur-gerlich*) e explosivo" (Scholem, "Lyrik der Kabbala?", *Der Jude*, VI: 1921-1922, p. 55). Cf. D. Biale, *Gerschom Scholem, Kabbalah and Counter-History*, p. 73: "A rejeição de Scholem ao judaísmo 'burguês' foi consistente com a nova atmosfera entre os jovens judeus alemães, uma atmosfera que Buber ajudou a criar [...] o fascínio de Scholem pelo üracionalismo refletia sua dívida a Buber...".
43. Cf., em outro contexto, D. Biale, *The Demonic in History*, p. 151: "A história é a alternativa de Scholem à teologia racionalista maimonidiana e do existencialismo irracionalista buberiano".
44. Memorando de entrevista com G. Scholem, dez. 1979.

156

para a Palestina, Scholem pronuncia uma série de conferências em Frankfurt sobre o Livro de Daniel, o primeiro apocalipse da literatura judaica: dentre os seus ouvintes: Erich Fromm, Ernst Simon (filósofo, socialista religioso, amigo de Buber), Nahum Glatzer (futuro biógrafo de Franz Rosenzweig)[45]. E, em 1928, já na Palestina, publica seu primeiro artigo sobre o messianismo herético do século XVII: um estudo sobre a teologia do sabataísmo em Abraham Cardozo[46]. Sua notável sistematização teórica do messianismo judeu (que utilizamos amplamente em nossa introdução) data dos anos 50, mas suas raízes remontam aos escritos dos anos 20 e 30. Acrescentamos que, para Scholem, o messianismo judeu não é simplesmente um objeto de estudo: basta 1er seus trabalhos para perceber a afinidade do pesquisador com seu tema.

A utopia messiânica por excelência não é, para Scholem, o sionismo, mas antes, *o anarquismo*. Sionista convicto, recusa entretanto categoricamente toda ligação entre messianismo e sionismo; em 1929, em um artigo polêmico, tomando a defesa da Brit Schalom, escreverá: "O ideal sionista é uma coisa e o ideal messiânico outra, e os dois não se tocam, salvo na fraseologia pomposa das assembleias de massa…"[47]. Por outro lado, anarquismo e messianismo estão, a seus olhos, estreitamente ligados. O interesse de Scholem pelas ideias anarquistas remonta a sua primeira juventude: já em 1914-15 lera a biografia de Bakunin por Nettlau, escritos de Kropotkin, de Proudhon e de Elisée Reclus, que lhe causarão profunda impressão. Mas são sobretudo as obras de Gustav Landauer – *A Revolução* e o *Apelo ao Socialismo* – que vão fasciná-lo, sentimento que tentará comunicar a seu amigo Walter Benjamin[48]. Scholem vai conversar com Landauer em 1915-1916, por ocasião de conferências que este vai realizar nos círculos sionistas em Berlim, o tema dessa entrevista foi sua oposição comum à guerra e a crítica às posições de Martin Buber a esse respeito[49].

45. G. Scholem, *Von Berlin nach Jérusalem*, p. 195.
46. G. Scholem, "Über die Théologie das Sabbatianismus im Lichte Abraham Cardozos", *Der Jude*, IX, Sonderheft 5, 1928.
47. "Al Shlosha Pishei Brit Shalom", *Davar*, 12712/1929, p. 2.
48. G. Scholem, *Walter Benjamin, Die Geschichte einer Freundschaft*, Frankfurt a.M., Suhrkamp Verlag, 1975, pp. 14,19.
49. G. Scholem, *Von Berlin nach Jérusalem*, p. 71, e Memorando de entrevista, dez. 1979. D. Biale sugere uma ligação entre o anarquismo

157

Em uma entrevista de 1975, Scholem lembra que nesta época se encontrava "na crista de uma onda de despertar moral-religioso [...]. Minha simpatia pelo anarquismo era, ela também, moral. Eu acreditava no anarquismo como Utopia. Não era um anarquista ateu. Acreditava que a organização da sociedade na liberdade absoluta era um mandato divino". E, cinquenta anos mais tarde, mantém ainda que "a única teoria social que tem sentido – um sentido também religioso – é o anarquismo". Mas também pensa que se trata de uma utopia irrealizável, pelo menos no plano histórico: "Ele constitui um tipo de visão messiânica irrealizável, se se consideram as forças em ação na história"; é uma teoria que "procede de um otimismo inteiramente excessivo sobre o valor do espírito humano; ela tem uma dimensão messiânica"[50]. A afinidade espiritual entre anarquismo e messianismo é aqui explicitamente proclamada – a impossibilidade puramente histórica de realização da utopia libertária aparece precisamente como um dos fundamentos dessa afinidade.

Além disso, como já assinalamos, Scholem descobre como historiador, ao mesmo tempo, a dimensão anárquica do messianismo judeu (religioso)[51] e a dimensão messi-

---

de Landauer e o sionismo na visão de mundo em gestação de G. Scholem durante a Primeira Guerra Mundial: "Scholem encontrou no anarquismo de Landauer uma filosofia que correspondia à sua própria rejeição instintiva da guerra [...] Scholem encontrou também em Landauer um nacionalismo cultural/espiritual que correspondia, em muitos aspectos, ao sionismo cultural de Ahad Ha'am, que descobriu mais ou menos na mesma época [...]. A experiência da guerra, em 1914-1915, estimulou Scholem a definir seu sionismo cultural com as categorias anarquistas que ele adotara de Landauer e a desenvolver uma teoria para explicar por que o sionismo exigia a rejeição da guerra" (D. Biale, *The Demonic in History*, p. 110). Poder-se-ia se acrescentar que a ausência do tema do "Estado judeu" em seus escritos sionistas de juventude talvez tenta certa relação com a problemática anarquista (Memorando de entrevista, dez. 1979).

50. "With Gerschom Scholem", *On Jews and Judaism in Crisis*, pp. 32-33, e "Entretien avec G.S.", *op. cit.*, pp. 52-53.

51. Um exemplo particularmente surpreendente entre muitos: no estudo sobre a evolução do messianismo herético sabataísta durante o século XVIII (com o novo Messias, Jacob Frank), G.S. escreve: "A abolição de todas as leis e normas é a visão da redenção niilista [...] que só encontra expressão em rituais que põem em evidência a força do negativo e do destrutivo. Bakunin, o pai do anarquismo, é o autor da frase: 'A força da destruição é uma força criadora'. Cem

ânica (secularizada ou teológica) nas utopias revolucionárias e libertárias de nossa época[52]. Mas não considera o problema apenas como historiador da religião: trata-se também de *sua própria visão do mundo*, na qual messianismo judeu e utopia anarquista estão íntimas e vitalmente associadas. É verdade que a tendência anarquista é uma dimensão *subterrânea* na obra de Scholem: ela aparece muito pouco em seus escritos. Mas é, provavelmente, uma das fontes espirituais de toda sua atitude em relação aos fenômenos religiosos e, em particular, aos movimentos messiânicos heréticos ("anárquicos") dos séculos XVII e XVIII (Sabatai Tzvi, Jacob Frank), assim como uma das raízes da profunda afinidade espiritual que o liga a Walter Benjamin. Segundo D. Biale, "é difícil evitar a conclusão de que Scholem tentou encontrar um precursor para sua própria teologia anarquista no antimominanismo sabataísta"[53]. Em nossa opinião, esta formulação é errônea e injusta; seria mais exato constatar que as concepções anarquizantes de Scholem *o atraíram para* o fenômeno do sabataísmo e, em particular, para certos aspectos "libertários" do mesmo.

anos antes, Frank põe no centro de sua Utopia o poder redentor da destruição" (G. Scholem, "Die Metamorphose des häretischen Messianismus der Sabbatianer im religiösen Nihilismus am 18. Jahrhundert" (1963), *Judaica III*, p. 207. Ver também p. 217 sobre "a utopia terrena anarquista" dos frankistas).

52. Ver, por exemplo, no artigo "Considérations sur la théologie juive" de 1973, a passagem seguinte, onde se trata de Bloch, Benjamin, Adorno e Marcuse: "O apocalipse secularizado – em teoria da catástrofe – da revolução, que desempenha um papel tão importante nas discussões contemporâneas, conserva um traço próprio da impulsão teológica judia, de onde ela extrai sua origem, mesmo que recuse admiti-lo [...]. A diferença entre a moderna "teologia da revolução" [...] e a ideia messiânica do judaísmo consiste, em uma medida apreciável, em uma transposição de termos. Sob sua nova forma, a história se torna uma pré-história..." (*Fidélité et Utopie*, pp. 255-56.)

53. D. Biale, *Gerschom Scholem. Kabbalah and Counter-History*, p. 174. Cf. também p. 154: "Para Scholem, a mudança histórica, que é necessária para que uma tradição se mantenha viva, se cumpre através de uma luta revolucionária entre princípios contraditórios. A história não se faz por um progresso eterno e gradual, como se acreditava no século XIX, mas por rupturas apocalípticas. O papel central que o messianismo apocalíptico desempenha na historiografia de Scholem é, sem dúvida, resultante de sua concepção radical da mudança histérica".

II. Os Anarquistas Religiosos Judaizantes

Ligado a Martin Buber por uma relação de amizade e de influência recíproca, Gustav Landauer é o autor de uma obra profundamente original, cuja trama pôde ser definida por alguns pesquisadores modernos como "um messianismo judeu de caráter anarquista"[54]. Na nossa opinião, Landauer é, antes de tudo, um *romântico revolucionário*, e é a partir dessa fonte comum que se pode compreender tanto seu messianismo quanto sua utopia libertária[55]. Em realidade, o romantismo revolucionário se manifesta em sua visão do mundo de uma maneira quase "ideal-típica": dificilmente se pode imaginar um autor no *qual passado* e *futuro, conservantismo* e *revolução* estejam tão inextricavelmente emaranhados, tão intimamente articulados. Se existe um modelo acabado de pensamento restaurador-utópico no universo cultural do século XX, é na obra de Landauer que se pode encontrá-lo.

Como nos românticos "clássicos", a *Gemeinschaft* medieval ocupa um lugar de honra na sua problemática restauradora. Para ele, a Idade Média cristã e a Grécia antiga são épocas de "elevação radiosa" onde "o espírito dá à vida um sentido, uma sacralização e uma bênção". Vê nas comunas, *guildas*, irmandades, corporações e associações medievais a expressão de uma vida *social* autêntica e rica em espiritualidade, que ele opõe ao *Estado* moderno, "esta forma suprema do não espírito (*Ungeist*)"; e reprova o marxismo por negar a afinidade entre o socialismo do futuro e certas estruturas sociais do passado, como as repúblicas urbanas da Idade Média, a Marcha rural e o *Mir* russo[56].

Essa veneração do passado é acompanhada de uma crítica feroz e impiedosa do presente, isto é, do Estado centralizado e da era capitalista, descrita como uma época de decadência e de declínio (desde a descoberta das Américas!).

54. Ulrich Linse, *Gustav Landauer una die Revokitionszeit 1918-1919*, Berlim, Karin Kramer Verlag, 1974, p. 28.
55. Sobre o. romantismo de Landauer, ver a obra de Eugen Lunn, *Prophet of Community*, *The Romantic Socialism of Gustav Landauer*, Berkeley, University of California Press, 1973.
56. G. Landauer, *Aufrufzum Soziatismus* (1911), Berlim, Paul Cassirer, 1919, pp. 9, 20, 43. Landauer parece ignorar que Marx e Engels viam precisamente na Marcha germânica e no Mir russo pontos de apoio para um desenvolvimento socialista.

Entretanto, Landauer não propõe o retorno puro e simples ao passado; de um lado, porque está consciente de que tal retorno é impossível e, de outro, porque reconhece que o passado tinha aspectos negativos (a superstição, o dogma, o poder autoritário da Igreja etc.) e que a civilização trouxe um certo progresso: a abolição das superstições, a *Aufklärung*, o impulso da ciência e da técnica. Não se trata portanto de voltar atrás, mas de dar uma forma nova ao antigo e de criar uma *Kultur* com os meios da *Zivilisation* moderna[57].

Isto significa concretamente que as formas comunitárias da Idade Média, que foram preservadas durante séculos de decadência social, devem se tornar "os germes e os cristais de vida (*Lebenskristalle*) da cultura socialista por vir". As comunas rurais, com seus vestígios da antiga propriedade comunal e sua autonomia em relação ao Estado, serão os pontos de apoio para a reconstrução da sociedade; os militantes se instalarão nas aldeias, ajudando a ressuscitar o espírito dos séculos XV e XVI, o espírito dos camponeses heréticos e revoltados do passado, e a restabelecer a unidade (rompida pelo capitalismo) entre agricultura, indústria e artesanato, entre trabalho manual e trabalho espiritual, entre ensino e aprendizagem[58].

É no quadro desta visão romântica de retorno às fontes comunitárias do passado pré-capitalista que é preciso compreender a significação do judaísmo para Landauer. Em uma carta de 1913 a seu amigo Fritz Mauthner (filósofo e linguista, de origem judaica mas inteiramente assimilado à cultura alemã), Landauer explica sua relação com o judaísmo nos termos seguintes: "Quanto a mim, não encontro muitas comunidades como essa, que remontem a milhares de anos, para desejar abrir mão desta aqui"[59]. A herança religiosa judia, particularmente profética e messiânica (encontram-se referências frequentes a Moisés e a Isaías em seus escritos), é interpretada por ele sob uma perspectiva claramente restauradora-utópica; como o destaca Ruth Hyman, Gustav Landauer considerava sua missão específica "a construção de pontes entre a ética bíblica e as aspirações socialistas utópicas da Europa

---

57. G. Landauer, *Aujruf...* pp. 6,100, 102.
58. *Idem*, pp. 46-47, 87,149,145-146.
59. G. Landauer, *Sein Lebengang in Brief en* (herausgegeben von Martin Buber), Frankfurt a.M., Rütten& Loening, 1929, p. 450.

moderna"[60]. Mas ao invés de "ponte", seria preciso falar de uma *unidade* dialética indissolúvel entre passado e futuro. Em um ensaio de 1913 sobre a questão judaica, Landauer insiste no alcance revolucionário da herança cultural judia: "o arquiantigo, que encontramos em nossa alma, é o caminho da humanidade em transformação, e a tradição de nosso coração martirizado e nostálgico nada mais é do que a revolução e a regeneração da humanidade"[61].

O verdadeiro Messias do futuro, para Landauer, não é individual, mas coletivo: os judeus, como povo. No ensaio de 1913 já citado, encontra-se esta fórmula patética:

> Uma voz irrefutável, como um grito selvagem que ressoa no mundo inteiro e como um suspiro em nosso foro íntimo, nos diz que a redenção do judeu só poderá dar-se ao mesmo tempo que a da humanidade; e que as duas são uma só e mesma coisa: esperar o Messias no exílio e na dispersão, e ser o Messias dos povos[62].

Esta concepção não deixa de lembrar o messianismo nacional de certos pensadores do século XIX (Mickiewicz, Michelet etc). A particularidade de Landauer é que 1) rejeita todo nacionalismo: em sua opinião "toda insistência sobre a própria nacionalidade, mesmo que não degenere em chauvinismo, é uma fraqueza"[63]; 2) rejeita toda relação entre a nacionalidade, "este vínculo delicado e espiritual entre os homens", e quaisquer estruturas estatais, econômicas ou territoriais[64]; 3) não quer reunir territorialmente a nação (daí sua oposição ao sionismo), mas utilizar a dispersão, a *Diáspora* dos judeus entre os povos do mundo, para a revolução mundial.

Landauer reagiu com esperança exaltada à Revolução Russa de Outubro de 1917, que ele considerava como um acontecimento de importância primordial, inclusive para o futuro dos judeus. Em uma carta a Buber, de 5 de fevereiro de 1918, explicita esta posição; contrariamente a seu

60. Ruth Link-Salinger, *Gustav Landauer, Philosopher of Utopia.* Indianapolis, Hackett, 1977, p. 75.
61. G. Landauer, "Sind das Ketzergedanken?" (1913), *Der werdende Mensch*, Potsdam, Gustav Kiepenheuer Verlag, 1921, p. 125.
62. G. Landauer, "Sind das Ketzergedanken?", *op. cit.*, p. 125.
63. G. Landauer, *Idem*, p. 128.
64. G. Landauer, *Aufruf*, p. 20.

amigo sionista, que continua a voltar seus olhos para a Palestina, Landauer escreve:

> Meu coração jamais me atraiu para esse país e eu não penso que ele seja necessariamente a condição geográfica de uma comunidade judia. O acontecimento verdadeiro que, para nós, é importante e talvez decisivo, é a libertação da Rússia [...] neste momento me parece preferível – apesar de tudo – que Bronstein não seja professor na Universidade de Jafa, mas sim Trótski na Rússia[65].

A crise revolucionária de 1918-19, na Alemanha, estimula em Landauer uma fusão explosiva entre seu profetismo messiânico, seu romantismo e sua utopia revolucionária. Desde que a Revolução eclode em novembro de 1918, saúda com fervor o "Espírito da Revolução", cuja ação compara à dos antigos profetas[66]. Em uma carta de 27 de novembro de 1918, parece considerar a revolução alemã como uma espécie de catástrofe catártica, uma época de purificação pela crise[67]. Em janeiro de 1919, escreve um novo prefácio para a reedição do *Apelo ao Socialismo*, onde seu messianismo se manifesta em toda sua intensidade dramática, ao mesmo tempo apocalíptico -religiosa e utópico-revolucionária: "O Caos está aqui [...] os Espíritos despertam [...] que da Revolução venha a Renascença [...] que da Revolução nos venha a Religião – uma Religião da ação, da vida, do amor, que torna bem-aventurados, que traz redenção e que domina tudo". A seus olhos, os conselhos operários que se desenvolvem na Europa são "partes orgânicas do povo que se autode-

---

65. Esta carta não tinha sido publicada na coleção editada por Buber em 1928. Ela se encontra na correspondência póstuma, publicada em 1972 (Martin Buber, *Briejwechsel aus sieben Jahrzenten*, I: 1897-1918, Heidelberg, Verlag Lambert Schneider, 1972, p. 528). Contudo, Landauer se interessa pelo destino das comunas rurais judias na Palestina e aceita participar de um encontro com os socialistas judeus (organizado por Martin Buber) para um debate sobre o tema, em abril de 1919. Existe, a esse respeito, um correspondência entre Landauer e Nahum Goldmann, de março de 1919, que se encontra nos Arquivos Landauer, em Jerusalém (Ms Var 432, 167/168, publicado em hébreu, com uma introdução histórica, por A. Yassour: "Al Hitiashvout Shitufit Va-Tiouss", *Kibbutz*, nº 2, 1975, pp. 165-175).
66. Em Ulrich Linse, G. *Landauer una die Revolutionszeit...*, p. 63.
67. "G. Landauer an Georg Springer", in G. *Landauer, Sein Lebensgang in Brief en II*, p. 318.

163

termina (*selbst-bestimmend*)", e é provável que os considerasse como uma nova figura das comunidades autônomas da Idade Média[68].

Isso permite compreender por que se engaja com paixão na efêmera República dos Conselhos Operários da Baviera (abril de 1919), onde se tornará (durante alguns dias) comissário do povo para a instrução. No momento da queda da República dos Conselhos, em 2 de maio de 1919, será aprisionado e assassinado pelos guardas brancos. Em um artigo redigido nesse momento, Martin Buber exclama: "Landauer caiu como um profeta e um mártir da comunidade humana do futuro"[69].

Walter Benjamin é, em certo sentido, a figura central do grupo que estudamos, e isso sob dois aspectos complementares. Está, como já observamos acima, no *centro* da trama complexa de ligações sociais entre os oito pensadores, principalmente pelos seus vínculos pessoais e intelectuais com Gershom Scholem e Ernst Bloch, e, mais que qualquer outro, *concentra* em si as contradições (ou tensões) entre teologia judaica e materialismo marxista, assimilação e sionismo, comunismo e anarquismo, romantismo conservador e revolução niilista, messianismo místico e utopia profana.

O romantismo alemão é – como para os outros autores que estudamos, e talvez mesmo com maior de intensidade – o elemento decisivo da formação intelectual do jovem Walter Benjamin. Desde 1913, em uma nota publicada sob o pseudônismo J. Ardor, apela ao nascimento de um "novo romantismo", sublinhando que "a *vontade* romântica de beleza, a *vontade* romântica de verdade, a *vontade* romântica de ação" são aquisições "insuperáveis" (*unüberwindlich*) da cultura moderna[70]. Não é por acaso que seu primeiro artigo importante (1914-1915) é dedicado ao romântico-revolucionário Hölderlin, e que seu ensaio sobre Goethe (1922) é considerado "sim-

---

68. Cf. carta a Hans Cornelius, 20/3/1919, *ibid.*, p. 403; "Vorwort zur neuen Ausgabe", 1919, *Aufruf zum Sozialismus*, pp. VII-VIII, X, XVII; Heinz-Joachim Heydorn, "Geleitwort", in Landauer, *Zwang und Befreiung*, Colônia, Hegner Bucherei, 1968, p. 30.

69. Martin Buber, "Landauer und die Revolution", *Masken*, n° 19, 1919, pp. 290-291. Buber compara Landauer a seus ancestrais, os profetas e mártires judeus do passado e, em particular, ao Cristo crucificado.

70. Walter Benjamin, "Romantik" (1913-1914), *Gesammelte Schriften*, Frankfurt a.M., Suhrkamp, 1917,11.1, p. 46.

plesmente incomparável" por um dos expoentes do neorromantismo, o poeta judeu-austríaco Hugo von Hofmannstahl[71]. Desde 1916, Benjamin se interessa pelos escritos de juventude de Friedrich Schlegel (ele também um romântico-revolucionário, antes de se tornar arquiconservador), que estarão no centro de sua tese de doutorado apresentada em 1919 ("O Conceito de Crítica de Arte no Romantismo Alemão"). Um aspecto mal conhecido de sua relação com a herança romântica alemã merece ser destacado aqui, principalmente porque se relaciona diretamente com a nossa problemática: Benjamin insiste, em sua tese, que a verdadeira face do primeiro romantismo (*Frühromantik*) "deve ser procurada no messianismo romântico". Descobre uma *dimensão messiânica do romantismo*, principalmente nos escritos de Schlegel e de Novalis, e cita, entre outras, esta passagem surpreendente do jovem Friedrich Schlegel;

O desejo revolucionário de realizar o Reino de Deus é o ponto elástico da formação progressiva e do início da história moderna. Aquilo que não está em relação com o Reino de Deus é nela meramente marginal[72].

É nesse contexto geral, e em relação com a problemática eminentemente romântica do *mito*, que se deve situar o interesse de Benjamin pela religião judaica. Anotando em seu diário, em 1916, uma conversa com seu amigo, Gershom Scholem escreve:

O espírito de Benjamin gira [...] em torno do fenômeno do mito, do qual ele se aproxima sob os mais diversos ângulos. Da história, quando parte do romantismo, da poesia, quando parte de Hölderlin, da religião, quando parte do judaísmo...[73].

---

71. Cf. F. Podkus, "Notice biographique", in W. Benjamin, *Mythe et Violence*, Paris, Denoel, 1971, p. 32.
72. Friedrich Schlegel, *Seine prosaischen Jugendschriften* (hrsg. von Minor), 2 vol., Viena, 1906, p. 222, citado por W. Benjamin *em Der Begriff der Kunstkritik in der Deutschen Romantik*, Berlim, 1920, Buchdruckerei Arthur Scholem, p. 2. Benjamin cita também o livro de Ch. Pingaud, *Grundunien der aesthetischen Doktrin Friedrich Schegels* (Stuttgart, 1914, p. 52), segundo o qual a exigência do advento do "Reino de Deus" sobre a terra, agora, é o fundamento da "nova religião" de F. Schlegel.
73. G. Scholem, *Walter Benjamin, Geschichte einer Freundschaft*, p. 46.

Vemos assim se delinear em Benjamin um campo espiritual onde Hölderlin (ou Schlegel) e a Bíblia, a poesia romântica e a teoria messiânica, a história e a religião estão estreitamente associados, intimamente articulados, algumas vezes, parcialmente fundidos.

Benjamin era, desde a primeira juventude, um leitor atento da Bíblia; seu escrito de 1916 "Sobre a Linguagem em Geral e Sobre a Linguagem Humana" apresenta traços dessa leitura. Mas, depois de seu encontro com Scholem (1915), seu interesse pelo judaísmo vai crescer e se aprofundar; é sob a influência de seu amigo que ele vai procurar a obra de Molitor sobre a cabala e outros livros sobre a religião judaica[74]. Quando, em 1916, Martin Buber o convida para escrever em sua revista *Der Jude9* recusa mas insiste, em sua carta de resposta, que "o problema do espírito judeu é um dos temas maiores e mais persistentes de meu pensamento"[75]. Ao impacto pessoal de Scholem virá se juntar mais tarde, depois de 1921, o impacto teórico de Franz Rosenzweig, cujo livro, *Stern der Erlösung*, exercerá provavelmente uma certa influência sobre sua reflexão teológica e *política*[76]. Por outro lado, Gershom Scholem conseguirá também interessá-lo pelo sionismo, a tal ponto que, de 1916 a 1930, Benjamin considerará, por várias vezes, estabelecer-se na Palestina, principalmente em 1927, quando encontra em Paris Jehuda L. Magnes, reitor da Universidade Hebraica, que o convida para lecionar em Jerusalém[77].

De fonte ao mesmo tempo romântica alemã e judaica, o messianismo é um dos principais focos espirituais do pensamento de Benjamin; mais que de uma teoria, trata-se, nele, de *uma fé profundamente enraizada*. Esta fé se manifesta não apenas nos escritos explicitamente "teológicos" mas também nos ensaios literários, por exemplo, naqueles sobre as *Afinidades Eletivas* de Goethe, no qual se trata (na conclusão) do "mistério da esperança", da

---

74. *Ibid.*, pp. 23, 53.
75. W. Benjamin, *Briefe*, Frankfurt a.M., Suhrkamp, 1966,1, p. 125.
76. Para uma análise detalhada da influência de Rosenzweig sobre Benjamin, ver H. Günther, *Walter Benjamin...*, pp. 45-52. Segundo G. Scholem, entretanto, "não há qualquer sinal" dessa influência (comunicação ao autor, jul. 1980).
77. Cf., sobre esse encontro, G. Scholem, *Geschichte einer Freundjdschaft*, pp. 172-75.

166

esperança em um "mundo bem-aventurado" e da *reden-ção*[78]. Seria falso considerar a problemática messiânica de Benjamin como resultado de seu encontro com Ernst Bloch em 1919; é provável que a leitura de *Geist der Uto-pie* tenha simplesmente reforçado suas próprias tendên-cias para o messianismo. Em todo caso, a afinidade entre os dois "teólogos da revolução" é evidente: ela explica sua amizade, e aquilo que Bloch chamará de sua "verda-deira simbiose" durante um meio ano em Paris, em 1926, quando os dois se encontravam quotidianamente[79].

Em que sentido se pode falar de "teologia da revolu-ção" em Benjamin? Primeiro, seu messianismo contém uma potente carga apocalíptica, catastrófica e, mesmo, *destrui-dora*[80]: basta pensar em seu ensaio "O Caráter Destrutivo" ou em sua concepção da "violência divina" redentora, em seu artigo sobre a violência (1921). Pode-se dizer, como Herbert Marcuse em um importante texto sobre Walter Benjamin, que o messianismo é, em sua obra, apenas "a forma de aparição desta verdade histórica: a humanidade liberada só é concebível como negação radical (e não mais determinada) do existente"? Ou que ele não tem "nada a ver com a religiosidade tradicional", estando fundado em categorias puramente *sociais*?[81] Parece-nos antes que, ape-sar de sua secularização na revolução universal (anarquis-ta ou bolchevique), o messianismo guarda sempre em Benjamin um componente irredutivelmente *transcendental*, supra histórico, "teológico": de modo direto durante os anos 1919-1922, de maneira mais secreta e esotérica em seguida (para só retornar à superfície em 1940)[82].

Qual é a política que corresponde a seu messianismo apocalíptico? Paradoxalmente, Benjamin não parece atra-

---

78. *Ibid.*, p. 72. W. Benjamin, "Les Affinités électives", *Mythe et Violence*, p. 259.
79. Ver G. Scholem, *Geschichte...*, p. 102, e *Jews and Judaism*, p. 197; cf. também as lembranças de E. Bloch em *Über Walter Benjamin*, Suhrkamp, 1968, p 16, e S. Radnoti, "Benjamin's Politics", *Telos*, 37, 1978, p. 77.
80. Cf. G. Scholem, "W. Benjamin" (1964), *Fidélité et Utopie*, p. 134.
81. Herbert Marcuse, "Nachwort", in W. Benjamin, *Zur Kritik der Gewalt*, Suhrkamp Verlag, 1965, pp. 100-101.
82. Ver, a esse respeito, o notável trabalho – ainda inédito – do pes-quisador húngaro Zoltan Tordai, "Wie kann man in Europa Jude sein? Walter Benjamin", 1979, p. 120.

ído nem pela Revolução Russa de 1917, nem pela revolução alemã de 1918-1919. Mas é significativo que é a partir dessa época que os problemas políticos da revolução aparecem em seus escritos. Scholem definiu como "anarquismo teocrático" a concepção que lhes era comum em 1919 – o termo "teocrático" não tendo aqui nenhuma significação política, mas somente um sentido religioso[83]. O próprio Benjamin utiliza com deleite o termo "niilismo" para designar, durante os anos 20, sua própria visão política (ou, antes, antipolítica). Por exemplo, em uma carta a Scholem, em 1924, fala de "meu niilismo", expressão que Scholem interpreta como sinônima de "convicções anarquistas"[84]. O próprio Scholem contribuiu certamente para desenvolver essas convicções em Benjamin, por exemplo, fornecendo-lhe literatura libertária (principalmente os escritos de Landauer)[85]. Mas é provavelmente a leitura de Sorel que terá sobre ele, nesse campo, o impacto mais profundo; é partindo diretamente da problemática soreliana nas *Reflexões sobre a Violência* que vai escrever, em 1921, seu célebre ensaio sobre a violência. Neste texto de 1921, Benjamin denuncia impiedosamente as instituições do Estado, como a polícia ("a forma de violência mais degenerada que se possa conceber"), ou o Parlamento (este "deplorável espetáculo"); considera a crítica antiparlamentar dos bolcheviques e dos anarco-sindicalistas (notemos, de passagem, essa aproximação) como "radical e perfeitamente justificada". Enfim, faz sua a ideia soreliana da greve geral como movimento que "assume como única e exclusiva tarefa destruir a violência do Estado". Esta concepção, que ele mesmo designa como *anarquista*, parece lhe "profunda, moral e autenticamente revolucionária", mesmo que ela deva conduzir a "possíveis consequências catastróficas". Todavia – e nisso Benjamin se separa de Sorel para se situar em uma outra esfera, a da teologia messiânica – a violência revolucionária, enquanto violência "pura" e,

---

83. G. Scholem, *Geschichte...*, p. 108, e Memorando de entrevista, dezembro de 1979. Segundo Werner Kraft, que o conheceu muito bem nessa época, o anarquismo de Benjamin tinha qualquer coisa de "simbólico"; ele não estava nem à direita nem à esquerda, mas "alhures" (Memorando de entrevista com Werner Kraft, jan. 1980).
84. W. Benjamin, *Briefe*, I, p. 335, e G. Scholem, *Geschichte...*, p. 155.
85. G. Scholem, *Geschichte...*, pp. 19, 22.

168

"imediata", é uma manifestação da *violência divina*, a única capaz de romper "o círculo mágico das formas míticas do direito [...] portanto, da violência do Estado", e de instaurar assim "uma nova era histórica"; a única que é "destruidora de direito" e que se opõe portanto radicalmente à violência mítica fundadora de direito e à violência conservadora de direito[86]. A articulação dialética *sui generis* entre anarquismo e messianismo que caracteriza esse ensaio verdadeiramente demoníaco (no sentido goethiano) se manifesta também, de forma particularmente intensa e surpreendente, nesse diamante negro que se intitula "Fragmento Teológico-Político". Escrito aproximadamente à mesma época, este pequeno texto "anarquista metafísico" (no dizer de Scholem) talvez tenha sido influenciado pela leitura do *Stern der Erlösung* de Rosenzweig (1921). Não podemos fazer aqui uma análise suficientemente detalhada desse escrito, que mereceria uma exegese minuciosa (talmúdica?), linha por linha, palavra por palavra. De início, procura distinguir radicalmente a esfera do devir histórico e a do Messias: "nenhuma realidade histórica pode, de si mesma e por si mesma, referir-se ao messianismo". Em seguida, constrói sobre esse abismo aparentemente intransponível uma ponte dialética, uma mediação sutil, uma passagem concreta: "certamente, a busca de felicidade da livre humanidade encontra seu impulso nessa orientação messiânica". Mas essa ponte pode também ser atravessada no sentido inverso: "a ordem profana do profano pode favorecer o advento do reino messiânico. O profano, desse modo, não é uma categoria desse reino mas, entretanto, é uma categoria, e das mais eficazes, de sua aproximação mais fácil"[87]. O paralelo (mas não a identidade) com as

86. W. Benjamin, "Pour une critique de la violence" (1921), *Mythe et Violence*, pp. 133-148. Segundo Scholem, Benjamin havia descoberto os escritos de Sorel em Berna, em 1919 (Memorando de entrevista, dez. 1979). 87. W. Benjamin, "Fragment théologico-politique", *Mythe et Violence*, pp. 149-50. G. Scholem demonstra, em uma carta de 1970 a Maurice de Gandillac, tradutor dos escritos de Benjamin em francês, que Adorno se enganou datando esse texto como sendo de 1937: "Apoiando-me em razões internas, a ordem das ideias e a terminologia, tenho como indubitável que essas páginas foram escritas em 1920-21, relacionadas, *Por uma Crítica da Violência*, e não contêm ainda nenhuma relação com as concepções marxistas. Elas se situam no campo de um anarquismo metafísico, correspondente às ideias do autor ante-

teses de Rosenzweig – os "atos de liberação" como "pré--condição" do advento do Reino de Deus – é possível. Em conclusão ao fragmento, Benjamin proclama explicitamente que o método da política mundial que deve cumprir essa tarefa "deve se chamar niilismo" – termo que substitui em geral (como vimos mais acima) aquele, talvez julgado muito "profano", de "anarquismo".

Perto do fim dos anos 20, a problemática anarquista tende a se diluir em Benjamin, sem no entanto desaparecer. Basta pensar no ensaio sobre o surrealismo de 1929, onde se encontra este grito espontâneo: "desde Bakunin faltou à Europa uma ideia radical de liberdade. Os surrealistas têm esta ideia". Mas se apressa em acrescentar que não se deve insistir de modo demasiado exclusivo no "componente anarquista" da revolução, sob pena de "sacrificar inteiramente a preparação metódica da revolução", preparação que pensa encontrar (embora isso não esteja escrito neste ensaio) nas fileiras do Komintern e de sua secção alemã, o KPD[88].

A caminhada hesitante e tortuosa de Walter Benjamin em direção ao marxismo, o bolchevismo e o comunismo é uma "longa marcha" que atravessa os anos 20. Em 1918-1919, em discussões com Gershom Scholem, ele era *mais hostil à Revolução Russa* que seu amigo, que defendia nessa época a ideia de uma ditadura dos pobres; mas os dois simpatizavam, de preferência, com os S.R. (o partido social revolucionário russo, herdeiro dos *narodniki*), que eles consideravam próximos das ideias anarquistas[89]. Em 1921, Benjamin parece simpatizar vagamente com o bolchevismo, ao menos naquilo que ele tem de comum com o anarquismo, a saber, sua crítica "radical e justificada" ao parlamentarismo. Em 1923, a

riores a 1924". (Citado *em Mythe et Violence*, p. 149, nota do tradutor). Em nossa opinião, seria mais seguro datá-lo de 1921-22, porque é, provavelmente, posterior à aparição da obra de Rosenzweig.
88. W. Benjamin, "Le Surréalisme" (1929), *Mythe et Violence*, p. 310.
89. Cf. G. Scholem, *Geschichte...*, pp. 100, 204 e Memorando de entrevista com G. Scholem, dez. 1979. Werner Kraft lembra-se de ter recebido uma carta de Scholem, em 1918, onde ele saudava a Revolução Russa como um movimento muito profundo, com um alcance mundial de primeira ordem, e que conduziria ao fim da guerra (Memorando de entrevista com W. Kraft, jan. 1980).

170

apreciação sobre *História e Consciência de Classe* feita por Ernst Bloch o persuade da importância e do interesse capital da obra de Lukács; a leitura do livro (que começa em 1924) terá sobre ele um efeito imediato, profundo e duradouro. Em setembro de 1924, antes mesmo de acabar de lê-lo, escreve a Scholem: "A razão pela qual o livro de Lukács me empolgou de tal modo é que, partindo de considerações políticas, Lukács chega [...] a conclusões epistemológicas que parecem extremamente parecidas com as minhas e as confirmam". Sob a influência simultânea dessa obra e do encontro com a bolchevique russa Asia Lacis, confessa a seu amigo que "vê a praxis política do comunismo (não como problema teórico, mas sobretudo como comportamento obrigatório) sob uma luz inteiramente diferente que no passado"[90]. Sua correspondência com Scholem durante os anos 1924-1927 revela suas hesitações sobre a adesão ou não ao KPD; parece que depois de sua viajem a Moscou com a Asia Lacis (fim de 1926 – início de 1927) abandonou esse projeto. Mas isso não significa que se distancie do marxismo, bem ao contrário: em seguida ao encontro, em 1929, com Brecht – cuja origem anarquista (ou "niilista") era um elemento que facilitava a transição para Benjamin – e, um pouco mais tarde, com Korsch, Adorno e Horkheimer, vai utilizar cada vez mais o materialismo histórico. Isso vai se traduzir não apenas no terreno literário e cultural, mas também de forma diretamente política; por exemplo, em uma apreciação de 1930 sobre as teorias do fascismo, manifesta sua esperança de que as massas, confrontadas com uma nova guerra mundial desencadeada pelo fascismo alemão, saberiam mobilizar "o *truque* marxista, único capaz de fazer frente a esta magia das ruínas": a transformação da guerra mundial em guer-

---

90. W. Benjamin, *Briefe*, I, p. 355. Sente-se aqui a influência direta da resenha de *História e Consciência de Classe*, por Bloch, segundo a qual Lukács "se sentiu obrigado a tornar-se um dirigente comunista, mais como um praticante da teoria do que como um teórico da praxis [...] na tempestade [...] como provavelmente a única possibilidade de satisfazer ao dever do momento e de estar à altura do tempo..." (E. Bloch, "Aktualitat und Utopie", 1923; *Philosophische Aufsätze zur objektiven Phantasie*, Suhrkamp, 1969, p. 617).

ra civil[91] ; e na mesma época, em uma carta a Scholem, sonha com uma futura "revolução bolchevique na Alemanha"[92]. Não se pode excluir que essa aproximação de Benjamin ao comunismo, no curso dos anos 1929-1933, tenha sido estimulada pela orientação claramente "apocalíptica" do Komintern e do KPD nessa época (doutrina da crise final do capitalismo e da revolução iminente em toda parte).

Durante esse período marxista, a dimensão teológica messiânica não desaparece; Scholem fala de uma "coexistência frequentemente enigmática dos dois modos de pensar". Com efeito, a articulação, a combinação ou fusão entre a visão messiânica e o materialismo histórico é muito mais problemática que com o anarquismo romântico-revolucionário. Seja como for, a teologia messiânica só vai aparecer *explicitamente* em Benjamin em seu último escrito, as "Teses sobre a Filosofia da História" (1940): no momento do pacto germano-soviético, a esperança de redenção parece fugir do mundo histórico para se refugiar na transcendência[93]. Uma análise aprofundada dessas "Teses" escapa ao quadro histórico em que nos colocamos (1905-1923), mas elas constituem, ao mesmo tempo, a síntese e o coroamento de todo o pensamento de Benjamin. Trata-se, na nossa opinião, de uma das manifestações mais fulgurantes, na filosofia política do século XX, da visão messiânico-revolucionária e utópico-restauradora. Seu eixo central é a crítica (de inspiração romântica) do mito do progresso, mito ao qual sucumbiram tanto os dirigentes (stalinistas) do movimento comunista – designados por uma fórmula, ao mesmo tempo elítica e transparente: "os políticos nos quais os adversários do fascismo haviam posto suas esperanças" –, que "traíram sua própria causa" (o pacto com Hitler), quanto a socialdemocracia, cujo reformismo chão e evolucionista "quer ver apenas os progressos do domínio sobre a natureza, não as regressões da sociedade" e que "considera o desenvolvimento técnico como a tendência do momento, a direção na qual ele acreditava nadar". Para Benjamin, a tarefa é atacar o

91. W. Benjamin, "Theorien des deutschen Faschismus", *Die Geseüschaft*, 1930, vol. 2, p. 41. Por razões inexplicáveis, Adorno suprimiu esta passagem em uma reedição do artigo de Benjamin em 1964.
92. G. Scholem, *Geschichte...*, p. 289.
93. *Idem*, p. 156 e Z. Tordai, *op. cit.*, p. 91.

fundamento desse mito, "à ideia de progresso em geral"; ele o faz à sua maneira, pela maravilhosa e enigmática parábola do Anjo da história, impulsionado para o futuro por uma tempestade que sopra do Paraíso, e aos pés do qual se acumulam as ruínas e os mortos: "esta tempestade é aquilo que chamamos de progresso". Scholem interpreta essa tempestade de fonte paradisíaca como a expressão de uma história "cuja dinâmica é determinada pela Utopia e não, digamos, pelos meios de produção"[94]. Em nossa opinião, trata-se antes do contrário: a tempestade *afasta a humanidade do Paraíso perdido* e o pretenso "progresso" histórico não passa de um imenso campo de ruínas, "uma só e única catástrofe". A redenção messiânica e a revolução "tal como a concebeu Marx" – os dois estão estreitamente ligados aos olhos de Benjamin –, não são resultado do progresso, mas de um "salto de tigre no passado", que faz explodir a continuidade da história, e se nutre "da imagem dos ancestrais escravizados, e não do ideal dos netos libertados". A revolução é um "combate pelo passado oprimido", "em nome das gerações vencidas", combate para o qual, segundo a fórmula de Karl Kraus citada em epigrama por Benjamin, "a origem é o objetivo"; ela se situa em uma temporalidade que não é aquela do "progresso", mas a da religião judaica para a qual "cada segundo era a porta estreita por onde poderia passar o Messias".

Parece-nos que, para Benjamin, só essa revolução messiânica e apocalíptica poderá executar aquilo de que Anjo da história, preso na tempestade do progresso, é incapaz: deter essa tempestade, "despertar os mortos e restaurar aquilo que foi destruído (*das zerschlagene zusarnmenfugen*)"[95]. A primeira tarefa (despertar os mortos) remete ao apocalipse tanto judeu quanto cristão, mas a segunda, de acordo com Scholem, contém o conceito cabalístico do *Tikun*, a restauração ou o restabelecimento da harmonia originária, rompida pela "ruptura dos vasos" que continham a luz divina[96]. Uma outra interpretação possível seria de aproximar

---

94. W. Benjamin, "Thèses sur la philosophie de l'histoire" (1940), *Poésie et Révolution*, Paris, Denoël, 1971, pp. 282-83 e G. Scholem, "Walter Benjamin and his Angel", 1972, *Jews and Judaism in Crisis*, p. 235.
95. W. Benjamin, *ibid*, pp. 284-85, Tradução corrigida a partir do original alemão, em *Illuminations*, Frankfurt a. M., Suhrkamp, 1969, p. 273.
96. G. Sholem, "Walter Benjamin and his Angel", *Jews and Judaism...*, p. 233.

essa "restauração daquilo que tinha sido destruído" da visão messiânica de Isaías 61,4: no Reino de Deus "eles reconstruirão as antigas ruínas (*banu horvot olarri*), reerguerão os antigos escombros e renovarão as cidades arruinadas (*arei horev*), devastadas há gerações".

Franz Kafka pertence apenas parcialmente – e de uma maneira muito particular – ao grupo que examinamos. O único dos oito pensadores a quem ele é ligado por laços pessoais é Martin Buber, com o qual mantém, principalmente por volta de 1913, diálogos e discussões sobre o judaísmo. Mas é também verdade que ele exerceu uma influência bastante profunda sobre Rosenzweig, Scholem, Benjamin e Bloch.

Sua relação com o romantismo alemão não é tão direta como a de Landauer ou Benjamin: nem Novalis, nem Hölderlin são fontes para sua obra. Kleist é o único autor romântico "clássico" que terá sobre ele um impacto formador essencial – a ponto de Karl Tucholsky ter podido falar dele como de um "neto de Kleist"[97]. Entretanto, a maior parte de seus autores preferidos pertencem à corrente romântica "antiburguesa" europeia: Schopenhauer, Nietzsche, Kirkegaard, Hugo von Hofmannsthall, Tolstói, Dostoiévski, Strindberg etc.

Como Scholem e Benjamin, Kafka vai se revoltar contra a atmosfera assimilacionista de sua família: em sua *Carta ao Pai* (1919), ele lhe reprova amargamente a inconsistência e a superficialidade de seu judaísmo. Como Benjamin e Landauer, ele terá, durante toda a sua vida, uma atitude ambígua e ambivalente frente à cultura e à religião judaicas, bem como face ao sionismo. De um lado, vai se interessar pelo teatro e pela língua ídiche (1910-1912), e pela obra de Martin Buber – que ele visitará em Berlim, em 1913, e com quem se corresponderá durante alguns anos[98]; sob a influência de seu amigo Max Brod, vai se

97. Citado por Klaus Wagenbach, *Franz Kafka*, Hamburgo, Rohwolt, 1964, p. 143.
98. Os arquivos Buber, em Jerusalém, possuem sete cartas de Kafka para Buber, dos anos 1914-17; três foram publicadas em Martin Buber, *Briejwechsel*..., I, pp. 409, 491, 494. Muitas dezenas de anos mais tarde, Buber se lembrará ainda de uma memorável conversa com Kafka sobre a significação do Salmo 82. Cf. Werner Kraft, *Gespräche mit Martin Buber*, Munique, Kosel Verlag, 1966, pp. 111, 124.

interessar também pelo sionismo e até mesmo estudar he-
breu. Por outro lado, como escreve ironicamente em uma
nota dos anos 1917-1919, "não consegui alcançar a última
ponta do manto de prece judia que levanta voo, como os
sionistas"[99]. Entretanto – e acerca disso a maior parte dos
intérpretes e exegetas estão de acordo –, a religião judaica
é uma das principais fontes espirituais de sua obra.

Scholem publicará, em 1935, um belo poema intitulado
"Com um exemplar do *Processo* de Kafka", cuja estrofe
seguinte contém, em nossa opinião, a quintessência da dimensão religiosa da obra de Kafka: "É somente assim que
brilha a Revelação/ em uma época que rejeitou Deus./ Teu
Nada é a única experiência/que ela pode ter de ti"[100]. Em
resposta a este poema, Benjamin escreverá a seu amigo, em
uma carta de 20 de julho de 1934: "Quanto escreves 'Teu
Nada é a única experiência que ela pode ter de ti', eu poderia acrescentar, em seguida a essa passagem, minha própria
tentativa de interpretação: tentei mostrar como Kafka procurou tatear, no avesso desse "Nada", em seu forro (*Futter*),
por assim dizer, a Redenção". Segundo Benjamin, as questões angustiantes que a obra de Kafka coloca só encontram
suas respostas (ou, antes, a abolição das próprias questões)
em um mundo diferente, um mundo que Kafka não teria
jamais encontrado, mas que ele teria percebido "em voo ou
em sonho"[101]. Scholem escreverá mais tarde, em um ensaio
sobre Benjamin, a propósito dessa carta extraordinária:

Benjamin descobre no mundo de Kafka a inversão de categorias judaicas. Mais que doutrina positiva. Subsiste unicamente […] uma promessa estritamente utópica, que não se poderia
ainda formular […] Benjamin sabia que se encontra em Kafka a

---

99. Em *Dos Kafka Buch* (hersg. Heins Politzer), Fisher Bücherei, 1965,
p. 250. Sobre a atitude ambígua de Kafka face ao judaísmo e do sionismo, ver Helen Milfull, "Franz Kafka. The Jewish Context", *Year
Book XXIII*, Leo Baeck Institute, Londres Seeker & Warburg, 1978.
100. G. Scholem, "Mit einem Exemplar von Kafkas 'Prozess'", *Jüdische Rundschau* (Berlim), 22/3/1935, p. 12.
101. W. Benjamin, *Briefe*, II, p. 614. Em seu ensaio de 1934 sobre
Kafka, Benjamin compara *O Castelo* com uma lenda talmúdica sobre
a *espera do Messias* (W. Benjamin, "Franz Kafka" (1934), *Poésie et
Révolution*, pp. 89-90).

teologia negativa de um judaísmo que perdeu o sentido positivo da Revelação, mas que não perdeu nada de sua intensidade[102].

Em nossa opinião, a expressão *teologia negativa* é, na verdade, aquela que exprime da forma mais precisa e adequada a problemática religiosa de Kafka, tal como ela se manifesta implicitamente em seus escritos. A redenção messiânica (e, também, como veremos, a utopia social) aparece nele apenas como um vazio, ou desenhado em filigrama pelo negro contorno do mundo presente. Seus romances (principalmente *O Processo* e *O Castelo*) descrevem um mundo desesperado, entregue ao absurdo, à injustiça e à mentira ("A mentira é transformada em ordem do mundo", exclama Joseph K. na parábola "Diante da Lei", de *O Processo*), um mundo onde a Redenção e o Messias só se manifestam *negativamente*, por sua *ausência radical*. Não apenas não há nenhuma mensagem positiva, mas a promessa messiânica do futuro só existe *implicitamente*, na forma *religiosa* de conceber (e rejeitar) o mundo contemporâneo. A crítica de Kafka em relação ao estado de coisas existente é social e política, mas tem também uma dimensão transcendental, metafísica (que distingue radicalmente suas obras de qualquer romance "realista"), *messiânico-negativa*: a não redenção do mundo presente.

Mesmo Max Brod, que procura construir a qualquer preço uma imagem "positiva" de seu amigo, é obrigado a reconhecer que seus grandes romances e esboços são dominados pela *negatividade*; ele acredita, no entanto, que os aforismos revelam de forma mais clara a fé de Kafka na promessa divina e na Redenção[103]. Com efeito, a ideia de redenção messiânica aparece mais ou menos explicitamente em certos aforismos ou parábolas de Kafka, mas sempre, na nossa opinião, com uma conotação *irônica*. Por exemplo, na parábola "O Escudo de Armas da Cidade", a redenção – "o dia profetizado tão esperado" – manifesta-se apenas por seu lado catastrófico: os "cinco golpes sucessivos de uma mão gigantesca" que destruirão a cidade. Em um aforismo que

102. G. Scholem, "Walter Benjamin", 1964, *Fidélité et Utopie*, p. 135.
103. Max Brod, "Verzweiflung und Erlösung im Werk Franz Kafkas" (1959), *Über Franz Kafka*, Fischer Bücherei, 1966, p. 213. Brod tenta se desembaraçar da negatividade dos romances, atribuindo-a a seu "gênio fantasioso" e a sua "imaginação altamente terrificante"...

tratou diretamente do advento do Messias, Kafka escreve: "O Messias virá somente quando ele não for mais necessário; somente virá no dia após sua chegada: virá, não no último dia, mas no último dos últimos (*allerletzteri*)" (mesmo Brod percebe a ironia deste texto)[104]. Esta ironia torna-se tragigrotesca (o termo "cômico" não é apropriado) na admirável parábola intitulada "Os Chacais e os Árabes", significativamente publicada (em 1917) na revista de Martin Buber, *Der Jude*. Os chacais são apresentados como uma horda estreitamente unida, exilada entre um povo hostil, e portadora de uma "velha tradição" (*alte Lehre*); o patriarca dos chacais dirige ao herói anônimo do conto o seguinte discurso:

> Eu quase tinha abandonado a esperança, porque havíamos te esperado durante anos sem fim; minha mãe te esperou, e sua mãe, e todas as outras mães, até a primeira mãe dos chacais [...] tu deves pôr fim a essa luta que divide o mundo. Tal como és, nossos ancestrais descreveram aquele que o fará.

A analogia com os judeus, povo de "velhas tradições", exilado em um meio hostil, no qual a continuidade é matrilinear, e que espera há séculos seu redentor messiânico, é transparente. Mas a parábola se torna caricatura trágica, não apenas pelo comportamento lamentável dos chacais – irresistivelmente atraídos pela carniça, sob os golpes de chicote dos Árabes – mas pelo tipo de missão que eles querem atribuir ao salvador tão esperado. Os chacais lhe fazem a seguinte prece: "Por isso, ó Senhor, por isso, ó caro Senhor, com a ajuda de tuas mãos todo-poderosas, corta-lhes a garganta com esta tesoura!" – referência mal velada (aqui compreendida no estilo repetitivo) às preces talmúdicas, implorando ao Messias onipotente para golpear com sua espada os inimigos de Israel. A auto ironia judaica atinge, nessa parábola, uma de suas expressões mais pungentes na literatura moderna[105].

À *teologia negativa*, ao messianismo negativo de Kafka, corresponde, no terreno político, uma *utopia negativa*, um anarquismo negativo. Heinz Politzer fala de Kafka como

---

104. F. Kafka, *Parables and Paradoxes*, Nova York, Schocken Books, 1965, pp. 38, 81. Cf. Max Brod, *op. cit.*, p. 245.
105. F. Kafka, "Schakale und Araber", *Erzählungen*, S. Fischer Verlag, 1967, pp. 160-165.

de um "anarquista metafísico"[106]. Parece-nos, com eleito, que as principais obras de Kafka – principalmente *O Processo* e *O Castelo* -contêm uma dimensão crítica da reificação burocrática e da autoridade estatal hierarquizada (administrativa ou jurídica), de inspiração claramente anarquista[107]. Em *O Processo*, a máquina jurídica do Estado esmaga o indivíduo, enquanto que em *O Castelo* ele é submetido à lógica absurda e à arbitrariedade sórdida e mesquinha (o caso Amália!) do universo burocrático alienado. Isso não esgota, naturalmente, a significação dessas obras, mas constitui uma de suas dimensões essenciais, cuja fonte anarquista nos parece inegável. Sabe-se, por outro lado, que Kafka participou regularmente de atividades de organizações anarquistas tchecas pelos anos de 1909-1912, tendo, inclusive, sido preso pela política de Praga depois de uma manifestação de protesto contra a execução do anarquista Liabeuf, em Paris; por essa época, leu e até mesmo estudou de perto os escritos de Elisée Reclus, Domela Niewenhuis, Vera Figner, Bakunin, Kropotkin, Jean Grave, Emma Goldmann, Erich Müsham, Pierre Ramuz etc.[108].

Entretanto, a utopia libertária não aparece em nenhuma parte enquanto tal em sua obra: ela apenas existe em *negativo*, como crítica de um mundo desprovido de liberdade: é a *maneira de criticar o estado de coisas existente* que manifesta o ponto de vista anarquista. A homologia estrutural com a *teologia negativa é* surpreendente mas, até onde sabemos, jamais Kafka tentou ligar explicitamente as duas temáticas. Uma das raras vezes em que ele sugere uma ligação entre utopia revolucionária e religião é em uma conversa com Gustav Janouch sobre a Revolução Russa, onde afirma: "Os homens tentam construir na Rússia um mundo perfeitamente justo. Esta é uma tarefa religiosa"[109]. Em todo caso, a

---

106. *Das Kafka Such*, p. 151.
107. Ver, a esse respeito, nosso ensaio "Kafka et Fanarchisme", in AAVV, *Essais sur les formes et leurs significations*, Paris, Denoel, 1981.
108. Ver os testemunhos de dois dirigentes anarquistas tchecos que conheceram Kafka, Michal Kacha e Michal Mares, em K. Wagenbach, *Franz Kafka, 1883-1912*, Bonn, Francke Verlag, 1958, p. 27, e K. Wagenbach, *Kafka*, Rohwolt, 1964, p. 70, assim como as declarações do próprio Kafka em G. Janouch, *Conversations with Kafka*, A. Deutsch, 1971, p. 90.
109. G. Janouch, *op. cit.*, p. 119. Mas, em uma outra conversação com Janouch, Kafka manifesta seu ceticismo por uma crítica – ela também

178

afinidade eletiva subterrânea entre as duas configurações "negativas" constitui, em nossa opinião, uma das chaves para a compreensão da estrutura significativa de sua obra.

III. Os Judeus Assimilados, Ateus-Religiosos, Anarco-Bolchevistas

Poeta e dramaturgo, discípulo de Gustav Landauer, Ernst Toller pertence, por seu estilo literário e sua sensibilidade religiosa-idealista, à *Spätromantik* do século XX[110]. Esta tendência romântica e sua oposição pacifista à guerra vão torná-lo sensível à obra de Landauer, principalmente *O Apelo ao Socialismo*, que o "tocou e determinou de maneira decisiva"[111]. Em sua carta a Landauer, de 20 de dezembro de 1917, Toller esboça o núcleo central de sua *Weltanschauung* em gestação: "Acredito que devemos, antes de tudo, lutar contra a guerra, a miséria e o Estado [...] e em seu lugar estabelecer [...] a comunidade dos homens livres, que existe por meio do espírito"[112]. Os dois se encontrarão no fim de 1918, junto a seu amigo comum Kurt Eisner, em Munique e, em seguida, participarão juntos da República dos Conselhos da Baviera (março-abril de 1919). Sob a influência de Landauer, Toller concebe a revolução socialista como negação do Estado e da industrialização e como retorno às comunidades rurais descentralizadas. Pacifista, ele vê no Estado capitalista, responsável pela Guerra Mundial, um *Golem*, um falso ídolo que exige sacrifícios ilimitados de

de tonalidade anarquista – das revoluções que triunfam: "A revolução se evapora e resta apenas o lodo de uma nova burocracia. As correntes da humanidade torturada são em papel de ofício" (*idem*, p. 120).
110. É por esse termo que o designam os historiadores da literatura alemã moderna; cf. Walter Sokel, "Ernst Toller", in *Deutsche Literatur am 20 Jahrhundert*, Heidelberg, Wolfgang Rothe, 1961, II, pp. 284-85.
111. Ernst Toller, *Eine Jugend in Deutschland* (*1933*). *Prosa, Briefe, Drama, Gedichte*, Rowohlt, 1961, p. 81. Aprisionado em 1918 por sua propaganda antimilitarista, Toller lera, na prisão, Marx, Bakunin e Rosa Luxemburgo (*Idem*, p. 88).
112. Ernst Toller, *Quer Durch, Reisebildern und Reden*, Berlim, G. Kiepenheuer Verlag, 1930, p. 191. Constitui-se, nessa época, um grupo de estudantes pacifistas-socialistas em Heidelberg, o *Kulturpohtischer Bund der Jugend in Deutschland.* Ver Margarete Turnowski-Pinter, "A Student's Friendship with Ernst Toller". *Year Book XV*, Londres, Leo Baeck Institute, 1970, pp. 211-222.

vidas humanas[113]. Em sua primeira grande peça, *Die Wandlung* (*A Transfiguração*), escrita em 1918, condena os "castelos e prisões", governados pelos homens "que não servem nem a Deus nem à humanidade, mas a um fantasma, um fantasma malévolo", e conclama o povo a destruí-los[114]. E na peça *Masse Mensch* (*O Homem de Massa*), escrita na prisão em 1919, "a Mulher" (que exprime a visão do mundo de Toller) grita ao marido, patriota e belicista, para o qual "o Estado é sagrado": "Quem construiu as prisões? Quem criou a 'guerra santa'? Quem sacrificou milhões de vidas humanas no altar de um jogo de cifras mentiroso? [...] Quem roubou de seus irmãos sua face humana? Quem os forçou a se mecanizar? Quem os reduziu a peças de máquinas? O Estado! Você!"[115]. Este antiestatismo de tipo libertário é acompanhado de uma ética de não violência, em uma combinação que certos críticos literários contemporâneos designaram como o "anarquismo tolstoiano" de Toller[116]. Na realidade, Toller sonha com uma *revolução mundial* pacifista, uma comoção universal não violenta, que permitirá alcançar aquilo que ele designa como o objetivo sagrado: uma *Gemeinschaft* de homens livres[117].

Toller nasceu em uma família judia assimilada, em uma cidade polonesa anexada pela Prússia, onde (escreve ele): "os judeus se consideravam pioneiros da cultura alemã"; sente, contudo, o antissemitismo circundante[118]. A religiosidade messiânica que caracteriza seus dramas políticos decorre de fontes tanto judias quanto cristãs; mas o herói de sua primeira peça (*Die Wandlung*) é um judeu cujos dilemas exprimem, sem dúvida, a posição atormentada e ambígua do próprio Toller face ao judaísmo: ao mesmo tempo, em ruptura com a tradição judaica e incapaz de se assimilar completamente; essa personagem (Friedrich) exclama: "Eu, um judeu exilado, luto entre uma margem e outra, longe da antiga e mais longe ainda da nova". Ele se dirige a sua mãe criticando nela, amargamente, o obscurantismo da religião hebraica: "Quem é o seu

---

113. E. Toller, *Eine Jugend in Deutschland*, pp. 82, 88.
114. E. Toller, *Die Wandlung*, 1918; *Prosa, Briefe, Drama...*, pp. 284-85.
115. E. Toller, *Masse Mensch*, 1919; *Prosa, Briefe, Drama...*, p. 325.
116. H. W. G. Randall, "The German Drama", *The Contemporany Review*, Londres, dez. 1925, p. 760.
117. E. Toller, *Masse Mensch*, pp. 328-29.
118. E. Toller, *Eine Jugend in Deutschland*, pp. 31, 36-37.

Deus senão um juiz estreito, que julga todos os homens por leis ressequidas? Que julga sempre pelas mesmas leis mortas? [...] A estreiteza de sua nobre casa de Deus é sufocante". Entretanto, identifica-se com Aasvero, a figura mítica do judeu errante, e se sente um estranho em relação à população gentílica que o rodeia: "Onde afinal é minha pátria, mãe? Eles têm uma pátria, aqueles em frente [...]. Eles têm sua própria terra, na qual estão enraizados..."[119].

A utopia de uma revolução libertária-pacifista está estreitamente ligada, nos primeiros dramas de Toller, à esperança da redenção messiânica, concebida num espírito "judeu-cristão". A ideia cristã do sacrifício redentor do Messias aparece no âmago de *Die Wandlung* (1918), principalmente na cena na qual o coro dos prisioneiros, dirigidos e inspirados por Friedrich, proclama: "Irmão, tu nos ilumina o caminho/ para a crucificação/ Nós nos liberaremos a nós próprios/ Nós encontraremos a redenção/ E o caminho para a suprema liberdade". Fuzilado pelo Estado, Friedrich ressuscita para anunciar uma era messiânica que virá: "Agora se abrem, saídas do seio do universo/ As altas portas arqueadas da catedral da humanidade/ A juventude ardente de todos os povos se atira/ no altar luminoso de cristal que ela percebe na noite". Mas para chegar a essa redenção, Friedrich conclama o povo à revolução (não violenta) e à destruição dos "castelos" da ordem estabelecida[120]. Esta fusão *sui generis* entre revolução e redenção religiosa auto sacrificial se manifesta de forma particularmente exaltada na epígrafe que abre sua segunda grande peça, *Massen Mensch* (1919): "Revolução mundial/ Mãe do novo movimento/ Mãe dos novos povos/ O século se

---

119. E. Toller, *Die Wandlung*, pp. 245-46. Notemos de passagem que, embora rejeitando explicitamente o sionismo, Toller se interessa pelo destino da comunidade judaica na Palestina: em 1925, visita o país e, em particular, os *kibbutzim*. Declarará, em seguida, que os judeus deveriam se aliar antes com os árabes do que com a Europa (Cf. "Ernest Toller Discusses Palestine", *American Hebrew*, 3/6/1927, e Margaret Green, "Communism in Munich and Palestine. What Ernst Toller Saw". *The New Leader*, Londres, II, dez. 1925.
120. E. Toller, *Die Wandlung*, pp. 272, 277, 285. Nessa peça encontra-se um eco da visão de Landauer sobre o papel messiânico dos judeus na revolução humana universal.

181

ilumina de vermelho/ Os faróis sangrentos do pecado/ A terra se crucifica a si própria"[121].

Como se sabe, essas ideias não permaneceram puramente literárias para Toller: tentou colocá-las em prática pela sua participação na Revolução dos Conselhos Operários de Munique –, onde ele, o pacifista, foi obrigado, por uma ironia da história, a comandar as operações do Exército Vermelho da Baviera (abril de 1919). Mesmo nesse momento, sua prática revolucionária conserva uma aura religiosa e messiânica, da qual se encontra um eco – negativo – na célebre fórmula de Max Weber, no momento de seu testemunho em favor de seu antigo aluno Toller, diante do tribunal que o julgava após a queda da República dos Conselhos: "Deus o converteu em político em um momento de cólera"[122].

No decorrer dos anos 20, Toller vai se aproximar, em certa medida, do movimento comunista; em 1926, visitará a URSS, onde encontrará (entre outros) Radek, Lunatcharski e Trotski. Publicará em 1930 suas impressões de viagem que, apesar de algumas reservas e críticas, são muito favoráveis à experiência soviética, que considera um "exemplo heroico de espírito criador" e talvez um "início de regeneração da Cultura na Terra"[123]. Nos anos 1936-38, ele se dedicará a fundo à campanha de solidariedade com a Espanha republicana. Entretanto, permanecerá um isolado durante toda a sua vida, até seu suicídio em Nova York, em maio de 1939.

"Teólogo da revolução" e filósofo da esperança, amigo de juventude de Lukács e, mais tarde, de Walter Benjamin, Ernst Bloch se designa como um *romântico revolucionário*[124]. Aluno do sociólogo neorromântico (judeu) Georg Simmel, em Berlim, Bloch vai participar durante alguns anos (com Lukács) do Círculo Max Weber de Heidelberg, um dos principais núcleos do romantismo anticapitalista no meio universitário alemão. As testemunhas da época descrevem-no como um "judeu apocalíptico catolicizante",

121. E. Toller, *Masse Mensch*, p. 289.
122. Marianne Weber, *Max Weber. Ein Lebensbild*, Tubingen, JCB. Mohr, 1926, p. 673.
123. E. Toller, *Quer Durch* ("Russische Reisebilder"), p. 82.
124. O termo se refere, em particular, aos escritos dos anos 1918-1923. Ver E. Bloch, "Nachbemerkung" (1963), *Geist der Utopie* (1923), Frankfurt a.M., Suhrkamp, 1973, p. 347.

ou como "um novo filósofo judeu [...] que se acreditava, com toda certeza, o precursor de um novo Messias"[125].

O *Espírito da Utopia* de Bloch pode ser considerado, sobretudo em sua primeira versão de 1918, como sendo (junto com os escritos de Landauer, que Bloch parece ignorar nessa época) uma das obras mais características do romantismo revolucionário moderno. Desde o início, encontra-se nela uma crítica feroz à máquina e à "frieza técnica", seguida de um hino à glória da arte gótica, este "espírito da elevação" que se torna "transcendência orgânico-espiritual" e que é superior à própria arte grega, porque faz do homem, enquanto Cristo, "a medida alquímica de toda construção"[126]. Na conclusão do livro aparece uma surpreendente visão da utopia do futuro, como uma sociedade hierarquizada, neomedieval, composta na base "somente de operários e artesãos" e pôr no alto de uma "nobreza sem servos nem guerra", uma "aristocracia espiritual" de homens "cavalheirescos e piedosos" – tudo, evidentemente, após a revolução socialista que abolirá a economia do lucro e o Estado que a protege...[127]. Esta passagem, um pouco distante demais do marxismo ao qual Bloch se liga algumas vezes, desaparece da segunda edição (largamente reformulada) do livro, publicada em 1923. Nessa nova versão, Bloch vai opor a ideia de humanidade da Idade Média "autenticamente cristã" ao "romantismo da nova reação" que é "sem espírito e não cristão (*geistlos und unchristlich*)", e que esquece Thomas Münzer e a guerra dos camponeses, para venerar apenas os "ladrões heráldicos"[128]. Em outros termos, sem abandonar sua problemática romântica, em 1923, Bloch se preocupa em distingui-la mais claramente do romantismo conservador ou retrógrado, fazendo apelo a referências históricas revolucionárias (milenaristas).

As passagens citadas acima já revelam aquilo que constitui o aspecto dominante do romantismo de Bloch: a religiosidade. Ele rejeita sem apelação "os ideais filis-

---

125. Cf. Paul Honigsheim, "Der Marx-Weber-Kreis in Heidelberg", *Kölner Vierteljahrschrift für Soziologie*, n° 3, 1926, p. 284, e Marianne Weber, *Marx Weber. Ein Lebensbild*, p. 476.
126. E. Bloch, *Geist der Utopie*, 1923, pp. 20-21, 38-39.
127. E. Bloch, *Geist der Utopie*, Munique-Leipzig, Duncker & Humblot, 1918, p. 410.
128. E. Bloch, *Geistder Utopie*, 1923, pp. 294-95.

183

tens" da burguesia livre-pensadora e "banalmente ateia" e considera como um dos resultados necessários da revolução socialista o estabelecimento de uma *Igreja Nova*, enquanto "espaço de uma tradição que continua viva e de uma ligação com o Fim"[129].

É em termos carregados de religiosidade que ele vai desenvolver suas ideias políticas, sua utopia marxista-libertária, anarco-bolchevique. O Estado é para ele, como para os anarquistas, o inimigo mortal, cuja "essência coercitiva satânica, paga denuncia". O Estado pretende ser "Deus sobre a Terra", mas o falso Deus que habita em seu interior se manifesta de modo imediato na guerra e no terror branco. O Estado, como fim em si, e "a onipotência mundial pela adoração do diabólico" são, em última análise, "a forma consciente do anticristianismo (*Antichristentum*)"[130]. Ele insiste, portanto, na distinção radical entre a livre associação socialista do futuro, tal como a concebiam também Marx e Engels, e todas as formas de "socialismo de Estado". Mas reconhece, ao mesmo tempo, a necessidade inelutável de utilizar a violência e o poder para lutar contra a ordem estabelecida: "A dominação e o poder são maus em si mesmos, mas é necessário opor-se a eles com meios de poder (*machtgemäss*), como o imperativo categórico – com um revólver nas mãos, na medida em que não podem ser aniquilados de outro modo, ou na medida em que o diabólico se obstine tão ferozmente contra o amuleto (ainda não encontrado) da pureza"[131]. Isso o conduz a admitir (em 1923) que o Estado pode ser, como no bolchevismo, um "mal necessário" provisório – tese que, evidentemente, o distingue das concepções anarquistas propriamente ditas. Mas ele insiste, ainda assim, que, de um ponto de vista socialista, o Estado deve desaparecer e ser substituído por uma simples "organização internacional da produção e do consumo"[132].

A esperança revolucionária em Bloch é tão intensamente religiosa quanto sua crítica ao Estado "satânico". Ele saúda, em *Geist der Utopie* (1918), os Conselhos de Operários e de Soldados de 1917 na Rússia, não apenas como os inimigos da economia monetária (*Geldwirtschaft*) e da "moral de comerciante" (esse "coroamento de tudo o

129. *Idem*, pp. 303, 307.
130. *Idem*, pp. 297-99, 335.
131. *Idem*, p. 302.
132. *Idem*, p. 229.

que é perverso no homem"), mas também como "os pretorianos que, na Revolução Russa, instauraram pela primeira vez o Cristo como Imperador"[133]. O messianismo que transparece nesse texto é na realidade uma das dimensões mais essenciais de sua obra dos anos 1918-23 – obra que o próprio Bloch concebia como parte de um vasto "sistema do messianismo teórico". Adorno não se engana ao escrever que "a perspectiva do fim messiânico da história e da passagem para a transcendência" é o centro em torno do qual tudo se ordena em *Geist der Utopie*[134].

O messianismo de Bloch recorre primeiramente às fontes judaicas: a Bíblia (principalmente o Deuteronômio), a cabala (em particular o Zohar), o hassidismo (provavelmente segundo Buber) etc.[135] A atitude de Bloch face ao judaísmo é complexa; um dos raros textos onde ele se explica sobre o assunto é o capítulo "Symbol: die Juden" da primeira edição de *Geist der Utopie*, desaparecido na reedição de 1923. Rejeita, nesse escrito, tanto o assimilacionismo da burguesia judia livre-pensadora e a-religiosa, quanto a manutenção do gueto tradicional do leste da Europa. Quanto ao sionismo, acusa-o de "querer, com o conceito de Estado nacional – que teve curso de maneira bastante efêmera no século XIX – transformar a Judeia em uma espécie de Estado balcânico asiático"[136]. Celebra, entretanto, a continuidade histórica do "povo dos Salmos e dos profetas" e se alegra com o "despertar da altivez de ser judeu" na época atual. Enfim, atribui aos judeus, juntamente com os alemães e com os russos, um papel crucial na preparação da época absoluta", esses três povos estando destinados a receber o "nascimento de Deus e o Messianismo"[137].

133. E. Bloch, *Geist der Utopie*, 1918, p. 299. Essa passagem desaparecerá na edição de 1923.
134. Theodor Adorno, "Henkel, Krug und frühe Erfahrung" (1965), *Noten zur Literatur*, IV, Frankfurt a.M., Suhrkamp Verlag, 1974, p. 92.
135. Scholem se lembra de ter visto na mesa de Bloch, quando de sua conversa com ele em 1919, uma obra com capítulos sobre a tradição messiânica judaica (Memorando de entrevista, dez. 1979). Conforme também G. Scholem, *Geschichte einer Freundschaft*, pp. 102-103. Nos Arquivos Buber de Jerusalém se encontra uma carta de Bloch a Buber, de 2 de julho de 1920, que testemunha as ligações pessoais entre os dois pensadores (Arquivos Buber, Ms Var 350, *123/Chet 2*).
136. E. Bloch, *Geistder Utopie*, 1918, p. 320.
137. *Idem*, p. 332.

185

Contudo, as fontes judias se combinam e se entrelaçam nele com as fontes cristãs do messianismo, a começar pelo Evangelho (principalmente o Apocalipse segundo São João). Ernst Bloch (como Landauer e Buber) considera Jesus como um profeta judeu, que deve "voltar a seu povo" e ser reconhecido como tal pelos judeus. Mas não o considera o Messias: o verdadeiro Messias, o "Messias longínquo", o Salvador, o "último Cristo, ainda desconhecido", ainda não chegou[138]. Sua principal referência cristã são as correntes heréticas e milenaristas do passado, que constituem, segundo ele, "a história subterrânea da revolução": os cátaros, os albigenses, Joachim de Fiore, os Irmãos da Vida Comum, Eckart, os hussitas, Münzer e os anabatistas, Sébastien Franck, Baader etc., cuja a tradição messiânica ressurge, hoje de novo, na luta contra "o medo, o Estado, a descrença". Ele dedicará sua segunda grande obra a Thomas Münzer "como teólogo da revolução" (1921), do qual ele exalta "a alquimia utópica", a "magia revolucionária" e a tensão espiritual profunda em direção ao apocalipse iminente[139]. É típico do método religioso "sincrético" (judeu-cristão) de Bloch que ele associe, na mesma passagem, o quiliasmo dos anabatistas e o dos cabalistas de Safed (século XVI), que esperam na Palestina "o vingador messiânico que derrubará o Papado e o Império [...] e imporá o *Olam ha-Tikun*, o verdadeiro Reino de Deus"[140].

A convergência entre utopia revolucionária e messianismo é talvez mais direta e mais explícita em Bloch que na maior parte dos outros autores que estudamos aqui. Ela toma, primeiramente, a forma de continuidade histórica ou *ressurreição*: para ele (em 1921) encontra-se no bolchevismo "o tipo taborita-comunista-joaquimista de anabatismo radical"; trata-se agora de unir "em um mesmo plano de campanha" o marxismo e o sonho do absoluto, para a tarefa grandiosa de "reconstrução do astro Terra, e convocação, criação e imposição do Reino"[141]. Ela pode também tomar a forma de *complementaridade*: no primei-

---

138. *Idem*, pp. 323, 331-332. Bloch sugere também uma outra hipótese: Jesus seria o Messias sofredor, "filho de José", distinto do Messias triunfante, "filho de Davi" – distinção que remonta à Deuterose.
139. E. Bloch, *Thomas Münzer ais Theologe der Revolution* (1921), Frankfurt a.M., Suhrkamp, 1969, pp. 61, 228.
140. *Idem*, p. 58.
141. *Idem*, pp. 94, 229.

ro parágrafo de *Geist der Utopie*, Bloch menciona uma passagem do Zohar, que trata da combinação entre as *obras* (que aspiram aperfeiçoar o mundo exterior) e a *prece* (que visa elevar o mundo pela interioridade); ele pensa que um vínculo análogo deve ligar marxismo e religião, que confluem, cada uma à sua maneira, na tensão comum em direção ao Reino messiânico da justiça e da fraternidade[142]. Enfim, a convergência pode se apresentar – como em Rosenzweig, Buber e Benjamin – na concepção da revolução como etapa *preparatória* ao advento do Reino: apoiando-se na tradição messiânica hassídica, Bloch escreve em *O Espírito da Utopia*: "Como disse Baal Schem, o Messias só pode vir senão quando todos os hóspedes estiverem sentados à mesa; mas esta é primeiramente a mesa do trabalho e somente depois a mesa do Senhor..."[143].

Conclusão

Os oito exemplos examinados ilustram diversas modalidades de articulação entre messianismo judeu e utopia libertária. Parece-nos que o conceito de *afinidade eletiva* permite compreender essa relação complexa, que não é aquela da determinação causal direta ou da "influência" no sentido tradicional; trata-se, a partir de uma certa homologia estrutural, de um movimento de convergência, de atração recíproca, de confluência ativa, de combinação, de articulação, de aliança ou fusão entre duas configurações socioculturais. Em *A Ética Protestante e o Espírito do Capitalismo*, Max Weber vai utilizar o termo *Wahlverwandtschaft* para designar o tipo de ligação entre a reforma religiosa e o novo *ethos* econômico. Entretanto, não desenvolve esta intuição, que permanece isolada em sua obra. Em nossa opinião, dever-se-ia atribuir um *estatuto metodológico* ao conceito de *afinidade eletiva* em ciências humanas; isso permitiria enriquecer, matizar e tornar mais dinâmica a análise das relações entre fenômenos religiosos, políticos, literários, filosóficos etc., e evitar a tentação, bastante frequente, de reduzir os processos (por exemplo) religiosos à "expressão" de um

142. E. Bloch, *Geist der Utopie*, 1923, pp. 345-46.
143. E. Bloch, *Geist der Utopie*, 1918, p. 411.

conteúdo social ou político, do qual seriam apenas a manifestação exterior, a aparência formal[144].

Evidentemente, a afinidade eletiva não se desenvolve no vazio ou no azul da espiritualidade pura; ela é *favorecida* ou *bloqueada* por condições históricas determinadas, econômicas, sociais, políticas e culturais. Em nosso caso, parece-nos que o ponto de partida é o processo de industrialização desenfreada da Alemanha (e, em menor grau, da Áustria-Hungria) no último quartel do século XIX. Como já sublinhamos, o neorromantismo que domina a vida cultural alemã nessa época é a reação (às vezes desesperada e trágica, às vezes resignada) da *intelligentsia* tradicional contra a nova sociedade industrial/burguesa, a *Zivilisation* capitalista materialista, utilitária e *geistlos*. Mas a industrialização tem também consequências sobre a evolução social e cultural da comunidade judaica: em um primeiro momento, o progresso capitalista favorece o enriquecimento e a integração socioeconômica, da burguesia judia comerciante, financeira e industrial e, por conseguinte, sua assimilação cultural. Entretanto, "como a maior parte dos homens de negócio alemães, os judeus queriam ascender socialmente [...] desejavam que seus filhos e genros fossem mais valorizados que eles. Estando a carreira de oficial ou funcionário superior, objetivo de um jovem cristão, fechada para o judeu [...] apenas os estudos universitários lhes restavam abertos"[145]. Chega-se, assim, por volta de 1985, a uma porcentagem de dez por cento de judeus nas universidades alemãs, o que corresponde a dez vezes a porcentagem de judeus na população global (1,05%)[146]. Esse processo de escolarização maciça da juventude judia de origem burguesa, no fim do século XIX e início do século XX, conduz rapidamente a dois resultados importantes: 1) Um setor significativo dessa juventude culturalmente assimilada se apropriará com avidez da *Weltanschauung* romântica antiburguesa, predominante nos meios universitários (principalmente nas

144. Ver, a esse respeito, G. Scholem, *Sabbataï Sevi*, p. 462.
145. Ismar Elbogen, *Geschichte der Juden in Deutschland*, Berlim, E. Lichtenstein Verlag, 1935, p. 303.
146. I. Elbogen, *op. cit.*, p. 303, e Erich Rosenthal, "Trends of the Jewish Population in Germany, 1910-1939", *Jewish Social Studies*, VI, jun. 1944, p. 257.

Geisteswissenschaften – ciências sociais – para as quais se dirige o grosso dos estudantes judeus); isso resultará em uma recusa da carreira de negócios paterna, em uma revolta contra o meio familiar burguês e na aspiração intensa por um "modo de vida intelectual"[147]. 2) O fechamento da administração e (em larga medida) do ensino aos universitários judeus vai condená-los a trabalhos intelectuais *marginais*: jornalistas ou escritores "franco-atiradores", artistas ou pesquisadores isolados, professores "particulares", etc. É essa descriminação e marginalização que permite compreender, segundo o sociólogo alemão Robert Michels, "a predisposição dos judeus para a adesão aos partidos revolucionários"[148]. Segundo E. Lunn (o biógrafo de Gustav Landauer), a simpatia pelo anarquismo se explica também pelo mesmo contexto: "já que [...] os intelectuais marginais nas sociedades altamente industrializadas são aqueles que apresentam a mais forte tendência para o anarquismo, é muito mais provável que um intelectual judeu se torne um anarquista na Alemanha que um não judeu"[149].

É nesse quadro social e cultural preciso que se tece a trama complexa de ligações entre romantismo anticapitalista, renascença religiosa judaica, messianismo, revolta cultural antiburguesa e antiestatismo, utopia revolucionária, anarquismo. Deve-se agora acrescentar a esse processo sócio histórico, que se desenrola a partir do fim do século XIX, *a conjuntura política* concreta da época que nos interessa: um período de ascensão revolucionária sem precedentes na história moderna da Europa, que se abre com a Revolução Russa de 1905 e se encerra com a derrota definitiva da Revolução Alemã em 1923. Não é por acaso que as principais obras nas quais se manifesta a *Wahlverwandtschaft* entre messianismo e utopia se situam no interior desses limites temporais, do *Apelo ao Socialismo*, de Landauer (conferências pronunciadas em 1908), à *História e Consciência de Classe*, de Lukács e à segunda edição de *Geist der Utopie*, de Bloch

---

147. Cf., a esse respeito, Z. Tordai, *op. cit.*, pp. 35,48.
148. Robert Michels, *Zur Soziologie des Parteiwesens in der modernen Demokratie*, Leipzig, Alfred Kroner Verlag, 2ª ed., p. 336.
149. E. Lunn, *Prophet of Community. The Romantic Socialism of Gustav Landauer*, pp. 79-81.

(as duas em 1923). E não é por acaso que os escritos onde a afinidade é mais intensa, a mais profunda, e onde tanto o messianismo quanto a utopia libertária se manifestam da forma mais radical e mais explosiva, datam dos anos de pico da vaga revolucionária: 1917-1921. É durante esses anos que são publicados textos como *Stern der Erlösung*, de Rosenzweig, *Der Heilige Weg* de Buber, o prefácio para a reedição de *O Apelo* de Landauer, o *Fragmento Teológico-Político* e a *Crítica da Violência*, de Benjamin, *Geist der Utopie*, de Bloch, *O Bolchevismo como Problema Moral*, de Lukács e as duas grandes peças de Toller (*Die Wandlung* e *Masse Mensch*). Algumas vezes essa problemática persiste após 1923, mas mudando sua forma, caráter ou intensidade.

9. WALTER BENJAMIN CRÍTICO DO PROGRESSO: À PROCURA DA EXPERIÊNCIA PERDIDA*

Escovar a história a contrapelo: esta proposição, colocada por Benjamin nas *Teses sobre a Filosofia da História*, não é nele uma fórmula retórica, nem um paradoxo literário. Ela resume sua postura diante de sua época, seu estilo de pensamento, sua trajetória intelectual e política. É uma atitude que pressupõe risco: Benjamin pagou-a com sua vida. Mas ela constitui um dos aspectos mais essenciais de sua obra, e uma das dimensões que contribuem para sua extraordinária *atualidade*.

Escovar a história a contrapelo significa, primeiro, a recusa da ilusão do progresso, isto é, de todas as ideologias e mitos que acariciam a fera no sentido dos pelos. Essa crítica do progresso é um tema – ou antes, uma iluminação – que atravessa o conjunto da obra de Benjamin, desde os seus escritos de 1914 até os últimos textos de 1940; ela é encontrada tanto antes quanto depois de sua adesão ao marxismo,

* Extraído de AAVV, *Walter Benjamin et Paris*. Paris,, CERF, 1985.

e imprime sua marca tanto em seus ensaios teológicos quanto em seus artigos culturais ou políticos[1]. Na verdade, essa problemática não é nova: de origem romântica, ela é partilhada por muitos críticos culturais da modernidade na Alemanha. Mas com Walter Benjamin ela ganha uma qualidade nova, um significado messiânico revolucionário que a distingue radicalmente do *Kulturpessimismus* conservador de um Stefan George ou de um Ludwig Klages.

Desde sua conferência de 1914 sobre a vida dos estudantes, o núcleo irreversível de sua trajetória crítica está constituído: contra a "difusa tendência progressista" incoerente, imprecisa e sem rigor, e sua concepção linear da história que, "confiante no infinito do tempo... discerne somente o ritmo mais ou menos rápido segundo o qual homens e épocas avançam na via do progresso", ele proclama a necessidade de *imagens utópicas*, como a Revolução Francesa ou o Reino Messiânico[2]. Encontra-se já nesse texto algumas das figuras centrais da filosofia da história de Benjamin, que ele se esforçará, a partir de 1924, por articular com o materialismo histórico.

É precisamente em nome do materialismo histórico que ele vai contestar, no seu último escrito, as doutrinas do progresso ilimitado e contínuo da socialdemocracia e do comunismo stalinista – esse último designado pela fórmula "os políticos nos quais os adversários do fascismo tinham colocado suas esperanças" e que "agravam sua derrota traindo sua própria causa" (provavelmente uma referência ao pacto germano-soviético). A ilusão nefasta de "nadar no sentido da corrente" (o desenvolvimento técnico) contrapõe sua célebre alegoria do progresso como tempestade que nos afasta do paraíso e como catástrofe permanente que amontoa as ruínas[3].

A desmistificação do progresso devia ocupar um lugar importante no *Livro das Passagens* (*Passagen-Werk*), como se pode constatar pelas numerosas notas a esse respeito, não apenas na seção intitulada "Theorie des Fortschritts" mas também na seção sobre Baudelaire e outras. Encontra-se aí

---

1. A única exceção são certos textos dos anos 1933-35, principalmente o ensaio "Sobre a Obra de Arte na Era de sua Reprodutibilidade".
2. W. Benjamin, "La vie des étudiants", *Mythe et Violence*, Paris, Denoël, 1971, p. 37.
3. W. Benjamin, "Thèses sur la philosophie de l'histoire", *Poésie et Révolution* (PR), Paris, Denoël, 1971, pp. 281-85.

especialmente a primeira formulação de uma ideia que se encontra também em *Zentralpark*. o progresso é fundado na catástrofe, e o inferno, como o escreveu Strindberg, não é de modo algum aquilo que nos espera em uma outra vida, mas sim *esta vida aqui*, o atual estado de coisas[4]. Benjamin opõe às ideologias "progressistas" aquilo que ele chama a *teoria crítica da história* (que inclui autores como Turgot e Jochmann), cujo ponto de vista acentua tanto as *regressões* (der *Rückschritt*) quanto qualquer progresso na história. Ele reconhece que o conceito de progresso pode ter tido uma função crítica em sua origem, mas no século XIX, quando a burguesia conquistou posições de poder, essa função desapareceu; daí a necessidade de submeter o conceito a uma crítica imanente pelo materialismo histórico, "cujo conceito fundamental não é o progresso, mas a atualização"[5].

É por sua hostilidade comum ao progresso que Benjamin aproxima, no *Passagen-Werk*, Baudelaire e Blanqui. Em seu ensaio sobre a exposição universal de 1855, Baudelaire denuncia furiosamente a ideia de progresso como um "farol pérfido", uma "ideia grotesca que floresceu no terreno podre da fatuidade moderna", e graças à qual, os povos "adormecerão sobre o travesseiro da fatalidade no sono caduco da decrepitude". Benjamin tinha estudado atentamente este texto e dele cita, no *Passagen-Werk*, a seguinte passagem: "os discípulos dos filósofos do vapor e dos fósforos químicos entendem assim: o progresso só lhes aparece sob a forma de uma série indefinida. Onde está essa garantia?" Se Baudelaire pôde dominar Paris em sua poesia – contrariamente aos poetas da cidade que o seguiram – isso ocorreu, segundo Benjamin, graças a sua distância crítica face a seu objeto, que resultava de sua "hostilidade frenética ao progresso"; seu *spleen* é, em realidade, "o sentimento que corresponde à catástrofe permanente". Quanto a Blanqui, um de seus grandes méritos é o de ter "armado a classe revolucionária de uma sadia indiferença face às especulações sobre o progresso"[6].

4. *PW* 592.
5. *PW* 574, 596, 599.
6. *PW* 378, 428, 437. Cf. também *Zentralpark*, in *Charles Baudelaire, un poète lyrique à t apogée du capitalisme*, Paris, (CB) Pavot, 1983, p. 247. Para o texto de Baudelaire, ver *Oeuvres complètes*, Paris, Seuil, 1968, p. 363.

Evidentemente, Benjamin não nega que os conhecimentos e as atitudes humanas progrediram (ele o afirma explicitamente nas *Teses*), o que ele recusa obstinada e apaixonadamente, tanto no *Passagen-Werk* quanto nos outros escritos de seus últimos anos, é o mito – na sua opinião, mortalmente perigoso – de um progresso da própria humanidade que resulta necessariamente das descobertas técnicas, do desenvolvimento das forças produtivas, da dominação crescente sobre a natureza. Ele chama a atenção, principalmente no *Passagen-Werk* (e em outros escritos) para a utilização bélica das novas técnicas e para o fato de que as máquinas, supostamente aliviadoras do fardo do trabalhador, nada mais fazem que intensificar a exploração[7]. Longe de conceber – como o marxismo oficial da II e da III Internacional dessa época – a revolução como o coroamento social do progresso técnico e econômico, ele a vislumbrou como interrupção messiânica do curso da história, intervenção redentora para "arrancar no último momento a humanidade da catástrofe que a ameaça permanentemente"[8]. Em nossa opinião, seria falso ligar essa concepção da história unicamente à conjuntura precisa que Benjamin vivia no fim dos anos 30: crescimento irresistível do fascismo, preparação e desencadeamento da guerra mundial. Trata-se de uma *reflexão fundamental sobre a modernidade*, que encontra suas raízes nos primeiros escritos e cujo alcance é muito mais vasto e significativo que um comentário sobre a atualidade política. Isso posto, é evidente que se encontra nesses textos – talvez mais do que em qualquer outro escrito contemporâneo – o sentimento da catástrofe iminente que irá se abater sobre a Europa e o mundo, e a intuição lúcida de que ela terá proporções sem precedentes na história da humanidade, graças, em particular, ao extraordinário aperfeiçoamento técnico dos meios de guerra. Em *Rua de Mão Única*, Benjamin escrevia já que a evolução técnica e científica sob o capitalismo ameaça, principalmente graças ao progresso da guerra química, a sobrevivência da civilização humana. A tarefa da revolução é, pois, "cortar a mecha que queima antes que a centelha atinja a dinamite"[9]...

É no contexto geral dessa filosofia da história, fundada na crítica mais radical e mais profunda das ideologias do

7. *PW* 499, 609.
8. É uma referência a Blanqui em *Zentralpark*. Cf. CB 247.
9. *Sens Unique*, Paris, Lettres Nouvelles, 1978, pp. 205-6.

192

progresso – esses "filósofos do vapor e dos fósforos quími-cos" de que falava Baudelaire – que seria preciso analisar as observações de Benjamin sobre *o declínio da experiência* no mundo moderno. A experiência (*Erfahrung*) não se con-funde para ele com a experiência vivida (*Erlebnis*): enquan-to que a primeira é um traço cultural enraizado na tradição, a segunda situa-se a um nível psicológico imediato, que não tem, de modo algum, a mesma significação. Baudelaire, em *Spleen* e em *A Vida Anterior*, "tem em mãos os fragmentos desunidos de uma verdadeira experiência histórica"; por outro lado, o malévolo infinito da "duração" de Bergson, incapaz de acolher uma tradição, ilustra, aos olhos de Ben-jamin, todos os momentos vividos (*Erlebnisse*) "que se enfeitam com as plumas da experiência". É no ensaio sobre Baudelaire que ele define de modo mais preciso o que en-tende por *Erfahung*: "A experiência pertence à ordem da tradição, tanto na vida coletiva como na vida privada. Ela se constitui menos de dados isolados, rigorosamente fixados pela memória, que de dados acumulados, quase sempre inconscientes, que nela se concentram"[10].

A ideia de que a modernidade produz uma degradação ou perda da experiência aparece muito cedo nos escritos de Benjamin. No *Programa da Filosofia que vem*, de 1918, trata já do "caráter medíocre e vulgar da experiência", próprio da época das Luzes e, de um modo mais geral, ao conjunto dos tempos modernos[11]. Esse tema será retoma-do e desenvolvido nos seus escritos dos anos 30 (com ex-ceção do período 1933-1935)[12], principalmente em *O Narrador* (1936), onde constata que na época contempo-rânea "a cota da experiência baixou e parece mesmo que tende a zero". É no universo da experiência coletiva pré--capitalista dos meios populares e artesanais que nascem a narração e o conto de fadas (que ele opõe ao mito), cujo "encanto liberador (*befreiend Zauber*) não põe a Natureza em jogo de um modo mítico (mas) a apresenta antes como

10. *CB* 151, 196.
11. *PR* 101-102.
12. Por exemplo, no ensaio "Erfahrung und Armut" (1933), ele vai elaborar – sob a influência de Brecht – a ideia de que a "nova barbá-rie" resultante da perda da experiência pode servir de ponto de par-tida para um "novo começo" (*Illuminationen, Ausgewählte Schriften*, Frankfurt, Suhrkamp, 1980, p. 292).

cúmplice do homem liberado"[13]. O desencantamento do mundo (*Entzauberung der Welt*), analisado por Max Weber em relação ao advento da era capitalista, significa para Benjamin o declínio da *Erfahrung* coletiva e a ruptura do "encanto liberador", em proveito de um novo desencadeamento do pesadelo mítico que destrói a cumplicidade entre o homem e a natureza.

No *Passagen-Werk*, Benjamin vincula o início do processo de declínio (*Verkümmerung*) da experiência ao advento da manufatura e da produção de mercadorias. Mas é, evidentemente, com o impulso da indústria moderna que esse empobrecimento atinge seu nadir. Em seus escritos sobre Baudelaire, dos anos 1936-39 – que formam com o *Passagen-Werk* e com as *Teses* de 1940 um todo, cujas partes são inseparáveis – Benjamin examina a experiência "inóspita e cegante, própria da época da grande indústria", apoiando-se diretamente nas análises de Marx em *O Capital*. Pelo adestramento para operar a máquina, os trabalhadores são obrigados a "adaptar seu movimento ao movimento contínuo e uniforme do autômato". O operário experimenta uma profunda perda de dignidade e "seu trabalho torna-se impermeável à experiência". *A perda da experiência* está, assim, para Benjamin, estreitamente ligada à *transformação em autômato*: os gestos repetitivos, vazios de sentido e mecânicos dos trabalhadores, às voltas com a máquina, são encontrados nos gestos de autômatos dos passantes na multidão, descritos por Poe e E.T.A. Hoffmann. Nem uns, nem outros conhecem mais a *Erfahrung* mas somente o *Erlebnis* e, em particular, o *Chockerlebnis*, a experiência vivida do choque, que provoca neles um comportamento reativo, de autômatos "que têm suas memórias completamente liquidadas"[14].

Em uma conferência de 1930, Benjamin já havia manifestado seu interesse pelo dualismo "decididamente religioso" entre a *Vida* e o *Autômato* que se encontra nos contos fantás-

---

13. Ver Edgar Allan Poe, "Le Joueur d'échecs de Maelzel", *Histoires grotesques et sérieuses*, Paris, Gallimard, 1978, pp. 110-112, 118-119, 126-127. Benjamin conhecia esse trabalho de Poe, traduzido por Baudelaire; ele o cita em seu ensaio "Le Paris du Second Empire chez Baudelaire", *CB* 78. As citações das *Teses* sobre o conceito de história são extraídas da tradução francesa, feita pelo próprio Benjamin, Cf. *GS*1,1260.

14. *PR* 140, 160-161, e *Illuminationen*, p. 404.

ticos de Hoffmann, Poe, Kubin e Panizza[15]. É provável que essa observação se refira, entre outros, a um texto de Poe intitulado "O Jogador de Xadrez de Maelzel", que trata de um autômato jogador de xadrez "vestido à moda turca", cuja "mão esquerda segura um cachimbo" e que, se fosse verdadeiramente uma máquina, "deveria ganhar sempre". Uma das hipóteses de explicação mencionadas por Poe é que "um anão fazia mover a máquina", estando previamente escondido no aparelho. Parece-nos evidente que esse conto de Poe inspirou a *Tese I* sobre o conceito de história, em que Benjamin coloca em cena um boneco autômato "fantasiado com uma roupa turca", "a boca guarnecida com um narguilé" e que "devia necessariamente ganhar cada partida", com a condição de que um anão corcunda manejasse a mão do boneco. Em nossa opinião, a relação entre o texto de Poe e a tese de Benjamin não é apenas anedótica. A conclusão filosófica do "Jogador de Xadrez de Maelzel" é a seguinte: "É de fato certo que as operações do *Autômato* são regulados pelo *espírito* e não por outra coisa". O *espírito* de Poe torna-se, em Benjamin, a *teologia*, ou melhor, o *espírito messiânico*, sem o qual a revolução não pode triunfar nem o materialismo histórico "ganhar a partida" – em oposição às concepções materialistas vulgares ("mecanicistas") da socialdemocracia e do comunismo stalinista, que concebem o desenvolvimento das forças produtivas, o progresso econômico, como capazes de conduzir "automaticamente" à crise final do capitalismo e à vitória do proletariado[16].

Quanto a E.T.A. Hoffmann, Benjamin observa que suas narrações (*Erzahlungen*) estão fundadas na identidade entre o *automático* (*automatischen*) e o *satânico*, sendo a vida do homem cotidiano "o produto de um infame mecanismo artificial, regido no seu interior por Satã"[17]. O exemplo clássico dessa identidade é certamente a personagem Olimpia, essa boneca autômata (fabricada pelo diabólico doutor Coppelius) pela qual o pobre Natanael fica loucamente apaixonado, não distinguindo que "seu jogo, seu canto, tinham essa medida regular e desagradável que lembra o movimento da máquina"[18]. No *Passagen-Werk*

15. *CB* 151, 180-184 e *PW* 966.
16. W. Benjamin *GS* II, 644-647.
17. W. Benjamin, "E.T.A. Hoffmann und Oskar Panizza", *GS* II, 644.
18. Hoffmann, *Contes fantastiques*, Paris, Nouvel Office d'Edition, 1963, p. 74.

195

existe um trecho sobre a boneca e o autômato que trata principalmente dos "autômatos fatídicos" da mitologia. Nesse contexto, Benjamin menciona um ensaio de Caillois, que analisa o mito de Pandora, "autômato fabricado pelo deus ferreiro, para a perda dos homens", e outras figuras "de mulher máquina, artificial, mecânica... e sobretudo mortífera"[19]. As duas citações em enxergo nesse trecho têm por tema a transformação generalizada – no mundo moderno – de seres humanos em autômatos (é o sentido, por exemplo, da frase de Franz Dingelstedt: "Em lugar dos relógios, são os olhos que mostram as horas")[20]. A alegoria do autômato, a percepção aguda e desesperante do caráter mecânico, uniforme, vazio e repetitivo da vida dos indivíduos na sociedade industrial, é uma das grandes iluminações sugeridas pelos últimos escritos de Benjamin.

Se o autômato é o homem que perdeu toda experiência e memória, a ligação entre a *Erfahrung*, a teologia e o materialismo histórico é para Benjamin a *rememoração* (*Eingedenken*) – que ele distingue da *lembrança* (*Andenken*), ligada ao simples "vivido" (*Erlebnis*)[21]. Segundo um fragmento de *Passagen-Werk*, na rememoração (*Eigendenken*) "fazemos uma experiência (*Erfahrung*) que nos impede de conceber a história de uma forma radicalmente ateológica"[22]; e, em uma das notas para as *Teses*, a rememoração está presente como "a quintessência" da "concepção teológica de história" entre os judeus[23]. A rememoração se relaciona de forma privilegiada com dois

19. *PW* 850-51. A personagem de Olímpia é também mencionada no *Passagen-Werk* (vol. 1, p. 269), mas em um outro contexto, na seção sobre o colecionador.
20. *PW* 847.
21. Cf. *Zentralpark*, in *Iüuminationen*, p. 245. Na tradução francesa de Jean Lacoste, a palavra *Andenken* foi traduzida como "rememoração", mas deve se tratar de um simples equívoco, porque em uma nota, no fim do livro, ele distingue corretamente os dois conceitos. Cf. *CB* 239 e 268.
22. PU/589.
23. *GS* I, 1252. Como demonstra muito bem Irving Wohlfarth, para Benjamin, a religião judaica e a ação revolucionária têm em comum a referência à rememoração como meio de redenção do passado – em oposição à temporalidade vazia do "progresso". Ver I. WOHLFARTH, "On the messianic structure of Walter Benjamin's last reflections", *Glyph*, 3, Baltimore, 1978, p. 153.

196

domínios da experiência perdida: o combate das gerações vencidas (as vítimas do progresso) e, mais distante no passado, o "Paraíso perdido" – aquele do qual a tempestade do progresso nos afasta -isto é, a experiência das sociedades sem classes da pré-história.

No projeto original do *Livro das Passagens*, esse tema devia desempenhar um papel significativo. O primeiro esboço, *Paris Capital do Século XIX*, de 1936, proclama que as experiências da sociedade sem classes primitiva, depositadas no inconsciente coletivo, "em ligação recíproca com o novo, dão nascimento à utopia"[24]. Para compreender o significado dessa formulação é preciso relacioná-la com um texto pouco conhecido mas essencial à compreensão da filosofia da história de Benjamin: sua resenha (em francês) sobre Bachofen (1935). Segundo Benjamin, o interesse dos pensadores marxistas (Engels) ou anarquistas (Elisée Reclus) por Bachofen se explica "pela evocação de uma sociedade comunista na alvorada da história", isto é, de certas comunidades matriarcais caracterizadas por uma ordem altamente democrática e igualitária[25].

Certamente, para Benjamin, não se trata de restaurar o comunismo primitivo, mas de retomar, pela rememoração coletiva, a experiência perdida do antigo igualitarismo antiautoritário e antipatriarcal, para dela fazer uma força espiritual no combate revolucionário pelo estabelecimento da sociedade sem classes do futuro. Como se sabe, as formulações do primeiro esboço do *Passagen-Werk* foram severamente criticados por Adorno, que insistia, em sua carta a Benjamin, de agosto de 1935: todo o texto pecava por "uma superestimação do arcaico", comparável ao pensamento mítico de um Klages ou de um Jung. Ele recusa a associação do passado arcaico com "A Idade de Ouro" ou da era mercantil do presente com *O Inferno*[26].

Impressionado pela crítica de Adorno, Benjamin vai relativizar esse aspecto "arcaico" em seus próximos escritos

---

24. *PR* 125.
25. W. Benjamin, "Johan Jakob Bachofen", *GS* II, 220, 230. Nessa resenha (destinada à *Nouvelle Revue Française*, que a recusou) Benjamin contesta a interpretação conservadora de Klages e se apoia na leitura freudiana-marxista de Bachofen feita por Erich Fromm.
26. T. Adorno, *Uber Walter Benjamin*, Frankfurt/a.M., Suhrkamp, 1970,pp. 115-120.

ligados ao *Livro das Passagens*: entretanto, ele está presente, de modo implícito ou explícito, nos ensaios sobre Baudelaire, de 1939, onde se pode encontrar, com um estudo atento dos textos, uma nova versão da oposição entre o "Inferno" do presente capitalista e o "Paraíso" pré-histórico.

A modernidade é caracterizada como "Inferno", tanto em *Zentralpark* (a referência a Strindberg mencionada mais acima), quanto no *Livro das Passagens*: principalmente na nova versão (de 1939) do esboço *Paris Capital do Século XIX*, a propósito de Blanqui e de sua obra *A Eternidade pelos Astros*. Esse texto (escrito na prisão pelo velho Blanqui) é, segundo Benjamin, "um requisito rio terrível... contra a sociedade", uma "visão de inferno" que desvenda, sob a forma de uma fantasmagoria astral, a essência do mundo (capitalista) moderno. Dominado pela mercadoria, este é o universo por excelência da *repetição*, do "sempre-o-mesmo" (*Immergleichen*), disfarçado em novidade, do mito angustiante e *infernal* do eterno retorno. No livro de Blanqui, a novidade "aparece como o atributo daquilo que pertence ao mundo da danação" – ideia que Benjamin associa estreitamente ao poema dos sete anciãos de Baudelaire, essa "procissão infernal" que multiplica sempre a mesma imagem repulsiva. No reino da mercadoria, do qual o trabalho astronômico de Blanqui e o poema de Baudelaire são a imagem suprema, "a humanidade... parece condenada às penas do inferno" porque o "novo" da produção mercantil é "tão pouco capaz de lhe fornecer uma solução liberadora quanto uma moda nova é capaz de renovar a sociedade"[27].

Em que sentido então o Inferno é, aos olhos de Benjamin, a alegoria que condensa os traços essenciais da modernidade? De um lado, enquanto catástrofe em permanência (Strindberg), de outro, enquanto repetição desesperante das "penas eternas e sempre novas" (fórmula do *vaudeville* "Céu e Inferno", citado no esboço de 1939). Sob este ângulo, o pior dos Infernos é o da mitologia grega, onde padecem Sísifo, Tântalo e as danaides, condenados ao eterno retorno da mesma punição. É o destino do operário, prisioneiro da linha de montagem, que Benjamin (citando Engels) compara a Sísifo. Daí também a analogia

27. *PW* 61,71,75,77.

198

entre a inscrição na entrada das fábricas (mencionada por Marx) e a que ornamenta as portas do Inferno de Dante[28].

Face a esse universo "condenado às penas do inferno", submetido ao *Immergleichen* da indústria, da maquinaria, da mercadoria, da moda, do *Chockerlebnis*, que reduz os homens à condição de autômatos, desprovidos de memória e de *Erfahrung*, a hermenêutica benjaminiana descobre na poesia de Baudelaire uma forma sutil de resistência a esse processo devastador: a evocação liberadora da experiência perdida e da "Idade de Ouro".

Nas sociedades primitivas ou pré-capitalistas, "onde domina a experiência no sentido estrito, assiste-se à conjunção, no seio da memória, entre esses dois conteúdos, do passado individual e do passado coletivo. As cerimônias de culto, suas festividades… permitem uma fusão sempre renovada entre esses dois elementos da memória"[29]. É precisamente esse aspecto de *Erfahrung* que se encontra no centro das "correspondências" de Baudelaire e lhe permite opor-se de forma radical à *catástrofe moderna*: "O essencial é que as correspondências contêm uma concepção da experiência que dá lugar aos elementos culturais. Foi preciso que Baudelaire se apropriasse desses elementos para poder medir plenamente o que significa, em realidade, a catástrofe onde ele próprio estava, enquanto homem moderno, como testemunha". É nesse contexto que reaparece a figura da idade edênica do passado: as "correspondências" são os dados de rememoração. Não os dados da história, mas da pré-história. O que faz a grandeza e a importância dos dias de festa é permitir o reencontro com uma "vida anterior". Nas correspondências de Baudelaire, "é o passado que murmura, e sua experiência canônica tem, ela própria, lugar em uma vida anterior…"[30]. Encontramos de novo aqui a imagem dialética da comunidade sem classes (*Bachofen*), designada, no relato de 1936, como fonte das utopias socialistas. Como observa corretamente Tiedemann, "a ideia das correspondências é a utopia pela qual um paraíso perdido aparece projetado no futuro"[31]. Este "paraíso" pré-histórico,

28. *PW* 162, 178 e 2.813.
29. *CB* 155.
30. *CB* 189-191.
31. R. Tiedemann, "Nachwort", in W. BENJAMIN, *Charles Baudelaire*, *Ein Lyriker im Zevtalter des Hochkapitalismus*, Frankfürt/a. M., Suhrkamp, 1980, pp. 205-6.

199

essa "vida anterior" se caracterizam também, para Benjamin, pela harmonia, a reciprocidade, a cumplicidade entre o homem e a natureza – radicalmente ausentes da vida moderna[32].

É possível que a associação entre os "dias de festa" e a rememoração da "Idade de Ouro" tenha sido inspirada a Benjamin pela conferência de Roger Caillois no Collège de Sociologie, em maio de 1939, sobre "A Festa". Sabe-se que Benjamin tinha ligações com o Collège de Sociologie, e ele menciona, em uma carta a Gretel Adorno, de fevereiro de 1940, o artigo (reproduzindo essa conferência) que Caillois tinha publicado em *La Nouvelle Revue Française*, em dezembro de 1939[33]. Segundo Caillois, a

festa se apresenta como uma atualização dos primeiros tempos do universo, da *Urzeit*, da era original eminentemente criadora... A Idade de Ouro, a infância do mundo, como a infância do homem, responde a essa concepção de um paraíso terrestre onde, no início, tudo é dado e, em cuja saída, foi preciso ganhar o pão com o suor de sua fronte. É o reino de Saturno ou de Cronos, sem guerra e sem comércio, sem escravidão nem propriedade privada[34].

A analogia com a problemática de Benjamin é surpreendente, apesar das diferenças decisivas entre suas respectivas propostas.

A experiência perdida que Benjamin procura e cuja rememoração encontra em Baudelaire é, pois, a de uma sociedade sem classes, vivendo em estado de harmonia edênica com a natureza – experiência que desapareceu na civilização moderna, industrial/capitalista – e cuja herança deve ser *salva* pela utopia socialista.

A relação do homem com a natureza é um dos temas mais "heréticos" e subversivos dessa problemática, principalmente nos últimos escritos de Benjamin. No *Livro das Passagens*, ele liga estreitamente a abolição da exploração

32. O comentário de Richard Wolin sobre esse tema nos parece pertinente: "As correspondências apreendem uma relação com a natureza cujos traços perdidos estão em vias de ser extirpados pelo progresso impiedoso da racionalização... elas se relacionam a um estado *ur*-histórico de reconciliação". (R. WOLLIN, *Walter Benjamin, An Aesthetic of Redemption*, Nova York, Columbia University Press, 1982. p. 236.)

33. W. Benjamin, *Correspondance 1929-40*, Paris, Aubier, 1979, p. 320.

34. R. Caillois, "La fête", in D. HOLLIER, *Le Collège de Sociologie*, Paris, Gallimard, 1979, pp. 486-490.

do homem pelo homem ao fim da exploração da natureza pelo homem, referindo-se tanto a Fourier quanto a Bachofen como figuras emblemáticas da nova e da antiga harmonia. O "trabalho apaixonado" de Fourier, pela transformação do jogo em um modelo de trabalho não explorado e não explorador, parece-lhe capaz de criar um mundo novo, onde a ação seria, enfim, a irmã do sonho. A imagem ancestral dessa reconciliação é a da Natureza, como Mãe doadora, descoberta por Bachofen na constituição matriarcal pré-histórica[35]. Ideias semelhantes são apresentadas na versão de 1939 (em francês) do esboço do *Passagen-Werk* e nas *Teses sobre a Filosofia da História*, onde Benjamin critica explicitamente o marxismo vulgar e lhe opõe "as fantásticas imaginações" de Fourier – que ele interpreta como ilustrações de um trabalho que, "bem longe de explorar a natureza, é capaz de fazer nascer dela as criações virtuais que dormem em seu seio"[36].

Ainda uma vez, isso não quer dizer, de modo algum, que Benjamin proponha um retorno a uma era primitiva qualquer (real ou imaginária). Ao contrário, ele afirma claramente, no *Passagen-Werk*, que a metamorfose do trabalho em jogo, enaltecida por Fourier, "pressupõe forças produtivas altamente desenvolvidas, que, apenas hoje, pela primeira vez, estão à disposição da humanidade"[37]. Sua proposta, *característica do romantismo revolucionário*, é tecer relações dialéticas entre o passado pré-capitalista e o futuro pós--capitalista, a harmonia arcaica e a harmonia utópica, a antiga experiência perdida e a futura experiência liberada.

Essa dialética está presente no conceito de *rememoração*. Mas a rememoração, enquanto tal, é impotente para transformar o mundo: um dos grandes méritos de Baudelaire, aos olhos de Benjamin, é precisamente o reconhecimento desesperado dessa impotência. Analisando o verso de Baudelaire (em *As Flores do Mal*), "A Primavera adorável perdeu seu odor!", Benjamin escreve: "A palavra 'perdeu' exprime a destruição interior de uma experiência há pouco familiar... É por isso que o verso de Baudelaire traduz seu insondável desespe-

---

35. *PW* 456-457.
36. *PR* 284. Cf. *PW* 64: "Um dos traços mais marcantes da utopia fourierista é que a Ideia de exploração da natureza pelo homem, tão propalada em época posterior, lhe é estranha".
37. *PW* 456.

201

ro. Para o ser que não pode mais ter experiência, não há nenhuma consolação". Os poemas que Baudelaire consagra "à ineficácia dessa consolação, à falência desse fervor, ao fracasso desse empreendimento... não perdem nada para aqueles nos quais Baudelaire celebra o festival das 'correspondências'"[38]. Como superar essa impotência, esse desespero infinito, e reencontrar a Primavera perdida da humanidade?

No *Zentralpark*, Benjamin observa: "Interromper o curso do mundo – este era o desejo mais profundo de Baudelaire". Mas ele era incapaz de cumprir tal tarefa – daí sua impaciência e sua cólera[39]. Quem poderia se encarregar dessa missão decisiva? A resposta a essa questão se encontra nas *Teses* de 1940 (e suas notas preparatórias): *é a revolução proletária que pode e deve operar a interrupção messiânica do curso do mundo.* Só ela é capaz, nutrindo-se das forças da rememoração, de restaurar a experiência perdida, de abolir o "Inferno" da mercadoria, de quebrar o círculo maléfico do *Immergleichen*, de liberar a humanidade da angústia mítica e os indivíduos da condição de autômatos. Reconciliando de novo o homem com a natureza, a revolução mundial estabelecerá a sociedade sem classes, forma secularizada da era messiânica, do paraíso perdido – reencontrado. A *restitutio* da antiga experiência é a chave para a emancipação futura. A revolução não é continuação do "progresso", mas sua interrupção redentora e a *atualização* do *Erfahrung* pré-histórico e/ou pré-capitalista.

A revolução é, então, ao mesmo tempo, *utopia do futuro* e *restitutio in integrum* (segundo a fórmula do *Fragmento Teológico-Político*), *Tikun*, no sentido cabalístico de restauração da harmonia cósmica rompida, e *Redenção* (*Erlösung*) messiânica. É nesse sentido que é preciso interpretar a observação sibilina de Benjamin no *Passagen-Werk*: "a concepção autêntica do tempo histórico repousa inteiramente na imagem da redenção (*Erlösung*)"[40]. Voltada aparentemente para o passado, a busca benjaminiana da experiência perdida se orienta finalmente para o futuro messiânico/revolucionário.

38. *CB* 193.
39. *CB* 193.
40. *PW* 601.

10. ALARME DE INCÊNDIO: A CRÍTICA DA TECNOLOGIA EM WALTER BENJAMIN

A abordagem acrítica ao progresso técnico tem sido a tendência dominante no marxismo desde o fim do século XIX. A própria visão de Marx foi menos unilateral: pode-se encontrar em seus escritos uma tentativa no sentido de uma compreensão dialética das antinomias do progresso.

É verdade que, em alguns de seus trabalhos, a ênfase principal incide sobre o papel historicamente progressista do capitalismo industrial. Por exemplo, no *Manifesto Comunista* pode-se encontrar um elogio entusiástico ao progresso tecnológico burguês:

Mas mesmo neste contexto encontramos também algumas claras referências às consequências negativas da tecnologia industrial: devido ao uso extensivo da maquinaria, o trabalho "perdeu todo caráter individual e, consequentemente, todo encanto para o trabalhador"; o proletário se tornou "um apêndice da máquina", e seu

203

trabalho se tornou crescentemente "repulsivo" (um termo que Marx empresta de Fourier)[1].

Esses dois aspectos são extensivamente tratados em seus principais escritos econômicos. Por exemplo, nos *Grundrisse*, insiste na "grande influência civilizatória do capital" mas, apesar disso, reconhece que a máquina despoja o trabalho "de todo caráter independente e atrativo" (outra categoria de Fourier: *travail attrayant*). Ele não duvida, de modo algum, de que a tecnologia capitalista significa degradação e intensificação de trabalho: "A mais desenvolvida maquinaria, consequentemente, força o operário a trabalhar mais tempo do que o selvagem, ou do que ele próprio o fazia com as mais simples e rudes ferramentas"[2].

Em *O Capital*, o lado sombrio da tecnologia industrial surge destacado com muita ênfase: devido à maquinaria, o trabalho na fábrica capitalista se torna "um tipo de tortura", uma "rotina miserável de intermináveis tarefas e labutas nas quais o mesmo processo mecânico se repete reiteradamente como o trabalho de Sísifo" (aqui Marx cita *A Condição da Classe Trabalhadora na Inglaterra*, de Engels); o conjunto do processo do trabalho é "transformado em um modo organizado de esmagamento da vitalidade, liberdade e independência do trabalhador". Em outros termos: no atual modo de produção, a máquina, longe de melhorar as condições de trabalho, "despoja o serviço de todo interesse" e "confisca todo átomo de liberdade, tanto nas atividades físicas, quanto nas intelectuais"[3].

Marx também parece estar ciente das consequências *ecológicas* da tecnologia capitalista: no capítulo sobre "A Grande Indústria e a Agricultura" de *O Capital*, observa que a produção capitalista "perturba (*stört*) o metabolismo (*Stoffwechsel*) entre o homem e o mundo" e põe em perigo "as eternas condições naturais para a fertilidade permanente do solo". Como resultado, "destrói tanto a saúde física do trabalhador urbano quanto a vida espiritual do trabalhador rural". Cada progresso da agricultura capitalista, cada aperfeiçoamento na aceleração da fertilidade é, ao mesmo tempo,

1. Marx, "The Communist Manifesto", in *The Revolutions of 1848*, Penguin, 1973, pp. 72-74.
2. Marx, *Grundrisse*, Penguin, 1973, pp. 701-709.
3. Marx, *Capital*, Berlim, Dietz Verlag, 1968, vol. 1, pp. 528-530.

um progresso na ruína das fontes permanentes dessa fertilidade. Quanto mais um país, como os Estados Unidos da América, por exemplo, tiver a grande indústria como base para seu desenvolvimento, mais acelerado será seu processo de destruição. Portanto, a produção capitalista não pode desenvolver as técnicas e combinações do processo social de produção, sem, ao mesmo tempo, danificar as fontes de toda riqueza: a terra e o trabalhador[4].

Embora Marx esteja longe de ser romântico, ele recorre extensivamente à crítica romântica da civilização e tecnologia capitalista-industrial. Entre aqueles que são seguidamente citados em seus escritos econômicos estão não só comunistas utópicos, como Fourier, mas também passadistas pequeno-burgueses, como Sismondi e até rematados conservadores tóris, como David Urquhart.

Porém, ao contrário dos economistas românticos, Marx não critica a moderna tecnologia em si, mas apenas o seu *uso capitalista.* As contradições e antinomias da maquinaria não nascem da maquinaria propriamente dita, mas "do seu uso capitalista (*Anwendung*)". Por exemplo:

> Considerada em si mesma, a maquinaria reduz o tempo de trabalho, enquanto seu uso capitalista amplia a jornada de trabalho; em si mesma, ela torna o trabalho mais fácil, seu uso capitalista amplia sua intensidade; em si mesma, ela é uma vitória do ser humano sobre as forças da natureza, seu uso capitalista escraviza o homem à força da natureza; em si mesma, ela multiplica a riqueza do produtor, seu uso capitalista o pauperiza etc.[5]

Qual seria, então, o uso pós-capitalista ou *socialista* das máquinas e da tecnologia industrial? A resposta, tanto em *O Capital* quanto nos *Grundrisse* é que a maquinaria, pela redução da jornada de trabalho, criará tempo livre – isto é, criará tanto tempo ocioso quanto tempo para atividades superiores. Em uma sociedade socialista, o progresso técnico permitirá "a redução geral do trabalho necessário à sociedade a um mínimo, o que corresponderá ao desenvolvimento artístico, científico etc. Dos indivíduos no tempo liberado, e com os meios criados, para todos[6].

4. Marx, "Great Industry and Agriculture" in *Capital.*
5. Marx, *Capital*, p. 465.
6. Marx, *Grundrisse*, pp. 706-712.

Isso significa que a moderna estrutura industrial-tecnológica é um *instrumento neutro* que pode ser usado de maneira capitalista ou socialista? Será que a própria natureza do presente sistema tecnológico não é afetada pelas suas origens capitalistas? Estas e muitas outras questões relevantes foram deixadas sem resposta por Marx. Mas muito da qualidade *dialética* de seus escritos sobre maquinaria – tentando capturar o caráter *contraditório* de seu desenvolvimento – foi esquecida na literatura marxista posterior, que sucumbiu ao encanto do progresso tecnológico e celebrou seus feitos sem restrições de qualquer espécie.

Walter Benjamin nunca tratou sistematicamente dos problemas da moderna tecnologia, mas pode-se encontrar em seus escritos algumas intuições extraordinárias que o singularizam como um dos primeiros pensadores marxistas a abordar essas questões com espírito crítico. Rejeitando os axiomas semipositivistas e ingenuamente otimistas das correntes dominantes do marxismo (tanto na II quanto na III Internacional) antes da II Guerra Mundial, tentou tocar o alarme de incêndio, chamando a atenção para os perigos inerentes aos padrões vigentes do progresso técnico. Seu duplo protesto – contra o progresso técnico em armamentos e contra a destruição da natureza – tem um toque profético e uma espantosa atualidade em nossos dias.

As raízes da atitude de Benjamin face à tecnologia podem ser encontradas na tradição romântica. Os românticos e os neorromânticos germânicos (fim do século XIX) criticaram a *Zivilisation* – o progresso material sem alma, ligado ao desenvolvimento técnico e científico, a racionalidade burocrática, a quantificação da vida social – em nome da *Kultur*, o corpo orgânico dos valores morais, culturais, religiosos e sociais. Eles denunciaram, em particular, os resultados fatais da maquinaria, da divisão do trabalho e da produção de bens, retomando nostalgicamente o modo de vida pré-capitalista e pré-industrial. Embora muito desse anticapitalismo romântico fosse conservador, restauracionista ou reacionário, existia também uma forte tendência potencialmente revolucionária. Os revolucionários românticos criticavam a ordem burguesa-industrial em nome de valores do passado, mas suas esperanças eram orientadas para uma utopia pós-capitalista, socialista e sem classes. Essa visão de mundo radical – partilhada por autores como William Morris ou Georges Sorel e, na Alemanha, por Gustav Landauer e Ernst Bloch – é o *background* cultural de Walter Benjamin e a fonte inicial de suas reflexões sobre tecnologia.

Em um de seus primeiros escritos, um ensaio de 1913 sobre "A Religiosidade de Nossos Tempos" –, onde assevera que "nós todos ainda vivemos profundamente imersos nas descobertas do Romantismo" –, Benjamin lamenta a redução dos homens às máquinas e a degradação de todo o trabalho ao trabalho técnico. Ecoando diretamente alguns motivos neorromânticos contemporâneos, ele acredita na necessidade de uma nova religião (inspirada em Tolstói e em Nietzsche), e rejeita o materialismo superficial, que reduz toda atividade social a "um assunto da *Zivilisation*, como a luz elétrica"[7].

Após 1924, Benjamin torna-se cada vez mais interessado no marxismo e simpatizante do movimento comunista. Sua crítica se torna mais política e mais específica. Em um artigo publicado em 1925, "As Armas de Amanhã", chama a atenção para o uso da moderna tecnologia a serviço do "militarismo internacional". Descrevendo em detalhes as futuras batalhas "com clorazetofenol, difenilaminclorasina e dicloratisulfide" que vem sendo preparadas em laboratórios químicos e técnicos, argumenta que o horror da guerra química está além da imaginação humana: os gases venenosos não distinguem entre soldados e civis, podem destruir toda a vida humana, animal e vegetal em vastas extensões de terra[8].

Mas é em *Rua de Mão Única* (escrito antes de 1926, publicado em 1928) que Benjamin tenta realmente enfrentar o problema da tecnologia em termos marxistas, relacionando-a à *luta de classes*. Em uma de suas mais impressionantes iluminações, o parágrafo intitulado "Alarme de Incêndio", descreve a derrubada da burguesia pela revolução proletária como o único caminho para prevenir o final catastrófico de "três mil anos de desenvolvimento cultural". Em outros termos: "se a abolição da burguesia não for completada antes de um momento quase calculável

7. W. Benjamin, "Dialog uber Religiositat der Gegenwart", *Gesammelte Schriften* (*GS*) 11, 1, Frankfurt a. M.; Suhrkamp Verlag, 1977, pp. 19-34.
8. W. Benjamin, *GS* IV, 1, pp. 473-476.

do desenvolvimento econômico e técnico (um momento assinalado pela inflação e pela guerra química), tudo estará perdido. Antes que a centelha alcance a dinamite, o estopim aceso deve ser cortado"[9]. Esse argumento – surpreendentemente similar às ideias defendidas hoje pelo movimento pacifista antinuclear – focaliza mais uma vez o perigo mortal da tecnologia militar; ademais, ele não concebe a revolução proletária como resultado "natural" ou "inevitável" do "progresso" econômico e técnico (o axioma semipositivista vulgar partilhado por muitos marxistas daquele tempo), mas como a *interrupção* crítica de uma evolução dirigida para a catástrofe.

A relação entre o capitalismo e a manipulação belicista da tecnologia é examinada em "Para o Planetário" outra passagem de *Rua de Mão Única*. A tecnologia poderia ter sido um instrumento para o "casamento" (*Vermaehlung*) entre a humanidade e o cosmos, mas "devido à volúpia do lucro, a classe dominante procurou satisfação através da tecnologia; ela traiu o homem e transformou o leito nupcial em um banho de sangue", durante a Guerra Mundial. Benjamin vincula o uso militar do progresso técnico à questão mais ampla do *relacionamento* entre a humanidade e a natureza: a tecnologia não deveria ser a dominação da natureza – "um ensinamento imperialista" – mas o domínio da *relação* entre a natureza e o homem. Comparando as noites de aniquilamento da última guerra a uma crise epilética da humanidade, vê na força proletária "a medida de sua convalescença" e a primeira tentativa para colocar a tecnologia sob controle humano[10].

É difícil saber até que ponto a União Soviética (que Benjamin visitou em 1926-27) correspondeu às suas expectativas. Em alguns artigos publicados em 1927 sobre o cinema soviético – que ele defende, contra vários críticos – lamenta que o público soviético, em razão de sua admiração apaixonada pela tecnologia, não possa aceitar os filmes ocidentais grotescos, cujo humor é dirigido contra a técnica: "Os russos não podem compreender uma atitude irônica e cética face às coisas técnicas"[11].

9. W. Benjamin, "One-Way Street" in *Reflections*, Nova York, Harcourt Brace, 1978, p. 84.
10. W. Benjamin, *op. cit.*, pp. 92-94. Cf. *GS*IV, pp. 147-148.
11. W. Benjamin, "Zur Lage der Russischen Filmkunst" e "Erwiderung an Oscar H. H. Schmitz", 1927, *GS* II, 2, pp. 750, 753.

Se teve alguma esperança em relação à experiência soviética, Benjamin não teve nenhuma em relação a tudo o que fosse desenvolvimento da tecnologia no mundo capitalista. Apropriando-se da fórmula do escritor (oposicionista-trotskista) comunista francês Pierre Naville, Benjamin exige uma *organização do pessimismo* e, completa ironicamente, "crédito ilimitado apenas na *IG Farben* e no aperfeiçoamento pacífico da *Luftwaffe*"[12]. Ambas as instituições mostrariam logo, superando as mais pessimistas previsões de Benjamin, o uso sinistro que pode ser feito da tecnologia moderna...

Na sociedade burguesa existe "uma profunda discrepância entre o poder gigantesco da tecnologia e os minúsculos recursos de iluminação moral que ela traz", o que se manifesta através das guerras imperialistas. O incremento de artefatos técnicos e de fontes de energia não pode ser absorvido e é canalizado para a destruição; portanto, "qualquer guerra futura será também uma revolta de escravos da tecnologia". Contudo, Benjamin acredita que, em uma sociedade liberada, a tecnologia cessará de ser "um fetiche do declínio" para se tornar "uma chave para a felicidade"; uma humanidade emancipada poderá usar e iluminar os segredos da natureza graças a uma tecnologia "mediatizada pelo esquema humano das coisas"[13].

Em seu bem conhecido ensaio sobre "A Obra de Arte na Época de sua Reprodutividade Técnica" (1936), novamente insiste em que a guerra imperialista é "uma rebelião de tecnologia", o que, para ele, significa o seguinte: "se a utilização natural das forças produtivas é impedida pelo sistema de propriedade, o incremento das invenções técnicas, da velocidade, e das fontes de energia irá pressionar por uma utilização não natural, e isso resultará na guerra". A "fórmula tecnológica" da sociedade capitalista pode ser então sumarizada: "Apenas a guerra torna possível mobilizar todos os recursos técnicos de hoje, mantendo, ao mesmo tempo, o atual sistema de propriedade"[14].

---

12. W. Benjamin, "Surrealism. The last snapshot of the european intelligentsia", 1929, *in Reflections*, p. 191.
13. W. Benjamin, "Theories of German Fascism", 1930, *New German Critique*, nº 17, Spring 1979, pp. 120-121, 126-128.
14. W. Benjamin, *Illuminations*, pp. 241-242.

Walter Benjamin se torna cada vez mais consciente de que suas ideias críticas sobre a tecnologia são radicalmente opostas à abordagem ingenuamente otimista, tão característica da ideologia dominante no movimento operário – em particular do tipo de marxismo positivista adotado pela socialdemocracia desde o final do século XIX. Em seu ensaio "Eduard Fuchs, colecionador e historiador" (1937), critica a identificação positivista da tecnologia com a ciência natural: a tecnologia não é puramente um fato científico mas também um *fato histórico*, o qual, na presente sociedade , é largamente determinado pelo capitalismo. O positivismo socialdemocrata – que Benjamin remonta a Bebei – parecia ignorar que na sociedade burguesa a tecnologia serve principalmente para produzir mercadorias e fazer a guerra. Essa atitude apologética e acrítica cegou os teóricos socialistas e os impediu de perceber o *lado destrutivo* do desenvolvimento tecnológico e suas consequências socialmente negativas. Existe um fio de continuidade que vai desde os hinos saint-simonistas, glorificando a indústria, até as modernas ilusões social-democráticas sobre as intocáveis benesses da tecnologia. Benjamin acredita que, hoje, a força e a capacidade das máquinas está acima das necessidades sociais, e "as energias que a tecnologia desenvolve além desses limites são destrutivas" – servindo, acima de tudo, para o aperfeiçoamento tecnológico da guerra. Opõe sua perspectiva pessimista-revolucionária ao otimismo superficial dos modernos epígonos marxistas, e a vincula aos prognósticos do próprio Marx sobre o desenvolvimento bárbaro do capitalismo[15].

Os efeitos negativos da maquinaria e da tecnologia capitalista moderna para a classe trabalhadora estão entre os temas centrais de *O Capital* de Marx. Em seu ensaio sobre Baudelaire (1938) e em suas notas para o *Livro das Passagens*, Benjamin articula a própria visão de Marx com um pesadelo romântico: a transformação dos seres humanos em autômatos. De acordo com Marx (citado por Benjamin), é uma característica comum da produção capitalista que as condições de trabalho façam uso do trabalhador e não ao contrário; mas "é necessário a maquinaria paia dar a essa

15. W. Benjamin, "Eduard Fuchs, Collector and Historian", *New German Critique*, nº 5, Spring 1975, pp. 33-34, 45.

210

inversão uma forma tecnicamente concreta". Trabalhando com máquinas, os operários são forçados a coordenar "seus próprios movimentos com os movimentos uniformemente constantes de um autômato" (Marx). Enquanto no artesanato o trabalho requeria experiência e prática, o trabalhador não especializado moderno é, escreve Benjamin, "isolado da experiência" e "profundamente degradado pela disciplina das máquinas". O processo do trabalho industrial é uma "operação automática", "despida de substância", onde cada ato é a "repetição exata" do precedente. Ele compara o comportamento dos operários com o dos pedestres em uma multidão da grande cidade (tal como o descreveu Edgard Allan Poe): ambos "agem como se estivessem adaptados às máquinas e só pudessem expressar-se automaticamente"; ambos "vivem suas vidas como autômatos... que têm completamente liquidadas as suas memórias"[16].

Referindo-se à "futilidade", ao "vazio" e à inabilidade para completar alguma coisa, "inerentes à atividade do escravo assalariado em uma fábrica", Benjamin compara o tempo industrial ao "tempo no inferno" – sendo o inferno "a região daqueles a quem não foi permitido completar nada que tivessem iniciado". Como o jogador descrito por Baudelaire, o trabalhador é forçado a "começar tudo outra vez", realizando sempre os mesmos movimentos[17]. É por isso que Engels, em *A Condição da Classe Trabalhadora na Inglaterra* (citado por Benjamin), comparou a tortura interminável do trabalhador, que é forçado a repetir outra e outra vez o mesmo processo mecânico, como a punição infernal de Sísifo[18]. Considerando essa visão da natureza "infernal" do trabalho industrial moderno, não é de surpreender que em seu último escrito, as *Teses de Filosofia da História* (1940), Benjamin critique duramente a ideologia do trabalho da socialdemocracia alemã como uma nova versão da velha ética protestante do trabalho ("em forma secularizada"), isto é, o trabalho na fábrica como sendo

---

16. W. Benjamin, *Das Passagen-Werk* (P.W.), Frankfurt, Suhrkamp Verlag, 1983, Bond 2, p. 966 e *Charles Baudelaire. Un poète lirique à t apogée du capitalisme*, Paris, Payot, 1982, pp. 180-184.
17. W. Benjamin, *Charles Baudelaire*, p. 186.
18. W. Benjamin, P. W. 1, p. 162.

não apenas um resultado benéfico do progresso tecnológico mas também "uma realização política"[19].

Porém, a crítica de Benjamin ao semipositivismo do "marxismo vulgar" é mais ampla, questionando sua compreensão global de tecnologia: "Não há nada que tenha corrompido tanto o operário alemão quanto a crença de que ele nadava a favor da correnteza. O desenvolvimento técnico parecia-lhe o declive da correnteza em cujo sentido acreditava nadar" (*Teses*, "Sobre o Conceito de História", tradução portuguesa de Marcos Muller e Jeanne Marie Gaguebin). O que Benjamin rejeita nessa ideologia panglossiana é tanto a pressuposição de que o progresso técnico em si esteja conduzindo para o socialismo pela colocação das bases econômicas para uma nova ordem social, quanto a crença de que o proletariado tenha apenas que tomar em suas mãos o sistema técnico existente (capitalista) e desenvolvê-lo mais ainda. Cego a todo perigo e às consequências negativas da moderna tecnologia, o marxismo vulgar (isto é, positivista) "reconhece apenas o progresso no domínio da natureza, não as regressões da sociedade. Ele apresenta antecipadamente características tecnocráticas posteriormente encontradas no fascismo"[20].

Na verdade, a crítica de Benjamin vai ainda mais fundo, é o próprio axioma da "dominação" (*Beherrschung*) sobre a natureza, ou sua "exploração" (*Ausbeutung*) pela tecnologia que é inaceitável – desde seus primeiros escritos marxistas, como vimos acima. Para a concepção positivista, a natureza "está aí grátis" (uma fórmula usada pelo ideólogo socialdemocrata Joseph Dietzgen), isto é, ela é reduzida a mercadoria e percebida apenas sob o ponto de vista de seu valor de troca, existindo para ser "explorada" pelo trabalho humano. Buscando uma concepção alternativa para a relação entre a humanidade e o seu ambiente natural, Benjamin retoma as utopias socialistas do século XIX, particularmente *Fourier.*

Esse tema é discutido nas notas para seu *Livro das Passagens* (1938): na sociedade matriarcal, como Bachofen demonstrou, a moderna "concepção assassina da exploração da natureza" não existe – a natureza era concebida como uma *mãe provedora.* Isso poderia repetir-se em uma socie-

19. W. Benjamin, *GS* 1,2, p. 699.
20. *Ibid.*

dade socialista, porque no momento em que a produção deixar de ser fundada na exploração do trabalho humano,

o trabalho poderá, nesse caso, perder seu caráter de exploração da natureza pela humanidade. Ele poderá, então, ser realizado de acordo com o modelo dos jogos infantis, o que em Fourier é o paradigma para o *travail passioné* dos *harmoniens*... Tal trabalho, insulado com o espírito do jogo, não é orientado para a produção de valores mas para o aprimoramento da natureza[21].

Similarmente, nas *Teses* (1940) Benjamin celebra Fourier como o visionário utópico de "um tipo de trabalho que, longe de explorar a natureza, é capaz de liberar nela as criações que permaneciam adormecidas em seu seio, como potenciais". O que não quer dizer que Benjamin deseje substituir o marxismo pelo socialismo utópico: considera Fourier complementar a Marx e, na mesma passagem onde escreve tão favoravelmente sobre o socialista francês também contrasta a perspicácia de Marx com a completa confusão do Programa Social-Democrático Gotha no que se refere ao trabalho[22].

Em seu primeiro trabalho marxista (*Rua de Mão Única*, escrito em 1923-26), Benjamin fez soar o alarme de incêndio: se a revolução proletária não chegar em tempo, o progresso econômico e tecnológico sob o capitalismo poderá conduzir à catástrofe. A derrota da revolução na Alemanha, na França e na Espanha conduziu a uma das maiores catástrofes na história da humanidade: a II Guerra Mundial. Quando a guerra se iniciou, em 1940, era muito tarde para tocar o sinal de alarme. Benjamin nunca perdeu sua desesperada esperança na revolução, mas redefiniu-a através de uma nova imagem alegórica: "Marx disse que as revoluções eram as locomotivas da história. Mas talvez elas sejam algo um pouco diferente. Talvez as revoluções sejam a mão da espécie humana que viaja nesse trem puxando os freios de emergência"[23].

Em conclusão: pode-se (talvez) criticar Benjamin por oferecer imagens, utopias e alegorias em lugar de análises concretas e científicas da moderna tecnologia e de possíveis

21. W. Benjamin, P.W., p. 456.
22. W. Benjamin, *GS* I, 2, p. 699.
23. W. Benjamin, *GS* I, 3, p. 123: p. 1232.

alternativas. Mas não se pode negar sua importância como um precursor visionário e um filósofo revolucionário. Pelas suas percepções críticas dos perigos e danos da tecnologia industrial-capitalista, renovou o pensamento marxista nessa área e abriu o caminho para as futuras reflexões da Escola de Frankfurt. Pode ser considerado também um predecessor de dois dos mais importantes movimentos sociais deste final de século (XX): a ecologia e o pacifismo antinuclear. Quem ler hoje seu "Alarme de Incêndio" (assim como outros escritos) terá apenas de substituir a palavra "gás" por "nuclear" para descobrir a extraordinária atualidade e urgência de suas advertências...

Este livro foi impresso na cidade de Cotia,
nas oficinas da Meta Brasil,
para a Editora Perspectiva.